ミネルヴァ日本評伝選

動けば雷電のごとく

高杉晋作

海原 徹 著

ミネルヴァ書房

刊行の趣意

「学問は歴史に極まり候ことに候」とは、先哲荻生徂徠のことばである。歴史のなかにこそ人間の智恵は宿されている。人間の愚かさもそこにはあらわだ。この歴史を探り、歴史に学んでこそ、人間はようやくみずからの正体を知り、いくらかは賢くなることができる。新しい勇気を得て未来に向かうことができる。徂徠はそう言いたかったのだろう。

「ミネルヴァ日本評伝選」は、私たちの直接の先人について、この人間知を学びなおそうという試みである。日本列島の過去に生きた人々の言行を、深く、くわしく探って、そこに現代への批判を聴きとろうとする試みである。日本人ばかりではない。列島の歴史にかかわった多くの異国の人々の声にも耳を傾けよう。

先人たちの書き残した文章をそのひだにまで立ち入って読み、彼らの旅した跡をたどりなおし、彼らのなしとげた事業を広い文脈のなかで注意深く観察しなおす――そのとき、はじめて先人たちはいまの私たちのかたわらによみがえってくる。彼らのなまの声で歴史の智恵を、また人間であることのよろこびと苦しみを、私たちに伝えてくれもするだろう。

この「評伝選」のつらなりのなかから、列島の歴史はおのずからその複雑さと奥ゆきの深さをもって浮かび上がってくるはずだ。これを読むとき、私たちのなかに新たな自信と勇気が湧いてきて、その矜持と勇気をもって「グローバリゼーション」の世紀に立ち向かってゆくことができる――そのような「ミネルヴァ日本評伝選」にしたいと、私たちは願っている。

平成十五年（二〇〇三）九月

上横手雅敬
芳賀　徹

高杉晋作（萩博物館蔵）

（113頁参照）

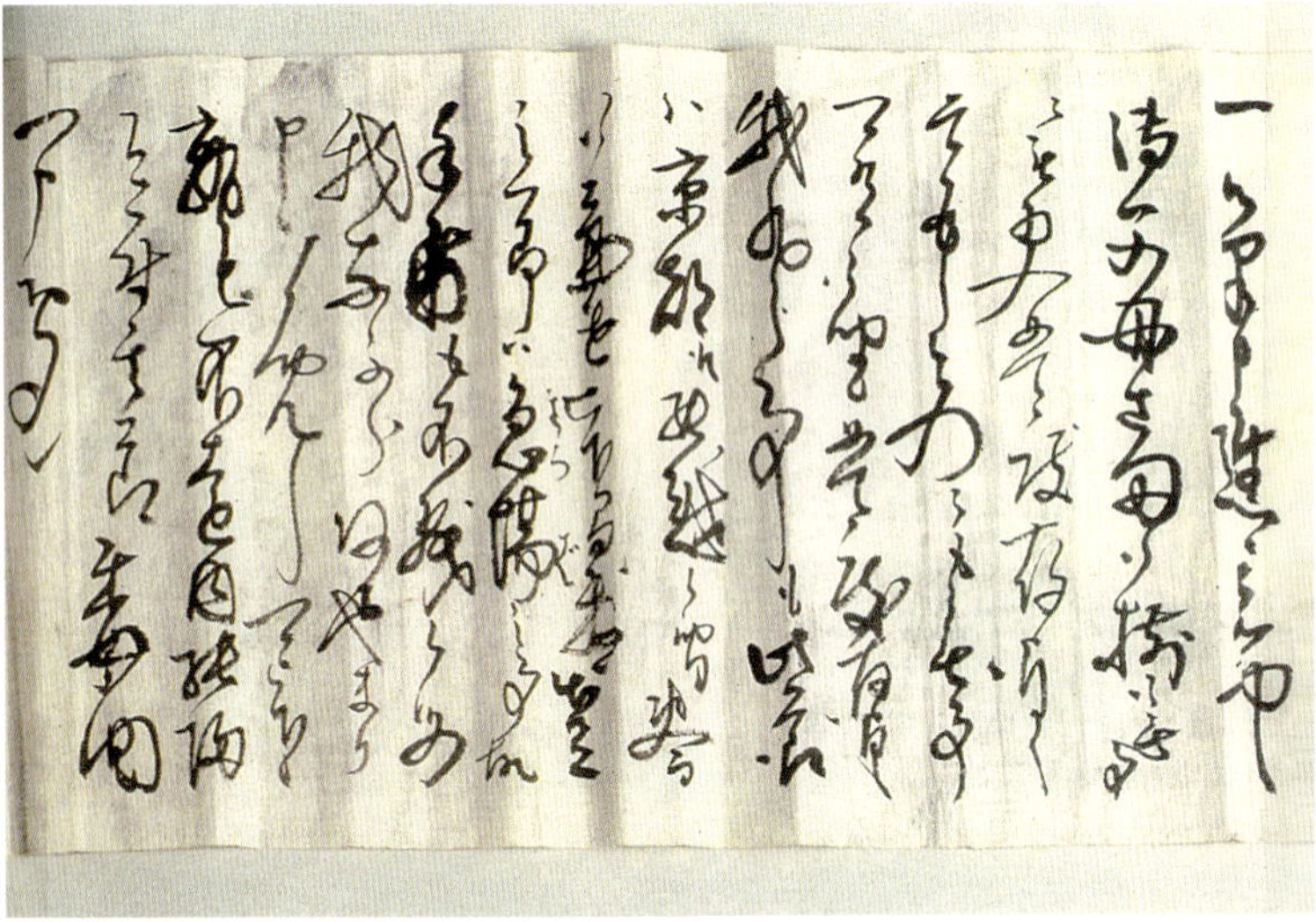

妻まさ宛手紙　文久四年二月一八日

一筆申進候、先中
御父母さま御揃御無事
ニ被為入、めて度存まいらせ候
そもしとのにも御無事
可有御座候、めて度存まいらせ候
我れら事も此節
ハ京都へ罷越候間、決而
御気遣被下間敷候、出足
之節ハ急場之事故
手紙も不残候段
我なからあやまり
申候、御免し可被下候
孰も不遠内罷帰
候ニ付、其節委曲
可申聞候

（部分、萩博物館蔵、本文二五八頁参照）

はじめに

幕末激動の時代を生きた、いわゆる維新の志士たちの中で、高杉晋作《たかすぎしんさく》ほど早くから世間の注目を集め、大衆的な人気を博した人物はあまりいない。そうした人気に比例するかのように、歴史小説やドラマに登場する頻度も極めて高く、同時代人の中では、おそらく土佐の坂本龍馬に匹敵するぐらいよく知られた人物であろう。彼の師吉田松陰を挙げるまでもなく、この時期、綺羅星《きらぼし》のごとく輩出した長州系の志士たちの中でも、とりわけ目立った存在であり、一〇〇名近くを数えた村塾の人びとの中では、師の教えをもっとも忠実に受け継いだ門下生として、余人の追随を許さないが、世俗的な関心の高さ、注目度のわりには、晋作が実際に歩んだ二七年余の生涯の軌跡、なかんずく彼が一体何を考え、どのような出処進退をしたのかについてはなぜか曖昧《あいまい》なままであり、大して知られていない。

たしかに、これまで高杉晋作とはそもそも何者であるのか、彼の人と為《な》りを理解し、説明しようとする試みがなかったわけではない。もっとも一般的なのは、おそらく晋作の言動をその先見性や変革性という積極面から見ようとする立場であろう。そのさい、奈良本辰也のように、これを強調するあまり、「変革期に出てくる天才的な革命家」と評価するのは、いささか過褒であり、にわかに賛成しがたいが、一方、だからといって晋作は、「毛利家恩古之臣」に最後まで固執する、「封建的家格意識の持ち主」であったなどと、むしろその消極面をいうのも、やはり公平さを欠いたやや後向きの解釈ではなかろうか。

晋作の周辺で、その生き方を目のあたりに見た同時代人の「英雄」「偉人」「豪傑」「天才」「奇人」「俊傑」など、晋作を形容する言葉は沢山ある。いずれの評価も何ほどか正しく、それなりに説得力があるが、彼の言動のそもそも何が、はたしてどの部分が、そうした評価に結びつくことになるのか。この点に関する史料的裏付けは必ずしも明らかでなく、詳しく論じられたことがない。私が本書を始めることになった直接のきっかけであり、最大の理由でもある。

それはともかく、一体なぜ晋作は今も昔も変わらず、圧倒的な人気を持ち続けることができるのか。誰からも好かれ愛される歴史のヒーローたりうるのか。大衆的人気のゆえんは、おそらく彼が、われわれの誰一人真似のできそうもない破天荒な企てを次々に試みたという、その限りなく痛快無比の進退にあるだろう。数百年来、連綿と続いてきた封建的社会体制や秩序に真っ向から挑戦する彼の言動は、旧套墨守《きゅうとうぼくしゅ》の老人世代から見れば、間違いなく奇行そのものであり、しばしば暴走、無頼の最たるものと非難されたが、その日常性を逸脱した非常識、想像の域を遥かに超えた意外性、一層端的にいえば、新世代の到来を予告するような掟破り、ルール違反が鮮明かつ極端であればあるほど、そうした世界に無縁の人には確実に面白く、大いに興味をかきたてられたことは、容易に理解されよう。

嘉永七(一八五四)年正月、一六歳で江戸出府してから没年まで、僅か一三年の短期間に、実に四度の脱藩を繰り返したアウトローぶりもお見事であるが、馬関《ばかん》決起のクーデターに見られるような、百万人といえども我往《ゆ》かん的な勇猛果敢の決断力、いかなる困難や障害があっても断固として成し遂げる実行力は、そのすこぶる派手で華やかな出処進退とあいまち、圧倒的な支持で迎えられ、世俗的な喝采につながったことは、言うまでもないだろう。

早くから人の意表を衝く極端な言動が多かった晋作だけに、語り伝えられたエピソードは数多くあるが、よく見てみると、晋作をスーパーマン扱いする後人の錯覚や思い込みの類い、もしくはオーバーな脚色らしきものが少なくない。晋作なる人間の実像を知ろうとすれば、これらを鵜呑みにするのでなく、どの話がどこまで本当なのか、もう一度改めて、さまざまな角度から検証する作業が必要になろう。巷間《こうかん》語られてきた晋作伝説に一線を画しながら、彼が生きた二七年余の歳月を可能なかぎり掘り起こし、その言動を一つ一つ明らかにすることをめざす。そうした作業を通じて、晋作とはそもそも何者であったのか、その実像に限りなく近付くことができる。またそのことが、彼が幕末維新史に果たした歴史的役割の何たるかを、雄弁に物語ってくれると考えるからである。

高杉晋作——動けば雷電のごとく　目次

図版写真一覧

高杉晋作家系略図

旧称武田小四郎
春時（高杉家初代）――春光（二代）――春貞（三代）――就春（四代）――春俊（五代）――春信（六代）――春善（七代）――春明（八代）

春明（八代）の子
- 春生（早世）
- 女子　大組・三井又左衛門妻
- 女子
  ＝春豊（半七郎・又兵衛）　九代（養子）　大組・長沼権之助次男
- 任準（源三・宇平太）　春明末子、大組・田上家養子となる。

女子＝春豊の子
- 春徴（早世）
- 女子　大組・三井善右衛門妻
- 春樹（小忠太・丹治）一〇代
  ＝道（みち）　大組・大西将曹（要人）次女
- 政（まさ）
  ＝南杢之助
  - 亀五郎
  - 貞助（百合三郎）

- 春風（晋作）一一代
  - ＝ まさ（雅・政） 大組・井上平右衛門次女
  - 東一（梅之進）谷姓を名乗る。 明治二〇年一一月三〇日、高杉へ改姓。
    - ＝ 茂（しげ） 新井荘兵衛三女
- 武（たけ） 大組・武藤正明（又左衛門）妻
- 栄（はえ） 大組・坂円介（駒之進）妻
- 光（みつ）
  - ＝ 春祺（半七郎） 一二代（養子） 大組・村上衛門三男
  - 鹿之丞
    - ＝ 幸子

＊高杉鹿之丞、高杉東一以下の家系は、すべて省略した。

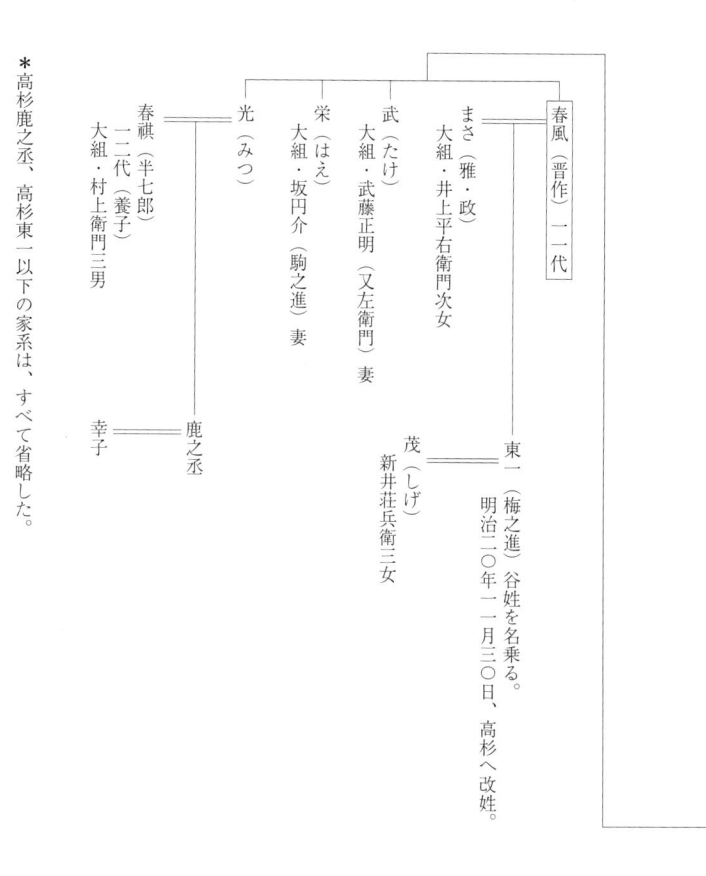

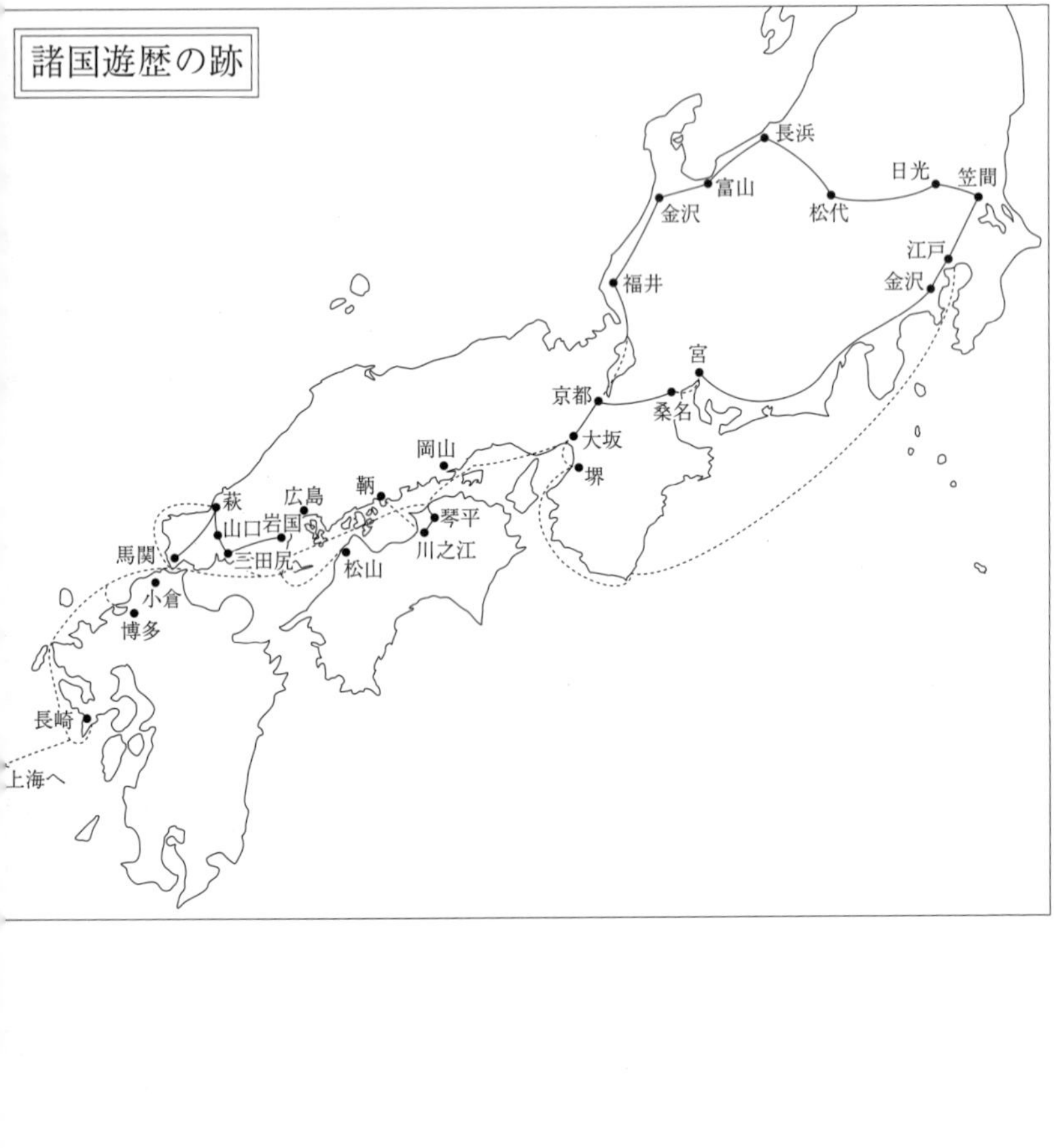
諸国遊歴の跡
長浜
富山
金沢
日光
笠間
松代
江戸
金沢
福井
宮
京都
桑名
大坂
堺
岡山
鞆
広島
萩
山口
岩国
琴平
三田尻
川之江
松山
馬関
小倉
博多
長崎
上海へ

第一章　どのような家庭環境に生まれたのか

1　萩城下の麒麟児

高杉晋作《たかすぎしんさく》は、天保一〇（一八三九）年八月二〇日、萩藩大組士（二〇〇石）、高杉春樹《はるき》（小忠太）の嫡子として長門国萩城下菊屋横丁（現・萩市南古萩町）に生まれた。

アヘン戦争前夜

アヘン戦争勃発の前年であり、イギリスに代表されるヨーロッパ列強のアジア各国への植民地主義的侵略がしだいに激しさを増しつつあった時期である。内憂外患を憂える洋学者グループを弾圧する蛮社《ばんしゃ》の獄が、この年五月に断行されたのは、単なる偶然でなく、そうした深刻な国際情勢を端的に反映したものであろう。もっとも萩城下では、まだ何事もなく平穏であり、やがて師事する吉田松陰が、ようやく一〇歳の少年になったばかり、藩校明倫館《めいりんかん》に家学の山鹿《やまが》流兵学教授見習いとして出仕を始めた頃である。のち松門の双璧と並び称され、尊攘討幕の志士として天下に名を轟かせる久坂玄瑞《くさかげんずい》は、翌年、高杉家からさして遠くない平安古《ひやこ》に生まれる。つまり晋作より一歳年下であった。

高杉家の出自

ところで、晋作の生まれた高杉家とは、一体どのようなサムライの家柄であったのか。慶長五（一六〇〇）年九月、関ケ原の合戦で敗軍の将となった毛利氏が、中国地方八カ国に及ぶ一一二万石余の領地の大半を失い、僅か三六万石の防長二国に押し込められた悲劇はよく知られており、万余を数えた家臣団の多くは、このとき禄を離れて帰農した。なお毛利家にと

高杉晋作誕生地（山口県萩市南古萩町）

菊屋横丁（萩市南古萩町）

どまり、主君と命運を共にしたものも、五分の一以下の削封を余儀なくされたように、旧禄の大半を失い、涙を呑《の》んで防長二国に移った。事実、萩城下に住む家臣団のほとんどは、本拠地の広島城を捨てた毛利氏に従い、遠く中国地方の各地から遥々やって来たものであるが、晋作の生まれた高杉家も、その例外ではない。

高杉家の先祖は、毛利元就《もとなり》が安芸国吉田荘郡山の城主であった頃から臣従していた。もとは武田小四郎春時と名乗る尼子家の臣であったが、主家の滅亡後、毛利氏に仕え、改めて高杉姓を名乗ったものである。家名の由来は、始祖とされる春時が、備後国三渓《みたに》郡三谷郷（現・広島県三次市高杉町）の城主であったことによる。高杉家の定紋《じょうもん》となっている武田菱は、旧姓の武田時代にさかのぼるものであり、また当主の名乗りは初代の春時にちなみ、代々春の一字をつけた。晋作の名、春風《はるかぜ》も同様である。

高杉城跡（広島県三次市高杉町）

さまざまな名前

われわれがよく知っている晋作という名は通称であり、諱―いみな、すなわち本名は、高杉家の習わしどおり春の一字を冠した春風である。字―あざなは暢夫（ちょうふ、のぶお）といい、号は致良《ちりょう》知《ち》洞《どう》主人、東行《とうぎょう》、西海一狂生、東洋一狂生、東狂、楠樹《なんじゅ》、楠樹小史、些《さ》々《さ》生《せい》、黙生など沢山ある。晩年には、谷姓を名乗り、谷梅之助（梅之進）や谷潜蔵《せんぞう》とも称した。
変名はこの他にもあるが、三谷和介、備後屋三介、助一郎（助次郎）などは、刺客や幕府の追捕の手を逃れて各地を潜行したさいの便宜であり、また宍戸刑馬《ししどぎょうま》は、四国連合艦隊との停戦交渉のさい、藩命で用いた一時の名前である。

晋という字は、『漢字語源辞典』によれば、「進むなり。日、出でて万物進む」「矢が並んで目標をめがけて進むさま」などとあるが、『漢語林』では、若干ニュアンスを異にし、「進む、抑える、つつしむ」などと説明される。この辞典的解釈からすれば、最晩年の一時期、変名として使った和作、和助（介）の和という字は、晋と矛盾するどころか、この字のもう一つの意味、「抑える、つつしむ」を言い表わしたものであろう。

なお、和作と結びついた三谷や谷という姓は、先祖がかつて住んだ備後国三渓郡三谷郷にちなんだことは、すぐに分かる。備後屋某も、むろんその例外ではない。高杉家発祥の地であった備後出身の商人というほどの意味らしい。梅之助や梅之進の名は、高杉家にあった晋作が好きな梅の花からとったものである。梅之進は、息子東一《とういち》の幼名であるが、変名の一つとして使用したものである。

字―あざな、すなわち男子が元服時につける別名の暢夫《ちょうふ》は、やがて師事する羽仁稼亭《はにかてい》が与えたものというが、「のびのびする、とおる、みちる」の語意が示すように、晋という字からイメージしたことは、容易に想像される。

沢山ある号は、いずれも志士的言動が活発化した文久元（一八六一）年以降に登場するが、もっとも早い致良知洞主人《ちりょうちどう》は、王陽明のいわゆる良知から来たものであり、刑死直前に盛んに文通した師松陰の影響と思われる。文久三年頃から使い始める東行《とうぎょう》は、北面の武士を辞し流浪の旅に出た僧西行にあやかり、京洛や江戸をめざして旅立つ決意であり、暗に討幕をほのめかしたものである。西海は、三方を海に囲まれた長州藩の別称であり、東洋は、気宇壮大に日本でなくアジアを呼称したものであろう。一狂生や東狂は、師松陰が兄事した僧月性《げっしょう》の清狂に見られるように、この頃巷に流行した狂の一字をとったものであり、日常性を排した非常、現状打破の革新性という意味である。楠樹《なんじゅ》は、村塾の同門中谷正亮が、楠正成と諸葛亮（孔明）の二人に憧れて命名したように、楠公にちなんだ号である。横井小楠や梅田雲浜《うんぴん》の望楠塾などと同じタイプであろう。些々生《ささせい》は、晩年とくに好んだ笹から来たものである。病床でしだいに衰えるわが身に比べ、笹の葉の勢いや鮮やかな緑に生命力を覚えたのであろうか。黙生は、晋の字が含意する「抑える、つつしむ」を踏まえたものであり、多言を厳に戒め、何よりも実行をよしとする言葉に他ならない。

幾つかあった変名のうち、東一は、文久三（一八六三）年一二月四日、藩命による改名であるが、これより少し前、晋作より幕府方に自分の名前が知られて活動しにくいため、名前を変えたいと願出ている。同じ時期の父宛手紙で、馬関の幕府船一条を憚《はばか》るため、改名を思いついたというのは、奇兵隊士による幕船朝陽丸抑留事件をさすものであろう。馬関海峡を通過する外国船を無差別に砲撃し朝野を沸かせていた時期だけに、高杉晋作の名前では万事に支障があると思ったようである。当初は、改姓も考え、祝部《いわいべ》太郎や西浦松助などという名前を挙げているが、いずれもかつて中国地方の城主であった高杉氏の故事にちなんだものである。戦国時代の高杉城主に祝部甲斐守という人物がおり、その領地に西浦村があったなどということらしい。直助、四郎、十郎などの名前も取り沙汰されているが、結局はごく平凡な東一に落ち着いた。おそらく東行の号から思いついたものであろう。

慶応元（一八六五）年九月二九日には、再び藩政府から谷潜蔵と身柄一代変名の沙汰があった。桂小五郎から木戸貫治への改名と同じ扱いであり、四境に押し寄せた征長軍との決戦前夜の非常措置であることが分かる。なお、旧名は高杉和助となっており、東一の名はすでに使われていない。

2　萩藩大組士高杉家とは

「分限帳」に見る萩藩のサムライ制度

一城を預かる毛利氏の武将としてそれ相当の領地を有し、処遇を受けていた春時も、萩城下への移住にともない、知行を大幅に削減されたはずであるが、家格や禄高などは何も分からない。二代目藩主綱広《つなひろ》に仕えた四代就春《なりはる》のとき、高一〇〇石と米五〇俵（石高換算二〇石）の扶持を与えられ、その子春俊《はるとし》のときには、高一五〇石を得たというから、移封時の禄高もおおよその見当がつく。高杉家の歴史の中でもっとも活躍したのは、九代斉房《なりふさ》、一〇代斉熙《なりひろ》、一一代斉元《なりもと》と三代の藩主に仕えて功績があったという晋作の曾祖父春明《はるあき》や右筆《ゆうひつ》、上関宰判代官、大坂蔵屋敷勤務などの顕職を歴任した祖父春豊《はるとよ》（又兵衛）らであり、この頃には、俸禄もさらに増えて高二〇〇石となった。

ところで、大組士二〇〇石という高杉家の禄高は、萩藩内ではどのような位置関係にあったのだろうか。安政二（一八五五）年に作成された「分限帳」を見ると、萩藩の家臣団は、士席班二五九九家、準士席班一一八家、卒席班二九五八家、計五六七五家となる。士席班は、さらに上士七〇家、中士一七一〇家、下士八一九家に三分されるが、高杉家は、中士に属する大組、船手組、遠近附、寺社組のうち最上位の大組に属する。

もっとも、一口に大組士といっても、禄高はいろいろであり、高杉家の属する繁沢《はんざわ》組一一六家を見ると、先大津郡その他に領地を持つ毛利虎十郎の六一一石のように、寄組の上士にも優に匹敵する高禄取りもいれば、逆に外療医阿蘭陀流烏田《からすだ》良岱《りょうたい》一二石余のような、下士身分とさして変わらない微禄のものもいる。それはともかく、繁沢組全体の六割近くの六六家が二〇〇石未満であり、高杉家の二〇〇石は、大組中の比較的恵まれたクラスであったことが分かる。大組の中級武士ではあるが、ほとんど上士に準ずる家柄といってよく、禄高も大きい方である。これが晋作が生まれた高杉家の実情であった。

家屋敷の場所と大きさ

高杉家のあった菊屋横丁は、もと城東区と呼ばれた萩城の東側入口にあたる地域である。城門を出るとすぐ、一門・家老たちの豪壮な屋敷が並び、その周辺に、城下町の生活に必要な諸々の物資を供給する商家が軒を列ねていたが、ここに一帯の要衝を守衛する中級のサムライ集団の居住区があった。呉服町、古魚店町、油屋町など商人の町並みに接して南北二つの片河町《かたかわちょう》が配されたのが、それである。晋作が生まれ育った菊屋横丁は、その一つ、南片河町に属した。

嘉永四（一八五一）年、晋作が一三歳の頃に作成された「萩城下町絵図」を見ると、片河町という南北に通じる町が、萩城下を内外に二分する境界を形づくっている。片河町より西が堀内、東が郭外であり、第三郭の城濠が町に添うように作られている。東西にまっすぐ延びる道を隔て南北二つの片河町があるが、高杉家は南片河町に並ぶ西側六軒の武家屋敷の中ほどにあった。屋敷地に記された高杉又兵衛の名前は、祖父春豊がまだ健在であったことを物語っている。菊屋横丁という町名は、藩御用達を勤める豪商菊屋家がこの一画を占めていたためであり、「絵図」に菊屋横丁の町名がないのは、藩が決めた正式の地名でなく、通称であったからのようだ。明治八（一八七五）年作成の「山口県大小区村名書」では、萩町二十ノ九に菊屋横町の名が見える。なお、数度の区画整理を経た現在の住所表示は、萩市南古萩町《みなみふるはぎちょう》である。

香川政一の説明では、高杉家は、この菊屋横丁に一段四畝（四二〇坪）の敷地を有し、建坪七〇坪のかなり広い居宅を構えていた。周知のように、城下町に住むサムライ屋敷は、すべて殿様から拝領したものであり、身分や家柄によって大小があった。萩藩のサムライ屋敷もその例外ではなく、寛政期の「屋敷分限当たり法」では、高三〇〇〇石以下は九〇〇坪、一五〇〇石以下は六〇〇坪、四五〇石以下は四〇〇坪、一五〇石以下は三〇〇坪、五〇石以下は二〇〇坪、陣僧・弓鉄砲以下は七五坪となっており、高杉家の禄高からすれば、少なくとも四〇〇坪以下でなければならない。時代が下がり、宅地の制限が緩められるにともない、少しずつ周囲の土地を買い足していったものと見える。いずれ

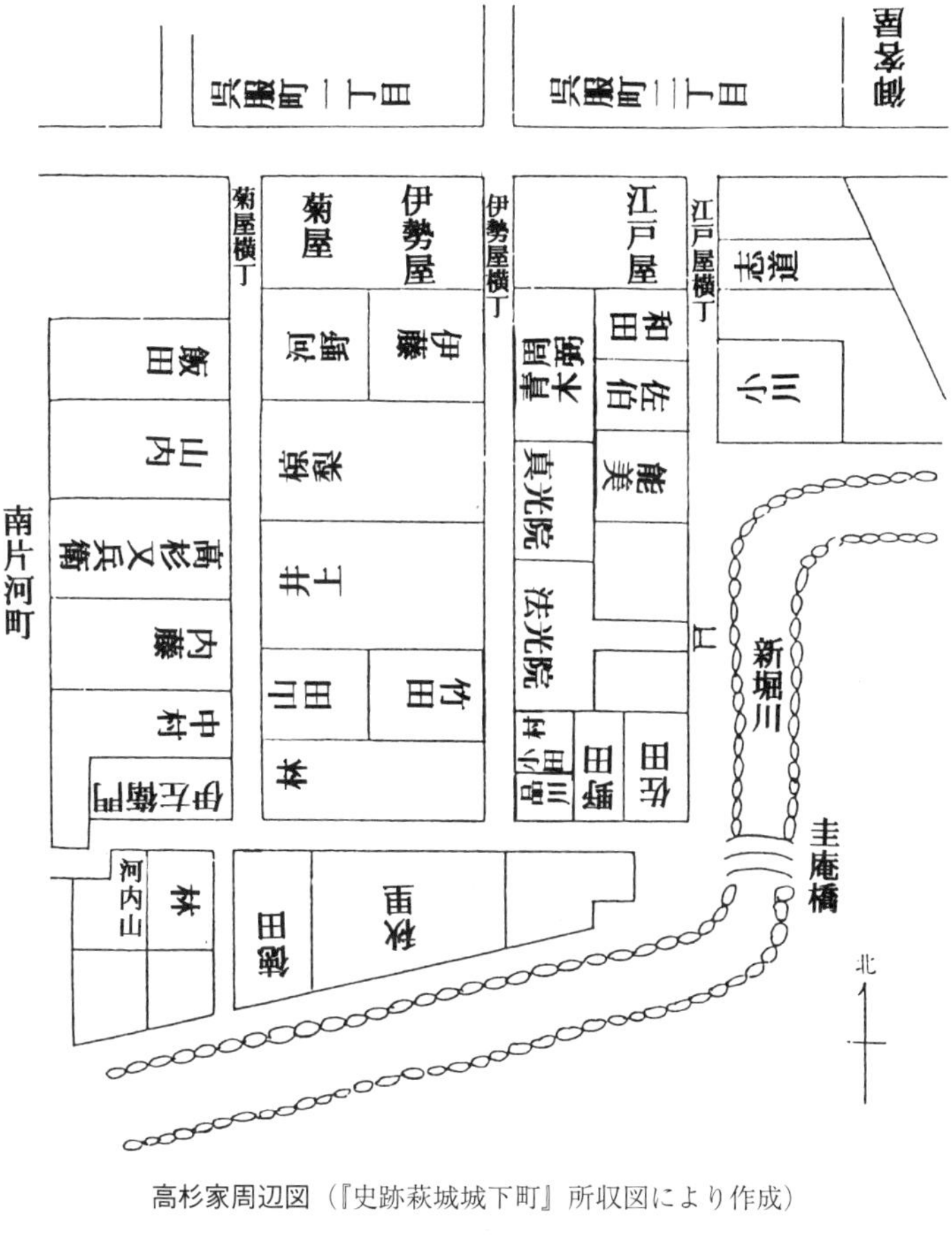

高杉家周辺図（『史跡萩城城下町』所収図により作成）

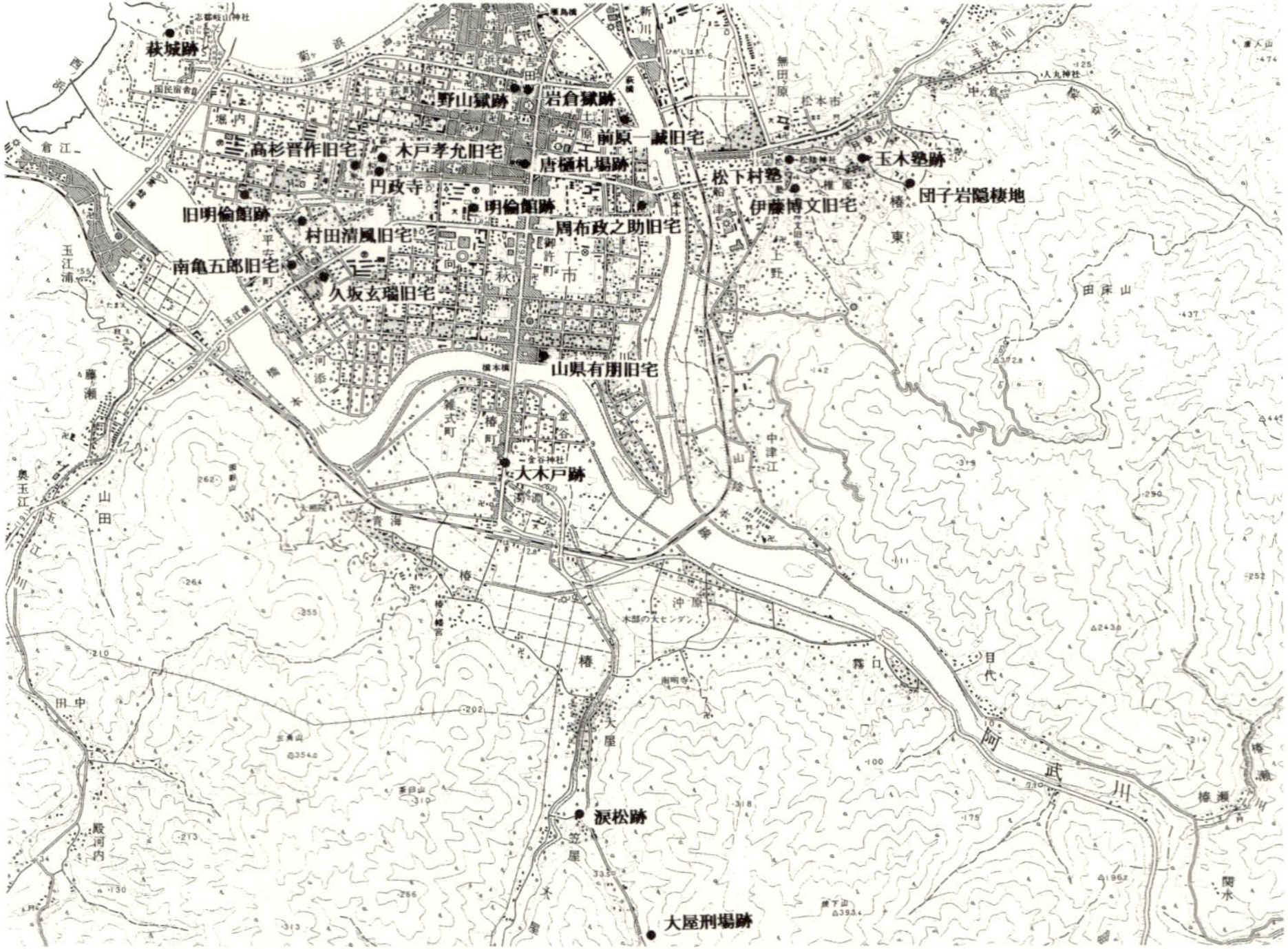

萩城下略図（出典：国土地理院発行１：25000地形図）

にせよ、家屋敷だけは、四五〇石並みの規模を有したことが分かる。香川はまた、高杉家の庭に築山や鎮守の小祠があり、樹木も晋作の愛した梅だけでなく、蜜柑《みかん》、石榴《ざくろ》、枇杷《びわ》などが沢山植えられていた。居宅に続けて倉が建てられ、その背後に竹藪を巡らしていたともいう。

「土地台帳」を探し当てた梅溪昇は、今ある高杉家の宅地はもと生家の南半分にすぎず、南古萩第二二・二三の両番地、計四九七坪、約五〇〇坪を有したというが、これは香川のいう敷地に竹藪をプラスした数字と考えると、前後の辻褄《つじつま》が合う。いずれにせよ、中級サムライの住まいにしては、分不相応に立派な家構えの屋敷であったことは間違いない。

3　高杉家の一族

家族構成

晋作が誕生したとき、父春樹（小忠太）は二六歳、母道（みち）は二一歳であった。この他、すでに隠居していたが、祖父春豊（又兵衛）五四歳がまだ健在であった。この祖父が安政四（一八五七）年、晋作一九歳まで生きており、公務多忙や江戸出府でしばしば家を空けることの多かった父春樹に代わり、晋作の養育に当たった。晋作の松下村塾への出入りに難色を示し、吉田松陰との接触を何とか阻止しようとしたのは、父母でなく、実はこの祖父である。安政三年七月一〇日付の江戸滞在中の父宛手紙に祖父、祖母、母の無事を伝える一節があり、祖母もいたはずであるが、その後の消息を伝える記録が何もなく、比較的早くに没したのかもしれない。

父春樹は、高杉家中興の祖といわれた曾祖父春明や祖父春豊に比べて、何ら遜色《そんしょく》のないしっかりした人物であったらしく、とかく物議をかもした不肖の息子の存在にも関わらず、一貫して藩政府の重要ポストに就いている。小姓役、配膳役、小納戸役、奥番頭、直目付《じきめつけ》役などを歴任したのがそれであり、維新後も大監察や山口藩権大参事などに任じられている。過激な発言や行動には一切無関係であり、温厚誠実な人柄で知られた。役人としては、主家へ奉公一途に勤める、バランス感覚のとれた能吏であったようだ。晋作が父春樹に終生頭が上がらず、常にその教えや動向を気にしていたのは、そうした人柄のゆえである。

嫡男の晋作以外に男兄弟はおらず、三人の妹、すなわち武（たけ）、栄（はえ）、光（みつ）がいた。長女たけは天保一二年生まれだから、晋作より二歳年下となる。次女はえは明治一〇年没としか分からないが、家族の安否を問う晋作の手紙に登場しないところから、たけとあまり年齢差がなく、早くに嫁入りしていたように思われる。末の妹みつは、長男晋作と一四歳違いというから、嘉永六（一八五三）年生まれとなる。萩へ宛てた手紙に、かなり遅くまで名前が出るのは、このためらしい。

二人の養子

家族はこれだけでなく、晋作が二十代になった頃、二人の養子が相次いで高杉家に迎えられた。嫡男晋作がいるのに、なぜわざわざ養子なのか、一見奇妙な感じがするが、親たちには、晋作の出処進退が実は悩みの種であった。現に亡命や脱走騒ぎを何度も繰り返し、いつ高杉家がお取り潰しになるか分からないという危機感に見舞われたのが、養子縁組の最大の理由のようである。

正確な時期は分からないが、文久元（一八六一）年中に、父春樹の妹政が嫁いだ大組士（一六〇石）南杢之助（景助）の次男貞助が養子として高杉家に来た。弘化四（一八四七）生まれだから、晋作より八歳年下になる。晋作の手紙で、弟百合三郎や義弟松助などというのが、この人物である。父春樹と養子縁組をしたため、兄弟を称したものであるが、もとは父方の従弟である。文久二年閏八月二七日の父宛手紙に、「御母様及ひ百合三郎、於方《おかた》（妻まさ）、妹中」（『全集』上、一二八頁）などの言葉があるが、百合三郎という名は、高杉家に入った機会に新しく称したものである。おそらく末の妹みつの婿に擬せられていたはずであるが、百合三郎が十代半ば、みつはまだ数え年一〇歳の子供であり、夫婦関係にはなっていない。

貞助改め百合三郎は、元治元（一八六四）年七月の禁門の変に参加、鷹司邸から脱出した長州藩兵の一人であった。義兄晋作が脱藩行の罪で野山獄に繋《つな》がれており、そのいわば代人のような形で出征したのであろう。若干一八歳の少年兵であった。俗論派政府が成立し、正論派の人びとへの弾圧が始まると、晋作の後を追うように、萩城下から馬関へ脱走したが、当然のように、このとき高杉家から離縁された。しばらく谷松助と称しているが、晋作改め谷潜蔵にならったものである。以後、馬関挙兵や絵堂の戦いに参加しており、一貫して晋作と行動を共にしたことが分かる。

おそらく晋作の影響と思われるが、藩内訌《ないこう》戦後すぐ英国行きを画策、藩費留学生として山崎小三郎や竹田庸次郎らと渡英した。南貞助を称したのは、高杉家を出て実家へ戻ったためである。明治五（一八七二）年、二度目の渡英のさい、英国女性と知り合い結婚した。六年五月三一日付で婚姻届を役所へ提出しており、わが国における国際結婚第一号となった。その語学力を買われ、一時、外務省に出仕したが、世に出るような活躍はしていない。なお、南家の長男となる彼の兄、晋作より一歳年下の亀五郎は、村塾の同門である。

百合三郎の出奔を憂えた高杉家では、急遽新しい養子を探している。元治二（一八六五）年正月に迎えられた養子春祺《しゅんき》（半七郎）がそれである。大組士（一二九石）の村上衛門常祐の三男、まだ一六歳の少年である。家督を継いだのは、明治九（一八七六）年六月、二七歳のときであり、このとき晋作の末の妹みつ二四歳と結婚した。なお、みつはこれより早く、母方の実家大西家に嫁入りしていたが、高杉家の血統を絶やさないため、離縁となり連れ戻されていたものである。晋作の子東一が、新しく家を起こし、谷姓を名乗ったため、春祺が高杉本家の当主となった。

一族の人びと

晋作の母道は、萩藩大組士（三〇〇石）の大西要人（将曹）の次女である。高杉家と同じ繁沢組に属しており、さほど遠くない平安古《ひやこ》に家があった。要人は、晋作には母方の祖父、すなわち外祖父となる。長らく奥番頭を勤め、藩政に影響力を有した人物であり、その存在が、晋作の政治的活躍に有形無形にプラスしたことは言うまでもない。なお、大西家は、母道の四歳年下の弟、晋作が大西叔父という小隼太が家を継いだが、生来病身で早くに没する。その子機一郎がのち妹みつと結婚する人物である。晋作とは従兄弟同士であり、むろん嫁入りしたみつとも、同様の間柄であるが、先述したように、不縁になって家に帰った。明治初年のことらしい。

父春樹（小忠太）の祖父春明の末子源三は、萩藩大組士（一六五石）の田上家の養子となり、宇平太と称した。詳しい事情は分からないが、高杉家を継いだ春樹の弟として育てられ、戸籍上は父方の叔父になるが、厳密には、晋作の大叔父である。文化一四（一八一七）年生まれだから、春樹より三歳年下となる。

この人物は、早くに江戸に出て伊東玄朴《げんぼく》の象先堂《しょうせんどう》に学び、蘭学を修めた。嘉永三（一八五〇）年、江戸で西洋書翻訳掛を命じられ、兵学書の翻訳に従事した。佐賀藩主の鍋島閑叟《かんそう》に呈したヘウセル砲術書は、この人の訳書である。西洋学所師範掛、長崎直伝習生監督、海寇御手当御用掛などを歴任した萩藩を代表する蘭学者の一人である。江戸遊学中の吉田松陰を木挽町《こびきちょう》（現・銀座の歌舞伎座付近）で開塾していた佐久間象山に紹介したように、蘭学学習の必要性や国際情勢の分析など晋作に与えた影響は、極めて大きい。

4　晋作の子供時代

不安定な健康状態

晩年は肺疾患を患ったせいもあるが、残された写真を見ると、晋作はもともと筋骨隆々のがっちりしたタイプでなく、どちらかといえばやせ形のほっそりした感じである。この体型から推せば、子供時代の健康状態もおおよそ見当がつくが、小さい頃の晋作は、何かあるとすぐに熱を出して寝込むような虚弱体質であったらしい。風邪もよく引いたというから、生まれ付き呼吸器系統が弱かったのであろう。

高杉家のたった一人の後継ぎ息子だけに、身体が弱ければ弱いだけますます大事にされたが、これがしばしば過保護になり、健康管理にはマイナスになったようだ。風邪引き程度ならともかく、城下に一旦《いったん》伝染病が蔓延《まんえん》したりすると、すぐに大きな被害を受けることになる。一〇歳の冬、天然痘に罹《かか》ったのは、その最たるものである。

天保元（一八三〇）年秋には、毛利猷之進《ゆうのしん》、後の藩主敬親《たかちか》が天然痘に罹るなど、萩城下の天然痘は数年置きに大流行し、その都度《つど》沢山の死者を出した。犠牲者の大部分が抵抗力のない乳幼児であったことは、言うまでもない。当時は一度発症すると有効な治療法もなく、漢方の熱散じや解毒薬を与えたり、神仏に祈禱するか、患者を徹底的に隔離して被害を最小限に食い止めるのが精一杯であったが、嘉永二（一八四九）年一〇月には、長崎から伝えられたオランダ渡りの種痘法が、ようやく萩城下で始められている。もっとも、これは晋作が発病した翌年一〇月のことであり、その恩恵に直接与《あずか》ることはできなかった。

嘉永元年一二月六日、晋作は突然発熱して病床に伏した。当初は単なる風邪引きぐらいに思っていたらしいが、しだいに熱が高くなり、やがて顔や手足をふくむ全身にあずき状の発疹が見られた。典型的な天然痘の症状を呈したわけであり、急遽近所に住む萩藩の蘭方医青木周弼《しゅうすけ》が呼ばれた。城下にたまたま流行していた天然痘に感染したものであり、病名が決まるとすぐ、萩城内の鎮守宮崎八幡宮の神官白上某を招いて平癒祈願の儀式を行うなどしたが、症状は一向に改善せず、いつまでも高熱に魘《うな》され、夜中には苦痛をしきりに訴え、ついには吐瀉《としゃ》や排泄物に黒い血が混じるなど、楽観を許さない事態となった。青木を介して藩主の侍医能美洞庵《のうみとうあん》にもわざわざ来診を乞うたのは、症状がそれだけ深刻だったからであろう。二人の医師の手で、解熱剤の服用だけでなく下剤をかけ、灌腸《かんちょう》を繰返すなど、この頃行われていたさまざまな療法が試みられている。この間、母や祖母たちの必死の看病の甲斐あって、何とか危機を脱した。湯引き、俗にささ湯という回復期に沐浴させて落痂《らっか》（かさぶたがとれる）を早める処置をしたのが翌月四日であり、ほぼ一カ月間は病床にいた。多くの患者は半月程度で快方に向かったから、晋作の場合、かなりの重症であったことが分かる。

天然痘の後遺症は、ときに四肢の機能障害、あるいは視覚や聴覚上の欠陥につながる場合もあったが、一般的には手足や顔面に残された痘痕《とうこん》（あばた）を免れることは出来なかった。初め紫褐色、のち白色となったいわゆるあばたは、終生消えることはなかったが、ただ、症状の軽重で、あばたの多少や形状がきまった。晋作の場合は、比較的経過がよかったらしく、鼻梁を中心にばらばらと軽い痘痕が見られる程度ですんだ。それでも、近所の悪童連中から「あずき餅」というあだ名を頂戴したのは、止むを得ないところであろう。やはり幼いとき、天然痘に罹った師の松陰の方はもう少しダメージが大きかったらしく、友人への手紙で自己紹介するさい、「点花面《かお》に満ちて」（『吉田松陰全集』岩波版、第四巻、六三頁）などと書いており、痘痕が顔一面に残っていたことが分かる。

利かん気の腕白坊主

幼い頃の晋作は、あまり目立たないごく温和《おとな》しい子供であったというい伝えもあるが、残された幾つかのエピソードを見ると、必ずしもそうではない。

ご大家の跡取り息子が大ていそうであるように、大事に育てられた坊っちゃんにありがちな、結構わがまま一杯のやんちゃ坊主であったようだ。

まだ子守の背中にいた頃というから、三、四歳のことだろうか。高杉の家からすぐの江戸屋横丁に古義真言派の法光院（明治三年の神仏分離令で塩屋町にあった毛利家の祈願所と合併して現在の円政寺となる）という寺があり、その境内に金毘羅大権現社があった。ここの拝殿の額には、巨大な天狗の面が掛けられていた。畳半枚もあろうかと思われる大きさの真っ赤な朱塗りの面であり、眼光炯々《けいけい》、二尺

円政寺・金毘羅社（萩市南古萩町）

天狗の面（金毘羅社）

にも達する高い鼻に大きな口を開いて、今にも呑み込んでしまいそうな迫力があった。城下の子供はこれをみると皆恐がって泣き出すのが常であったが、幼い晋作は一向に驚かずむしろ法光院の門前に行くと、天狗の面を見たがって早く連れていけと子守にせがんだという。萩城下の親たちは、子供がいうことを聞かないと、金毘羅の天狗に喰わせるぞと脅したというが、天狗の大好きな幼い晋作には、この手はまったく通じなかったことになる。

広い法光院の境内は、近所の子供たちの格好の遊び場であり、晋作もまた、少し大きくなると毎日のようにここにやって来た。香川政一によれば、お寺の近くに大組士（四〇石）の岡部家があったが、この家の子、兄の富太郎は晋作より一歳年下、弟の繁之助は三歳年下、前後して村塾に現われたが、二人とも晋作の幼なじみであり、一緒にここで遊んだ間柄である。

伊藤博文は一一歳の頃、母方の縁戚であった法光院の住職恵運の元に預けられ、約一年間習字や読書を学んでいるが、晋作は伊藤より二歳年上、すでに一三歳になっており、境内で遊び戯れる年齢ではないが、ごく近所に住んでいたのだから、互いに出会う機会がなかったわけではなかろう。岡部兄弟らも含め、村塾で同門となったのは、単なる偶然ではないかもしれない。江戸屋横丁には、藩医の和田昌景や大組士田北太中の家があったが、和田家の息子小五郎は桂家を継いだ後の木戸孝允《こういん》である。晋作より六歳年上であり、遊び仲間というより親しく兄事した関係である。右筆や密用掛の要職にあった田北家の子太郎熊とは幼なじみというから、同年配であったのだろう。もう一人、親友と言ってよい存在が、藩医村田家の息子文庵である。晋作より二歳年上であったが、成人して国事に奔走するようになってからもしばしば往来しており、何でも腹を割って相談できる間柄であったようだ。家は北片河町に続く油屋町にあったから、高杉家から遠くない距離である。

近所の悪童どもを辟易《へきえき》させた腕白ぶりは、相当なものであったらしく、ある日取っ組み合いの大喧嘩をした晋作は、一向に降参しない相手に対し、もしどうしても言うことを聞かないならば、家に火をつけ家族全部をこの町から放り出してしまうぞと脅《おど》しをかけた。あまりの理不尽《りふじん》さを非難する相手に、晋作の答えた台詞《せりふ》は、お前の家は高杉家の家作であり、焼こうが潰《つぶ》そうが誰にも遠慮は要らないと大見得を切ったという。むろん、喧嘩相手を持て余した苦し紛れの屁理屈であり、これ以上に乱暴きわまりないコトバもないだろうが、年端《としは》のいかない子供の分際《ぶんざい》で、家に火をつけるぞという破天荒《はてんこう》な発言をするところは、後の彼の常識はずれの言動を彷彿《ほうふつ》とさせるものがある。

気の強さは、大人たちとの関係でも変わらない。ある年の正月、路上で遊んでいた晋作の凧《たこ》を、年賀の途中のサムライが誤って踏んでしまったことがあるが、そのまま通りすぎようとしたこの人物を、晋作は断固として許さず、行く手を阻み、泥を摑《つか》んで相手に投げ付け、凧を壊したことを謝罪せよと迫ったという。初めは無視してそのままやり過ごそうとしたサムライ某も、晋作のあまりの剣幕に閉口してついに頭を下げ、後で高杉家の親たちが改めて謝りに行ったらしいが、事の是非はともかく、晋作はいったん怒りだすと、てこでも動かない強情っぱりなところがあったらしい。

おそらく一〇歳前後のことであろう。萩城外南の大屋刑場に首切りを見物に行った話がある。萩城下を旅立つ人は、今の東田町にある唐樋《からひ》の札場が起点になる。山口や三田尻へ向かう旧街道、いわゆる萩往還は、金谷《かなや》天満宮の大木戸を抜け大屋縄手《おおやなわて》をへて山道へかかり、江戸檻送の松陰が萩城下に最後の別れをした涙松《なみだまつ》の遺址に出る。笠屋中峠をめざし、さらに山道を進むと、悴坂《かせがざか》一里塚が現われる。唐樋の札場から最初の里程標であり、ここから少し歩くと、藩政時代の刑場跡に出る。首切り地蔵がぽつんとあるまことに淋しい場所であるが、昔はここで年に数回、罪人の処刑と磔《はりつけ》が行われていた。宝暦九（一七五九）年には、藩医の栗山孝庵が女囚の死体をわが国で初めて腑分《ふわ》けをした場所として知られており、これを記した碑石が建っている。今は完全に忘れ去られた旧往還であり、一面鬱蒼《うっそう》と茂った木々に覆われ、昼なお暗い地であるが、もともと人の忌み嫌う仕置き場であり、昔から十分薄気味悪い場所であったことに間違いはない。

　首切りの行われる日、萩城下のサムライの子供たちは、肝試しと称して見物に出掛けることがよくあり、晋作たち悪童仲間もこれを真似したものである。一日がかりの出来事だから、各人親に弁当を作って貰い、勇んで出掛けたが、刑場でいよいよ首切りが始まると、誰一人まともに現場を見ることはできず、弁当を拡げるどころか、早々に帰ってしまった。晋作少年一人だけ、しっかりと見届けると称して、弁当を喰いながら最後までいたというが、血飛沫《ちしぶき》を目の辺りにしながら、平然と口を動かしたのが本当ならば、並み大抵の神経の持ち主ではあるまい。

第二章　誰に学んだのか、出入りした学塾

1　萩城下の学塾に通う

林茂香の記憶

安政五（一八五八）年、萩城下川島の士分の家に生まれた林茂香は、子供時代の生活のあれこれを、「幼時の見聞」と題する記録に残しているが、彼の回想では、当時萩城下のサムライの子供は、多くは藩校明倫館《めいりんかん》か漢学塾で学び、足軽や町人の子供は手習場に通っていたという。手習場にはサムライの子供はあまりおらず、また百姓の子も少なかった。百姓身分は、将来大人になって、相応の学力を必要とする庄屋や畔頭《くろがしら》の家柄以外には、あまり手習いを学ぶ者はいなかったからである。

明治十年代に山口県庁の手で編纂された『教育沿革史草稿』は、萩城下の寺子屋と私塾を計七五校、また文部省の『日本教育史資料』九は、やはり計五七校を探し当てているが、分類の根拠となった教

科目、たとえば読書や習字という科目名が必ずしも正確に教育のレベルや内容を表示しているわけではなく、したがって、どの学塾が初等程度の寺子屋で、またどれが中等程度の私塾かをいうことは、決して簡単ではない。林は、寺子屋という呼称そのものが萩城下にはなかったというが、もしそうだとすれば、ますます事態は複雑になる。おそらく萩城下では、就学者の身分で校名を区別したようである。つまりサムライ身分の子供たちの通う学校を塾といい、一方、足軽・中間と呼ばれる軽輩や百姓や町人身分の子供たちが多い学校を手習場と称したのではなかろうか。寺子屋と私塾の不分明な理由は、このように考えると分かりやすいからである。

サムライの子の林自身は、六歳で漢学塾に入り、七歳で手習場に通い始め、十代前半まで二つの学校に出入りしたというが、これは一般的な勉学のスタイル、寺子屋を経て私塾へ進学するコースと合致しない。萩城下にかぎり、寺子屋と私塾の勉強が前後入れ違ったり、あるいは並行したということになる。より正確にいえば、寺子屋と私塾の区別が厳密には存在せず、それぞれが相互に交錯する教育を行っていたということであろう。事実、晋作の場合も林と同じような勉学スタイルであった。

平安古の吉松塾

吉松淳蔵の家は代々手廻組に属する安西流の馬医（五二石）であったが、父惣右衛門の時代から公務の余暇に近所の子供たちに読書や習字を教えていた。平安古《ひやこ》満行寺筋《まんぎょうじ》に家があり、晋作の家から徒歩数分の距離である。入塾の動機は通学の便がよい近くの学塾ということのようだ。束脩《そくしゅう》（入学金）を呈した時期ははっきりしないが、吉松塾の開設は嘉永元（一八四八）年であり、この頃入塾したとしても、晋作はすでに一〇歳になっていた。藩校明倫館に通い始めており、そこでの勉学と並行しながら、読書や習字を学んだのであろう。吉松塾では、平安古本丁筋の久坂玄瑞や江向《えむかい》藍場《あいば》川筋に住む中村雪樹（誠一）らと同窓であり、通学圏内の子供たちが誘い合って来たことが分かる。

晋作がこの塾にいつまで、どのような形で関わったのか。この間、明倫館生であり、また一時期、松下村塾に熱心に通うなどしていたから、勉学状況はいま一つ明確でないが、出入りを止めたわけではなく、時おり思い出したように顔を見せている。

羽仁稼亭の温古堂

『萩藩給禄帳』を見ると、羽仁姓のサムライは七家あるが、稼亭《かてい》（五郎吉）は、大組士（六三石）羽仁藤兵衛の子らしい。家は油屋町にあった。温古堂という塾札を掲げたのは、安政元（一八五四）年、晋作が一六歳のときであり、元服して間もない彼に暢夫《ちょうふ》の字（あざな）を与えたのは、師の稼亭というから、開塾早々に現われたことは間違いない。文久二（一八六二）年の閉塾までの約八年間に塾生六〇名を数えたというから、さほど大きな塾ではない。教科目は読書と習字であり、師の稼亭がのち明倫館の書道教師として出仕しているが、晋作はすでに十代半ばの年齢に達しており、手習いでなく読書、すなわち漢籍を学んだのであろう。同じ頃、吉松塾で久坂玄瑞や南亀五郎らが時おり会して、「孫子」の講義を聴いたのとよく似たケースである。

2　藩校明倫館に学ぶ

明倫館の手習場に入る

嘉永五（一八五二）年作成の「分限帳」によれば、萩藩の家臣団は士席班二五九九人、準士席班一一八人、卒席班二九五八人、計五六七五人となる。このうち明倫館に入学資格を持つのは、士席班と準士席班を合わせた二七一七人であるが、遠隔地に住むサムライも結構おり、すべての人びとが明倫館に学んだわけではない。では、萩城下に住んだサムライの数はどれくらいだろうか。文化一五〜六（一八一八〜九）年頃の記録と推定される「萩古実見聞記」は、萩城下の侍屋敷一三九〇軒という。三十余年の時間的な経過を無視すれば、前述の有資格者の約半数が萩城下に住んでいたことになる。どの家にも、当主の他に後継の男子が必ず一名以上いたはずだから、それなりの学齢該当者がいたことは想像に難くない。旧館時代は、出席強制がそれほど喧《やかま》しくなかったから、松陰のように自宅で父や叔父について学んだり、近所の学塾に出入りする者もいたが、士分の子供たちの多くは、何らかのかたちで明倫館の門を叩いた。

晋作の自筆と伝えられる「履歴草稿」には、「七八歳、明倫官《ママ》小学舎初発句読を請、手習所へ行」（「史料」三、一一頁）とあり、弘化二〜三（一八四五〜六）年の頃に入学したことが分かる。明倫館重建より数年前、まだ極めて素朴なカリキュラムを有していた旧館時代であり、漢学科についていえば、素読生と講義生に分ける二等級制であった。試験による学力の如何というより、むしろ年齢の大小、一四歳以下と一五歳以上で区別するやり方である。初等教育の必要な年少者、晋作のような七、八歳の子供に対しては、併設された手習所で寺子屋的教育を行ったが、小学舎という名称は、嘉永二（一八四九）年の改革による新明倫館の時代に登場したものであり、正しくは手習所である。句読を習ったというから、漢文の素読課程の初歩を学んだことが分かる。

明倫館跡（萩市江向）

武術は一二、三歳の頃より始めた。剣は柳生新陰流の内藤作兵衛、槍は十文字宝蔵院流の岡部右内、弓は日置《へき》流の粟屋弾蔵、馬は八条流仙波喜間太、いずれも明倫館武術教場の師範たちである。晋作自身が、「兵術を好ミし方ニて」（同前）というように、文学の授業より熱心に取り組んだが、とくに弓術には優れた腕前を見せ、嘉永五年の春、一四歳のとき、世子《せいし》上覧の晴舞台で柴矢を百本放ち、実に九十本命中させたという。

大学寮へ進学

晋作が十代になった嘉永初年は、明倫館の大改革が行われ、文武教育はすっかり面目を一新した。新しいカリキュラムでは、初等教育の小学生と高等教育の大学生に二分した。前者、すなわち小学生を三科・八等、後者、すなわち大学生を五科に分けて複合等級制を採用した。小学生は八歳から一四歳までの士分の本人・嫡子・庶子すべてを就学させて所定の「課業次第」を学ばせた。一方、大学生は一五歳以上の諸士を対象にしており、とうぜん晋作もその一人であった。いろんな形で出席を求められ、ほとんど強制教育にひとしかった小学生と異なり、大学生の出席は各人の自由な意思に委ねられており、晋作の場合も、さほど熱心に通学した形跡はない。「履歴草稿」が「明倫官大学校ニ入、熟頗《すこぶ》ル倜儻《しゅうとう》ニシテ舎学を屑《いさぎよし》トセス」（「史料」三、一一頁）というのは、いま一つ分かりにくいが、倜儻、独立して他から拘束されないとは、所定の授業にさほど熱心でなかったことを意味するものであろうか。

日記や手紙文にうかがえる勉学状況は、どちらかといえば武術関係の記述が多い。文武の時間割はすべて決まっており、それも別々でなく、儒書と剣、兵書と槍といったような組合せで行われるのが通例であった。大ていの学生は、朝早い文学の授業を済ませて、各人好みの武術の教室に出席したが、晋作は必ずしもこれにこだわらず、しばしば文学の授業を省略し、たとえば剣術の内藤道場のみに顔を出し、半日汗を流すようなことも珍しくなかった。そのせいもあったのか、剣術の腕前はめきめきと上った。万延（一八六〇）元年四月、二二歳のとき、内藤作兵衛より柳生新陰流の免許皆伝を与えられたのは、この間のハードな修業の成果であろう。弓といい剣といい、晋作はかなり短期間で上達しており、もともと運動神経が人並み以上に発達していたのかもしれない。一時期、文学より武術で身を立てたいと思ったのは、そのことと無関係ではなかろう。

「履歴草稿」に一六歳で大学校に入るとあるのは、前後の記憶が曖昧《あいまい》でいま一つ確実性に欠けるが、もし事実ならば、自宅通学の外諸生から始めたはずである。重建《じゅうけん》明倫館の大学の規定を見ると、入学資格は一五歳以上の小学全科終了者となっており、学力の大小によって外諸生（自宅通学生）、入舎生（外諸生の成績優秀者から選抜）、上舎生（入舎生の同前）、居寮生（上舎生の同前）、舎長（居寮生の同前）の別があった。在学期間は、各級三～九年とし、成績優秀者は短縮された。

ところで、外諸生が入舎生になるのは、二年以上通学して成績優秀な者が欠員を生じたときであり、一〇名一室の定員であった。朝四時までに登校、暮前に帰宅、昼食または夕食が給付される。付食生の別名があるのは、そのためである。入舎生は前述のように、成績如何で上舎生と居寮生に分かれる。上舎生は朝五時に登校、夕方六時帰宅。成績優秀者はさらに選ばれて居寮生となり、学舎内に起居する。いまの寄宿舎生であるが、すべての費用は官給であり、御養生とも呼ばれた。一室四名の八室、計三二名の定員である。

安政四（一八五七）年三月一三日付の明倫館から藩庁への伺書に、「右、入舎生ニ付、稽古有之日は夕御番飯被立下候故、其余自賄を以入込仕度願出候、被差許下候様奉存候事」（『史料』一、一五頁）とあり、晋作より食費自弁で入寮を願い出ている。付食生の身分でありながら居寮生に準ずる待遇を求めたのは、遠隔地で通学不可の者に認められた自賄生《じまかないせい》を志願したものである。江向《えむかい》にあった新明倫館は、晋作の家からすぐの場所だから、自賄生になる要件は全然満たさないが、何らかの伝手《つて》を辿って強引に申し出たものであろう。家が近いから、時おり大学寮に入り込んで学ぶ変則的なスタイルであり、われわれが普通にイメージする寄宿生とは大いに異なる。いずれにせよ、間もなく大学寮の生活を始めており、早晩許可されたことは間違いない。

3　松陰先生との出会い

入塾の時期

晋作と松陰先生との出会いはいつ頃のことか。松下村塾に出入りするようになった時期については、必ずしもはっきりしない。晋作自身は、「十七歳比《ころ》かと覚ゆ、松下塾有ルを聞て父兄之忍ひ毎々従学シテ深く松陰之才学を慕ふ」(「履歴草稿」「史料」三、一一頁)と回想しているが、天保一〇(一八三九)年生まれの晋作が数えで一七歳になったのは、安政二(一八五五)年である。ところが、この時期、松陰はまだ野山獄の住人であった。年末には獄を出て松本村新道の実家に戻ったが、彼が閉居していた杉家の一室、いわゆる四畳半の幽室で数人の若者たちに密《ひそ》かに授業を始めたのが、翌三年三月末のことである。つまり、晋作のいう時期には、村塾らしきものは、まだ影も形もない。これに続く、「十八歳、明倫官塾舎より松下塾往来学」(同前)という記述も、大学寮の入舎生になったのが、先述のように四年三月頃とすれば、やはり一年間の誤差を生ずる。一七歳の来塾云々も含めて、曖昧な記憶に基づく説明であろう。

村塾への出入りを確実に裏書きするのは、安政四年八月に書かれた「送無逸東行序」である。無逸と称した吉田栄太郎の江戸出府を励ます送別の辞であり、「予之始詣松下村塾也、有一生退然諸生之後、神彩英暢眼光射人」(「史料」一、一五頁)という一文がある。村塾に初めて行った日、何人かの塾生たちが机に向かって勉強していたが、栄太郎はその中にいた。塾生たちの陰に隠れていたが、その泰然自若《たいぜんじじゃく》、才気渙発《さいきかんぱつ》、人を射るようにきらきら光る目が凡人ならざることを示していたというから、頗《すこぶ》る印象的であったのであろう。

栄太郎の出府は、八月初めに決まり、すぐさま諸々の準備だけでなく、送別の会も幾つか催されていた。晋作の送序も、ほぼ同じ時期に書かれたことは間違いない。当然のように、村塾に現われたのは、これより前、つまり送序よりさかのぼるが、松陰の日記や手紙に晋作に関する記事がなく、八月

吉田松陰（京都大学附属図書館蔵）

松下村塾（萩市椿東）

を大きく上まわることは考えられない。すでに大学寮の自賄生になっており、授業の合間に来たとすれば、前出の松下往来云々という説明とも辻褄《つじつま》が合う。晋作一九歳の夏から秋へかけてのことである。

来塾の時期とも微妙に関連するが、晋作は一体誰から松陰や松下村塾について聞き、またどのような勉学の動機で入門を決めたのであろうか。江戸時代

紹介者と入門の動機

の学塾では、誰の紹介もなく、何の口添えも無しに突然先生の前に現われるということはない。紹介状を持参するか、紹介者に連れられて入門を乞うのが一般的であったが、晋作の場合にはいろんな説明があり、必ずしもはっきりしない。

一番よく知られているのは、吉松塾以来の友人の久坂玄瑞が紹介者ということである。久坂は、安政三（一八五六）年六月頃、松陰と手紙の往復で教えを乞うているが、幽室に出入りするようになったのは、翌年三月頃である。すぐに頭角を現わし、師の松陰から塾中のリーダーとして遇されたが、この彼が幼なじみの晋作に声を掛けたとしても、少しも不思議ではない。玄瑞自身が入門してまだ数カ月しかたっておらず、ほやほやの新入生であったが、それだけ松陰先生への傾倒の度合いが大きかったということであろう。

岡部富太郎の師土屋蕭海《しょうかい》（矢之助）が紹介したという説もある。岡部は塩屋町にあった土屋の八江塾で学んでいたが、安政四（一八五七）年春、師の蕭海に勧められて村塾に移った。土屋は松陰の兄梅太郎と親しく、早くから杉家に出入りしていたから、弟の松陰とも交際があり、幽室で始まった授業に関する最新の情報を有していた。村塾生のかなりの部分、たとえば松崎（赤禰《あかね》）武人《たけと》、久坂玄瑞、

松浦松洞《しょうどう》、富樫文周らを次々に送り込んだ僧月性《げっしょう》とも、広島の坂井虎山《こざん》塾以来の親しい間柄であり、紹介者となる資格は十分すぎるぐらいあった。矢之助の名を挙げながら、その能書ぶりや達意の文章を称賛する晋作の手紙が幾つかあり、厚薄はともかく、それなりの交際のあったことが分かる。岡部自身が、すでに村塾生であり、また弟繁之助は、兄富太郎より数カ月さかのぼる前年暮に塾生になっていたから、彼らのルートで知り得た情報も少なくなかったであろう。竹馬の友、二人の口にする村塾の話題が大いに刺激的であったことは、想像に難くない。

香川政一は、江向にあった臨済宗南禅寺派の徳隣寺の役僧某の紹介で来たという。松陰との接点は、母方の伯父竹院がかつて剃髪を受け修行した寺というところにある。竹院を教えた師の僧、あるいは共に修行した仲間の僧あたりが、紹介の労を執ったのであろう。竹院は、松陰の母滝の一歳年上の兄であり、早くから仏門に入っていた。諸国遊歴時代の松陰が前後四回訪ねた鎌倉瑞泉寺《ずいせんじ》の住職である。香川は、晋作と徳隣寺役僧の関係について多くを語らず、あるいは吉松塾で知り合ったのかもしれないなどというが、これを裏書きする史料は、今のところない。

ところで、江向の徳隣寺の前には、岡本栖雲《せいうん》の学時習斎があったが、この塾は、桂小五郎や山県篤蔵、児玉愛二郎ら沢山の人材を輩出した。藩校明倫館と城下の勢力を争うといわれたほど人気があり、晋作も一時ここに出入りしたという説があるが、もし、これが本当ならば、何かの機会に徳隣寺の僧と知り合ったのであろう。

村塾に来た頃の晋作は、文学でなく武人で身を立てることを考えていたらしいが、その彼が松陰先生に師事しようとした理由はどこにあるのか、入門の動機はそもそも何か。

元治元（一八六四）年夏、京師《けいし》脱藩の罪で野山獄中にあるとき書いた、つまり先師が刑死してから五年も経た時期の文章であるが、村塾での勉学状況を、「某《それがし》少にして無頼撃剣を好み、一箇の武人たらんと期す。年甫《はじめ》て十九、先師二十一回猛士に謁す、始めて読書行道の理を聞く。先師に親炙《しんしゃ》するわずかに一周星」（「全集」下、二五三頁）などと回想している。これから推せば、明倫館大学寮に入ったものの、剣術修業に熱中して文学にあまり興味を示さない晋作を周囲の人びと、おそらく久坂や岡部あたりが何度も働き掛け、熱心に説いて村塾で勉強する決心をさせたのではなかろうか。四畳半の幽室では塾生たちを収容しきれなくなり、杉家の畑地の一角にあった納屋を改造して八畳一間の塾舎が設けられた時期である。

晋作とほぼ同じ頃、塾生となった横山重五郎（幾太）は、入門が目的でなく下田踏海の壮挙に挑んだ評判の人を見たいという軽い気持ちで出掛けたというが、晋作も含め、この頃、村塾に現われた人びとは、案外同じような動機だったのかもしれない。幕裁で国元送還となった松陰は、一年間の獄中生活を終え、ようやく杉家に戻ったが、無罪放免になったわけではなく、そのままいわゆる幽室で謹慎生活を余儀なくされた。この間の松陰の思想や行動は、社稷《しゃしょく》の維持を何よりも大切に考える藩政府の重役たちや平穏無事をひたすら願う老人連中から見れば、驚天動地の出来事であり、断じて許すことのできない暴挙でしかなかった。悪評さくさくたる雰囲気が、萩城下一円にあったことは間違いない。ただ、これは常に刺激を求め、新しいものの好きな若者には、あまり関係がない。むしろ彼らは、鎖国の禁を破った犯罪行為を、幕府政権への挑戦であると大いに評価し、密かに快哉《かいさい》を叫んでいたふしがないではない。

そのことを裏書きするように、晋作より少し遅れて塾に来た天野清三郎（渡辺蒿蔵《こうぞう》）は、入門の動機について、「当時は松陰先生の評判がよく、誰れも彼れも松下に行つて居るというやうで、云はば流行であった。又松下塾へ行けば何か仕事にありつけると思つて居つたものだ」（『吉田松陰全集』第一〇巻、三五七頁）と回想しているが、同じ彼が、「松陰先生は罪人なりとて、村塾に往くことを嫌ふ父兄多し。子弟の往くものあれば、読書の稽古ならばよけれども、御政事向の事を議することありては済まぬぞと戒告する程なり」（同前書、三五四頁）とも言っている。下田踏海で一躍有名となった松陰に、若者たちは称賛と憧れに似た感情を抱いたが、一方、親たちは、罪余の彼に更なる危険を嗅ぎつけ、強い猜疑《さいぎ》の眼差《まなざ》しを向けたということであろう。

岡部富太郎は、村塾に行くことを嫌う外祖父が、家が貧乏で学資のないことを口実に拒んだという。弟繁之助がすでに村塾生であり、いまさら反対する理由などないように思うが、富太郎が家督を継ぎ、岡部家の当主になっていたためであろう。筆耕に励んで学資を賄うことを条件に許されており、現に富太郎は、松陰の助力を得て、「イソップ物語」を写すなどしている。門田《もんでん》吉勝のごときは、親族会議で入門するなら廃嫡にするぞと脅されて渋々諦めたというが、似たような話は大なり小なり、すべての塾生たちにあった。

代々藩政の要職にあった高杉家ともなると、家内はもちろん、親類縁者の口出しも大いにあった。

江戸出府中の父は、手紙でしきりに文学に励むべきである、聖賢の書を読むことで気質変化の実を挙げなければならないと、晋作の頑固一徹な性格を改めるように言っただけであるが、彼のすぐ側にいる人びとはそうはいかなかった。晋作自身が、父兄の目をかすめて従学したというように、親代わりの祖父又兵衛や母方の祖父大西将曹あたりが、松陰や門下生たちと接触することを喜ばず、絶えずその出入りを厳しく監視していたらしい。

閉口した晋作は、村塾へ行くのを隠すため、その都度《つど》、夜遊びに行くふりをして誤魔化したというが、あり得ない話ではない。入門後数カ月を経た頃の塾内の様子を伝える一文で松陰が、「高杉生は既に夜にして乃《すなわ》ち来る。家頗る其の宵行を疑ひ其の縦《ほしいまま》に出づるを禁ずと言ふ。其の情笑ふべく愍《あわれ》むべし。而《しか》も其の気益々《ますます》奮ひ、議論大いに進めり。鬱屈《うっくつ》読書、其の功虚《むな》しからざるなり」（同前書、第四巻、一六四頁）といったのは、おそらくこのことを指すと思われる。

何をどのように学んだのか

よく知られているように、村塾に初めて来た人に対して、松陰は必ず入門の動機を聞いた。大ていは、書物がどうも読めないから稽古してよく読めるようになりたいという。そうした人びとに対して、松陰はいつも決まって、学者になっては駄目だ、人は実行が第一である、書物のごときは心掛けさえすれば、実務に服する間に自然読めるようになると答えたという。また本がすらすら読める、文章がうまく書けるようになりたいという者には、そのようなことは取るに足りない些末事《さまつじ》であると一喝した。いつも塾中で、立志の大切さを説き、また誰に対しても、人は何か一つ仕事をやり遂げるなくてはならぬを口癖のように繰り返していた松陰が、最初に与えた教訓である。

新入生の晋作もとうぜんその洗礼を受けた。安政五（一八五八）年二月一二日付の手紙で松陰は、晋作の勉学内容について触れ、「僕、足下と交を納《い》るるは、徒《いたずら》に読書稽古の為めのみに非ず、固《もと》より将《まさ》に報国の大計を建てんとすればなり」（『吉田松陰全集』第四巻、三一〇頁）と述べている。報国の大計とは、聖賢の書を精密に読むだけでなく、眼前のホットな時事問題に結びつけて考える、たとえば朝野を沸騰させている日米通商条約の是非を云々することであり、これを亡国の企てと断ずる松陰は、一旦緩急となれば国内すべてを焦土にする覚悟も辞さないとしながら、いわゆる即今攘夷論を主張した。晋作ら塾生たちが、そうした議論の渦中で、政治的エスカレートの一途を辿ったことは、改めて述べるまでもなかろう。

本を読むさい、「肯《あ》へて文章を攻《おさ》めず、唯《た》だ時世を論ず」（同前書、一六一頁）という松陰の姿勢は、村塾の授業がどのようなものであったのかを物語ってくれる。斎藤栄蔵（境二郎）と頼山陽《らいさんよう》の「古文典刑」、中谷正亮と「清名家古文所見集」、晋作と「汪尭峯集《おうぎょうほうしゅう》」を読んだように、塾生各人のテキストが異なっていたが、いずれの場合も、作文の法や文章論でなく、時を論じ世を議するための資料として役立つかどうかに関心があった。

当初、文学にさほど関心を示さなかった晋作の塾内での勉学の成果は、どうであったのだろうか。入塾して間もないある日、塾中で禁煙の議が起こったとき、一六歳のときからすでに三年の喫煙歴のある晋作は、たまたま愛用の煙管《きせる》をなくしていたせいもあり、増野徳民《ましのとくみん》ら有志の始めた禁煙同盟に参加を宣言し、その覚悟のほどを、わざわざ「煙管を折るの記」と題して先生に呈した。これを評する一文の中で松陰は、「春風行年十九、鋭意激昂、学問最も勤む、其の前途、余固《もと》より料《はか》り易《やす》からざるなり」(同前書、一一七頁)、塾中で見る間に頭角を現わした晋作の成長ぶりに驚き、将来どこまで伸びるか見当もつかないという。

安政五(一八五八)年六月一九日、日米修好通商条約の調印は、大老井伊直弼が勅許を待たずに断行したいわゆる違勅事件として全国に喧伝されたが、この事実を七月に入って知った松陰は、わが藩はすぐさま兵庫警衛の任務を返上し、勅命に従うように厳しく幕府に迫るべきであり、もし違勅諫争の成果がなければ、兵を挙げ幕府を討つことも止むなしと、初めて討幕論を口にした。兵庫警衛の返上云々は、「此の議原《も》と高杉暢夫に出づ。吾れ深く其の識に服し、間《まじ》ふるに己れの説を以て」(同前書、三八六頁)などというように、晋作の提案を生かしたものであり、入塾間もない晋作がいつの間にか、中心的な存在になりつつあったことが知られる。

塾中での晋作の成長ぶりは、周囲も驚くほど急激かつ顕著なものであったらしい。松陰は、七月一八日、江戸遊学に発つ晋作に与えた送別の辞で、新入生時代の彼は、「有識の士なり、而《しか》れども学問蚤《はや》からず、又頗《すこぶ》る意に任せて自ら用ふるの癖あり」(同前書、三八七頁、以下同じ)、分別は十分にあるが勉強がまだ足らず、しかも人の意見を容易に聞かない頑固なところがあった。学問のできる久坂玄瑞を門生中の第一流としたのは当然であるが、この間、「暢夫の学業暴《にわ》かに長じ、議論益々卓《たか》く、同志皆為めに襟《えり》を斂《おさ》む」、急激に晋作の勉強が進み、その議論はすこぶる説得力に富み、自分を含め塾中の人びとに大きな影響を与えつつあるという。今や玄瑞が推奨して、「暢夫の識や及ぶべからず」といい、一方、晋作は、「玄瑞の才を推して、当世無比と為す」という。「二人にして相得たれば、吾れ寧《いずく》んぞ憾《うら》みあらんや」と結んだように、師の松陰は、互いに相補う逸材を得た喜びを素直に表現している。

違勅事件にどのように取り組むべきか、松陰は塾生たちに対策、今日のレポートを作成するように命じており、晋作も一文を草して提出した。かねて頼山陽の文体をなぞるがごとき美文調、文を舞わしコトバを飾ることをもっとも嫌った松陰であるが、晋作の対策はこのタイプでなく、読み始めたら止められず思わず徹夜してしまったというから、よほど独創的で説得力に富んでいたのだろう。「強兵の末論の如きは、反覆して益々喜ぶ」（同前書、三五一頁）とは、萩藩で最初に討幕論を唱えた僧月性の主張を随所で引用しながら、防長二州の人にヨーロッパ最新の学術を教え、巨砲を製し、大艦を造り、砲台を築くべきであるが、これらを実際に動かすためには、このさい長崎へ数十人を留学生として派遣し、三年間学ばせる必要があるなどと述べた論策である。

第三章　諸国遊学の旅

1　江戸への憧れ

師松陰に周旋を依頼する

安政五（一八五八）年二月、萩城下で行われた僧月性の講筵《こうえん》に、晋作は尾寺新之允《しんのじょう》や冷泉雅二郎《れいぜんまさじろう》（天野御民《あまのみたみ》）らと出席した。二月一六日に萩城下に現われた月性は、二月一八日から数日間、萩玉江の叔父泰成《たいじょう》の光山寺、また二七日には某所、おそらく浜崎町のもう一人の叔父大敬《だいきょう》の泉福寺で法話を試みた。二月一九日付の月性宛手紙で、「上人大いに講筵を開かれ候由に付き、松下の童子二三十拝聴に罷り出で候なり」（『吉田松陰全集』第八巻、三八頁）といい、また二月二八日付の久坂玄瑞宛手紙に、「先日より月性法話に付き、塾中会を廃し童子皆赴きかしむ。昨日法話終る」（同前書、四二頁）というように、この間、松陰は村塾の授業を中止して、塾生たちに聴講させている。晋作の出席も、松陰に勧められたものである。

ところで、この時期、晋作は塾通いをしばしば休むようになった。正月を過ぎた頃から祖父又兵衛（春豊）が病いに倒れ、そのまま症状が重くなり、外出どころではなくなったからである。四月七日、この祖父が七三歳で亡くなると、今度は法事をふくめ、さまざまの行事が忌明けの一カ月後まで続き、ますます不自由の身となった。江戸出府中の父に代わり、長男の晋作がすべての仕事を宰領したからである。

晋作が自宅に閉居していた頃、村塾では新しい出来事が幾つかあった。二月末から三月へかけて、八畳一間の塾舎の増改築が行われたが、松陰以下、塾生たちも参加した師弟の共同作業に晋作の姿はない。この後すぐ、三月から四月にかけて、須佐育英館と村塾の間で前後数回に及び、塾生の交換が行われた。晋作はその都度《つど》、派遣の塾生を誰にするかあれこれ意見を述べているが、彼自身は参加していない。五月中頃の須佐行に言及しており、参加の意思はあったが、塾生の交換そのものが終わったため実現していない。

村塾へは出入りしないが、その間、まったく没交渉かというとそうではない。師の松陰と手紙の往復は結構頻繁に行われており、また長期欠席を弁解する松陰宛手紙に、「何卒《なにとぞ》塾中より章子（瀬能百合熊）にてもよろしく候間、読書の友を遣わされ候様希《ねが》い奉り候」（『全集』上、四五頁）「先に二生一書を携えて来たる」（同前書、五三頁）などという一文もあり、この間、いろんな接触が行われている。時期ははっきりしないが、門生の馬島甫仙《まじまほせん》が、「幽室文稿」「奚所須窩《けいしょしゅか》」「宗元明鑑紀奉使抄」などのテキストを持参した。「実に甫仙は松下塾の一奇坊なり。日々読書これ進むを覚ゆるごとし」（同前書、六〇頁）というから、おそらく晋作と対読したのであろう。

八畳一間の旧舎に四畳半一間と三畳二間を合わせ、計一八畳半の大きさになった新しい塾舎には、常時十数名の人びとが出入りして活況を呈したが、村塾の評判を聞くにつけ、自宅蟄居《ちっきょ》同然の境遇の晋作には、耐えられない日々であったに違いない。高杉家の後継として大切にされ、自由に行動できなければできないほど、外の世界に憧れる、このさい一挙に遊学の旅に出たいと思ったのは、ごく自然の感情であろう。

安政四年秋から五年夏にかけては、村塾から多くの門生たちが全国各地に旅立った。四年九月末には吉田栄太郎、五年正月には松浦亀太郎（松洞）、二月には久坂玄瑞、三月には中谷正亮と僧提山（松本鼎）、六月には荻野時行（隼太）というごときである。鬱屈した毎日を送っていた晋作が、友人たちの門出を見送るたびに、自らも旅に出たいと思ったのは当然である。

一日も早く家を出たい晋作は、師の松陰に遊学の許可が得られるよう藩政府に周旋して欲しいと頼んでいる。高杉家の親たちは、何かと暴走気味の晋作の外出を必ずしも喜ばず、むしろ消極的な態度をとっていたからである。京坂地方での久坂や中谷ら門生たちの活躍に触れながら、「僕の遊学議論よろしく御頼み仕り候」（『全集』上、五〇頁）といったのは、そのためである。この頃、松陰は藩政府役人の中では、僧月性の仲介で和解が成立したばかりの江南派のリーダー、右筆役周布政之助《すふまさのすけ》と一番親しく、遊学許可を頼んだとすれば、おそらくこのルートであろう。

村塾への出入りを嫌う家族の思惑

晋作の遊学を実現する有利な条件が一つあった。それは、高杉家の人びとが、近頃にわかに頻繁になった松陰や村塾生たちとの接触に頭を抱え、苦々しく思っていたことである。四月一〇日付の松陰宛手紙で、「私儀親類中参り申さず候わば、すぐ様先生側に罷り出で候と相考え候。親類中も顔色を察し大きに何やの噂仕り候て私の様子相計り候故、私も又思い更え容《かたち》を改め、只今まで独座居り候」「親類へかくし書き候故、大雑々々、御察し祈り奉り候」(『全集』上、四七頁)、祖父の葬儀が済んだから、今すぐにも村塾へ顔を出したいが、親類の老人連中が邪魔をして身動きがとれず我慢している。この手紙も彼らに隠れて書いたので、取りとめもない文章になってしまったという。五月一二日付の久坂玄瑞宛手紙でも、例会への欠席を告げながら、「他行致し難き程にござなく候えども、内輪《うちわ》引きとどめ候に付、その意に任せ候」(同前書、五七頁)、外出不可ではないが、何かと家族の妨害があり困惑していると伝えている。

村塾との関係をきっぱりと断つためには、晋作を萩城下に置かない、つまり遠い他国へ出すことであり、晋作が望む遊学をこのさい認めた方がよいのではないか、高杉家の人びとがそのように考えたとしても、少しも不思議ではない。当初は、難色を示した遊学を早速に実現するために、江戸から帰ったばかりの父小忠太が中心になり、積極的に藩政府の要路に働きかけたことは、おそらく間違いない。

文学修業のため一二カ月の賜暇

師の松陰や高杉家の人びとの運動が効を奏したのであろう。安政五(一八五八)年七月一八日付で、「小忠太嫡子高杉晋作、右、文学為修行、自力を以関東辺差越度候間、当秋出足月より往拾二ケ月之御暇被差免被下候様小忠太より御断之趣如願被遂御許容候事」（『史料』一、二七頁）の沙汰があった。高杉家より出されていた往復の旅費や滞在費などをすべて自弁する遊学願いが許可されたものであり、明倫館学頭小倉尚蔵より、晋作について修行の成果が十分期待できるという推薦文が添付されていた。遊学期間が一二カ月となっていたのは、とくに理由はなく、ごく平均的な賜暇の場合であり、事情により期間を短縮、もしくは延長することができた。六日後の二四日には、これを補足するように、「右、安政四年二月、明倫館入舎生被仰付候処、此度文学為修行関東辺罷越候ニ付、退官之儀相願候之間、被差免被下候様ニと奉存候事」（同前書、二八頁）の沙汰があった。入舎生、厳密には自賄生として大学寮に籍があった晋作が遊学するには、退学許可を要したわけである。なお、この沙汰には、「万一異変之節ハ御雇被召仕候事」（同前書、二九頁）、つまり藩に何か変事があれば、再出仕のため直ちに遊学を打ち切って帰国するという条件付きで、稽古料の下付、すなわち学費の支給が追記されており、高杉家の負担は、往復の旅費とその他雑費のみの支出となった。

松陰は、遊学の許可を事前に知っていたらしく、この沙汰が下る十数日前に、周布政之助宛手紙で、「頃《このご》ろ高杉暢夫将《まさ》に東遊せんとす。暢夫は年少にして志あり識あり。伏して願はくは政府熟議し、一黄紙（命令書）を降し、暢夫をして坂に留まること一月、貞次に従ひて遊び、其の人物を品題せしめ、且《か》つ上吾が士を遣《つか》はし其の塾に留め、利害得失の状を議せしめんことを。是《か》くの如くなれば則《すなわ》ち貞次の人となり益々《ますます》詳《つまびら》かに、暢夫の交を締ぶも亦泛然《またはんぜん》ならず、而《しか》して其の蘊《うん》を得ん。僕謂《おも》へらく、亦才を愛するの一疇《いっちゅう》なりと」（『吉田松陰全集』第四巻、三六七頁、以下同）と述べた。文中の貞次とは、浜松藩の岡村貞次郎であり、大坂で銃砲の塾を開き、門弟千人を数えるといわれた人物である。「銃砲の一科は今日の最急務」であり、常に優秀な人材十数人を選んでその塾で学ばせれば、「国家多事の際、大小必ず益する所あらん」という観点から、さしあたりまず、晋作をその先兵として送り込もうとしたものである。なお、岡村塾に関する情報は、かねて親交のある在京中の浦氏家老の秋良《あきら》敦之助が何度も伝えてきたものである。

2　大橋訥庵の思誠塾へ

なぜ大橋塾か

沙汰書に文学修行の地として関東辺とあるのは、幕府昌平校書生寮への入学を予定していたからであるが、出府後はしばらくどこかの学塾に入る必要があった。というのは、書生寮は欠員が生じて初めて入学を許可されたからである。将軍お膝元の江戸には、この頃、沢山の文武の学塾が軒を並べていたが、長州藩の人びとが出入りしたのは、武術関係では、麹町三番町（現・靖国神社境内）にあった斎藤弥九郎の剣術道場、練兵館がもっとも多い。塾頭桂小五郎の存在はあまりに有名であるが、「関係人物略伝」（『吉田松陰全集』第一〇巻、一五一頁）の斎藤門には、品川弥二郎、井上勝（野村弥吉）、山尾庸三らに並べて高杉の名があり、晋作も一時出入りしたことがあるらしい。村塾生では、幽室時代の初期にきた松崎（赤禰）武人が、やはりこの練兵館で学んでいる。

文学関係では、安井息軒《そっけん》、藤森弘庵、塩谷宕陰《とういん》、大橋訥庵《とつあん》、羽倉簡堂らの学塾に人気があった。七月六日付の久坂宛手紙で松陰が、「斎藤は安井入塾の積《つも》りの由。暢夫《ちょうふ》は藤森ども然るべきか」（同前書、第八巻、七三頁）というように、一緒に江戸をめざした同門の斎藤栄蔵（境二郎）は、安井息軒の三計塾に入門すると告げていたが、実際には塩谷塾に入った。晋作が師事するはずの藤森弘庵は、ペリー来航時に「海防備論」を著し、優柔不断の幕政を厳しく批判した人物であり、早くから秋良敦之助や僧月性らと交際があった。おそらく彼らに勧められたものであろう。

ところで、晋作がなぜ藤森塾を止め大橋塾に入ったのか、これを説明する史料は何もないが、江戸藩邸にいた先輩たちのアドバイスらしい。江戸在勤中の寄組士清水清太郎が、この頃、思誠塾で学んでおり、彼が紹介者であったことは、おそらく間違いない。塾は向島小梅村、今の墨田区向島にあったから、桜田門の側にあった藩邸から通うと相当の距離である。塾主の訥庵については、嘉永六（一八五三）年に著した「闢邪小言《へきじゃ》」で洋学を断然拒否し、あくまで攘夷鎖国を唱えた極め付きの人物であるのが、評判を呼んでいたようだ。やがて坂下門外の変で、閣老安藤信正の暗殺を企てた首謀者として捕えられるが、早くから尊攘派の論客として活躍していた。村塾からは、荻野時行（隼太）や伊藤俊助（博文）らが相次いで来るが、いずれも後のことである。

訥庵先生の授業が面白くない

政治的色彩の強いことで知られた思誠塾の授業は、案に相違してごく平凡なものであったらしい。村塾で朝から晩まで、時に徹夜で政治的論議を闘わせていた晋作からみて、訥庵先生の授業は、何とも歯痒《はがゆ》く生ぬるいものに思えた。というのは、テキスト中心の、しかも章句の精密な説明や解釈を大切にするそこでの授業が、あくまでごく一般的な漢学塾のスタイルを脱しなかったからである。

晋作が残した一〇月五日付の講義ノート（『史料』二、三一八～二〇頁）を見ると、中庸二七章目之二節目に、「故君子尊徳性而道問学」があるが、テキストを拡げた訥庵先生は、まず最初に、この章の重要性について概略を述べ、ついで「故君子」「道問学」「性ハ徳性」という項目について説明、そこからまた、「君子トハ」「尊字ハ」「問学ハ」「道之字ハ」などを一つ一つ懇切丁寧に語っている。格調の高いハイレベルの、いかにも評判の漢学塾らしい教室風景であり、授業の内容や展開にも何ら問題はないが、すぐ気がつくのは、時事問題を常にふんだんに織り交ぜていた村塾の授業との落差である。

松陰先生は、たとえば「孟子」の講義で、塾生たちの理解を助け、解釈を分かりやすくするために、今もっとも世間を賑わせている話題、すなわちペリーの来航や下田踏海の経験をつぶさに語り、かつて太閤秀吉の朝鮮攻めが志半ばで挫折したのを惜しみ、自分が将来機会を得れば、「朝鮮・支那は勿論、満州・蝦夷及び豪斯多辣理《オーストラリア》」（『吉田松陰全集』第三巻、二五一頁）を手に入れるつもりだなどと豪語したりした。何千年も昔に編まれた聖賢の書をテキストにするさい、古代中国の世界やそこに生きた人びとが、時空を超えて今この江戸や大坂によみがえり、時に萩城下の出来事にも関連づけて説明された。しかも、そのさい、マゼラン、コロンブス、ナポレオンなど外国人の名前が、彼らの成し遂げた偉業と共にしばしば出てくるのだから、面白くなかろうはずがない。晋作にとって、訥庵先生の授業がいかにも無味乾燥、つまらなく思えたのも、仕方のないところであろう。

悲憤慷慨の徒に失望する

萩から江戸まで旅の経費を記した「勘定帳」によれば、晋作の江戸到着は八月一六日であり、三日後の一九日には早くも大橋塾へ束脩《そくしゅう》を呈したが、上述の講義ノートを作成した一〇月頃には、しだいに授業に興味を無くし、ほとんど出入りしなくなった。現にこの頃出したと思われる松陰宛手紙で、「私も先だってより大橋塾に入り込み候ところ、愚に堪えかねこの間より上屋舗西長屋へ中谷君と同居仕り候」（『全集』上、六六頁）と述べている。授業が下らないから、塾への出入りを止め、江戸藩邸の一室に松門の中谷正亮と相部屋で暮らしているというのだが、退塾を決意するには、もう一つ思誠塾内の雰囲気、肩を怒らせ肱《ひじ》を張る塾生たちの言動になじめないという理由もあったようだ。府下で一番と評判の攘夷家の学塾らしく、思誠塾には水戸学にかぶれた血気盛んな若者たちが多く集まっていた。彼らは何かと悲憤慷慨、議論のための議論を繰り返し気炎を挙げたが、晋作はそうした軽佻浮薄な連中にどうしてもついていけなかった。

桜田門側の藩邸に戻った晋作であるが、中谷ら友人たちとの議論にもなかなか溶け込めず、悶々《もんもん》とした日々を送っていたようだ。たとえば最大の政治問題であった日米通商条約について、久坂や桂、中谷らは、今の仮条約でともかく交易を認め、その後に萩藩主が将軍と共に上洛して、朝廷に働き掛け、粛々と条約破棄を実現すればよいという。これを迂遠の策と批判する晋作は、直ちに藩主が上洛、天子から交易不可の勅を得るように努めるべきであり、アメリカ側が条約破棄に応じなければ、攘夷戦を大いにやれば宜しいというが、この主張は、入江杉蔵以外、誰一人賛成しなかった。中谷正亮は、「小生も江川入門之積《つもり》に御座候。高杉大鎖国を発し申候処、桂と共に追々説和《やわ》らけ申候得共、未銃陣を学フ程には至り不レ申。何卒先生より御諭し奉レ祈候」（『吉田松陰全集』岩波旧版、第六巻、一〇二頁）と、晋作の頑固一徹な態度に閉口し、何とか説得して欲しいと言ったが、一方、晋作は、「人々私の議論をさして鎖国論と云うけれども、さようでもござなく候が、ただ交易開けるを恐るるのみ」（『全集』上、七一頁）と訴えている。いずれにせよ、周囲の人びとは、晋作の即今攘夷論を極めて危うい書生の暴論、姑息《こそく》極まりない鎖国論としか理解しなかった。

「いずれ天下戦争一始まり致さずては外患去り申さず」（同前書、六七頁）という晋作の攘夷論は、将来の開港や通商を非としているのでなく、ペリー来航以来の武力をかさに城下の盟を迫るような手法を、絶対に認めがたいという立場である。師の松陰が、違勅の条約を認め航海通市をいうものは、外夷との戦争を恐れているだけであり、これ以上の国辱はない。たとえ攘夷戦で国中が焦土と化しても止むを得ない。そのことを認めた上で、今より策を決して国力を養い軍備を拡充し、対等な関係になったところで和親を行い、開港通商を認めるという主張と、ほとんど同じ議論である。中谷らがいう、西洋兵学の重要性については、まったく異論がないが、それ以上に国是を確立し、人心の帰一するところを強固たらしめることが肝要だと考えたのである。

3　昌平校書生寮に入る

安積艮斎《あさかごんさい》門人となる

「書生寮姓名録　弘化丙午《へいご》以来」を見ると、「松平大膳大夫、安政五、十一月入　同六年、十月退　安積門　高杉晋作」とあるが、一一月一〇日付山県半蔵宛手紙には、「聖堂も人数明き、今月四日に入塾仕り候。寮頭も横山甚一郎と申す人にて、大きに温恭なし下され」（『全集』上、七三頁）とあり、正確には一一月四日に書生寮に入ったことが分かる。翌年一〇月の退学だから、約一年間の在学となるが、この間、どのような勉強ぶりだったのだろうか。

昌平校は、もともと幕府直参、旗本や御家人の子弟の学校としてスタートしたものであり、入学資格のない三百諸藩の家臣や浪人の子は、別に設けられた書生寮に入った。昌平校の教官が自宅に設けた学塾の門人を収容するという形をとっていたから、予《あらかじ》め何人かいた教官、いわゆる御儒者と師弟関係を結ぶ必要があった。入学者が例外なく古賀、佐藤、林門などと称したのは、そのためである。

ところで、晋作は安積艮斎を選んだ。「洋外紀略」の著者であり、外国事情にも詳しい艮斎先生は、桜田藩邸にあった有備館で定期的に出張講義を行っており、萩藩とはとくべつ親しい関係にあった。早くから多くの藩士がその学塾で学んだが、師松陰がそうであったように、すべての人びとが書生寮に入ったわけではない。また書生寮に入る便宜上、安積門人を名乗ったものもいる。晋作の場合がそうであり、書生寮で艮斎先生の授業を受けたことはあるが、一度も安積塾の門を潜ったことはない。

それはともかく、書生寮をめざす萩藩士は、ほぼ例外なく安積門の肩書きを名乗った。晋作が書生寮に入る前、安政年間に入ってからは、小倉健作、口羽徳祐《くちばとくすけ》、赤川又太郎、服部和郷らが相次いで門を叩いた。いずれも書生寮の先輩である。「寮中の都合至ってよろしくござ候。何も先生の深徳のなすところと感拝し奉り候」（同前）というのは、かつて安積塾の塾長を勤めた山県半蔵が紹介者のため、万事うまくいっていると感謝したものである。もっとも山県自身は、前述の「姓名録」のどこにも名前が見当らず、書生寮に学んだことはないらしい。

書生寮とはどんなところか

晋作より少し遅れて来た佐賀藩士の久米邦武《くめくにたけ》によれば、書生寮は南北二棟があり、南棟は八畳一〇室、各室に三名、計三〇名、北棟は西を六畳六室とし、一は舎長室、一は月算二名の室、他の四室に八名、次の八畳を会堂とし、もう一つの八畳に三名、計一四名、南北合わせて総計四四名の定員となる。晋作が空き席を待ったように、入学許可は、この定員が欠ける場合にのみ行われた。

「寮は五十余年前の建物で、無性《ぶしょう》な学生が交々《こもごも》住み荒したから、汚い事 夥《おびただ》しく、棚は塵埃《じんあい》に、醤油徳利《とくり》が油盞《ゆさん》と雑居し」（『久米博士九十年回顧録』上巻、五二二頁）などと言われるように、決して住心地のよい居住環境ではない。新入生は後巾着《うしろきんちゃく》と呼ばれる一番暗い場所を与えられ、脇巾着を経て窓際の明るい場所へ順次移動する習わしであったが、この辺は、成績によって座席を移動した江戸の学塾と大差がない。

学費は、入寮のさい、遊金と称する金一分を納めた後は、月算という寄宿費を支払う他は何も要しなかった。食事は至ってお粗末なものであり、蓋《ふた》に氏名を張りつけた飯器に、毎朝炊夫が飯二合を入れたものを沢庵漬で食べる。昼もまた飯二合が給される。副食は沢庵漬と味噌汁が付くが、大根か葱《ねぎ》、茄子《なす》が二、三切れ浮いた貧しいものである。夕食は朝昼四合分の残った飯を沢庵漬か焼塩を副えて食べる。一日二食の制度であるが、これでは若い元気一杯の書生たちの食欲をとうてい満たすことはできない。晋作のように、懐に余裕のある者は、鍋やコンロ、醤油や砂糖を用意し、炊夫に買いに行かせた野菜や魚を自炊した。割烹《かっぽう》というが、別名礼記会とも称した。寮内で禁止の自炊を誤魔化すための便法である。その昔、会食の真最中、先生に見つかり、慌てて風呂敷をかぶせ勉強のふりをし、礼記の会を言い募ったという故事から来たもののようである。

月算、毎月の寮費の計算は学生の仕事であり、入寮の順序にしたがって月算生なる役職を勤めたから、晋作も当然これに任じた。寮内の賄いを三人の炊夫を指揮して行う。日々仕入れる米、炭、薪、味噌、沢庵漬、野菜の多少を決め、金銭の出納を一々記録する。それなりに煩瑣な仕事であり、毎月交替を原則としたが、寮生活が長くなると、互いに融通しあい、計算の得意な者が選ばれて、何カ月も勤めるのが普通であったという。

詩文偏重に違和感を覚える

書生寮の教育課程は、月に三度、御儒者の講義を聞き、また三度、先生の主宰する輪講会に出席するのが決まりであった。先生の前に出るのは月に六回のみで、その他は、学生たちが随意に申し合わせて輪講会などを催し勉強した。古賀門の久米は古賀謹堂、安井息軒、吉野金陵ら三名が交替で輪講会を主宰した様子を語っており、書生寮の学生は、複数の先生の授業を受けたことが分かる。所定の講義を休むさいは、前日に請人（保証人）からその理由を届け出ることが義務づけられており、どんなに怠惰な学生でも、これだけは休まずに出席したというが、僅かに月六回、それも午前中のみの授業だから、大した教育効果は期待できなかった。

御儒者の授業のない日、彼らは何をしていたのだろうか。「才人志士は、外出すると有名な人物に紹介を求めて訪問し、面会し、談論をし、遊学の主要目的は課程よりは大家先生の訪問にあり、読書よりも名士の談話によって学問は進むものとし」（同前書、五二八頁）と久米がいうように、江戸市中で評判の先生を訪ねてその議論を聞いた。かつて江戸遊学中の松陰が、同時に四人も五人もの儒者の門を叩き、あまりの忙しさに悲鳴を挙げたのは、よく知られているが、書生寮の学生たちも、大なり小なり同じような経験をした。

書生寮内では、「会読をして議論を闘はすを有益とし、優秀な学友の卓抜な議論は人を啓発する力が強いと信じて居た」（同前）と言われるように、一人で机に向かって本を広げるより、皆で集まり書物を読み、議論を闘わせるやり方をよしとした。また詩文を作ると、学生たちが互いに批評し、添削を重ねるのが普通であった。事実、晋作も詩文が出来ると、その都度寮内に回覧して批評を求めている。たとえば「読米人彼理《ペリー》日本紀行」と題する一文には、妄評の言葉を付しながら、惺、彰、啓、淳、道、敬、平という署名の、少なくとも七名の学生が関係している。「嗚呼此書可焚矣、惺加」「罵以下五字削、惨毒作可悪、雖以下七字削、奪神州之句二処削去何如」「惨毒不当」「行間加五六字、失敬請恕、啓」（『史料』二、二〇七〜八頁）などの字句が行間や欄外に幾つも付せられており、かなり大胆な意見や批評を加えている。

なお、晋作の見たペリーの日本紀行は、下田事件の二年後、すなわち安政三（一八五六）年にアメリカでホークス著『ペリー提督日本遠征記』と題して出版されたもので、その漢訳が江戸市中に出回っていたのであろう。

書生寮での勉強は、批評や添削だけでなく、参加者が賞罰の点数を付しながら互いに切磋琢磨したらしい。ある日、晋作の室に会した人びとは、菅茶山《かんちゃざん》の「十春の詩」に題材を得て、作詩を競ったが、「ここに於いて十春の詩尽く成る。よって一巻をなす、かつその賞を受くること最も多き者と、罰を受くること最も多き者を挙ぐれば、予《よ》罰を受くる最も多し、便《すなわ》ち数言を綴って巻首に書し、もってその罰を償う」（『全集』下、三二五頁）というから、晋作は、さほど優秀な学生ではなかったことが分かる。テキストを正確無比に読んで縷々《るる》解釈し、また詩文の如何《いかん》を字句を吟味しながらあれこれと論ずる書生寮の現状に、必ずしも満足せず、しだいに疑問を感じるようになっていた晋作だけに、もう一つ勉強に身が入らなかったのも止むをえないかもしれない。

ところで、書生寮の仲間たちは、晋作をどのように見ていたのだろうか。晋作が入門した頃、経義掛や舎長に任じた関啓輔（岡千仞《せんじん》）は、「晋作気宇開闊《きうかいかつ》、不二苟言笑一、余知三其為二偉器一」（『史料』三、三二三頁）、心が広く晴れやかで、妄《みだ》りに言葉を発し笑ったりしない、実に偉い人物であったというが、師松陰と面識があり、やはり同じ時期に書生寮にいた三島貞一郎（中洲）は、酒ばかり飲んで喧騒極まりない晋作を、「粗暴の一少年」とひそかに考えていたと、むしろ否定的な思い出を語っている。

この辺は、晋作自身が、後年、上野の花見に出掛けたさい詠んだ詩作の中で、「憶《おも》う昔昌平遊学の日、破衣乱髪酔狂して吟ぜしを」（『全集』下、四〇七頁）と回想したのと符合している。いずれの批評も晋作の性格や言行を言いあてており、それなりに正しいと思われる。周囲の人びととの関わり方、つまり親密度の違いで評価がプラスかマイナスかの両極に分かれたのであろう。

実学、洋学修業を志す

安政六（一八五九）年元旦の従弟南亀五郎宛手紙で、「十月（十一月）四日より聖堂に入寮仕り候。読書勉強は仕り候。しかれどもさきに申し上げ候通り、晩学不才の者にてござ候故、修行に出で候より、早五六月にも相成り候えども、中々これと申し候詮はござなく候。実に恥じ入り候」（『全集』上、八四頁）と述べたのは、よくありがちな謙遜の言葉といえなくもないが、四月一日付の久坂宛手紙では、「これまで看《み》つけ候学も馬鹿の事だと気がつき申し候。僕儀この節、相考え候に、僕愚鈍といえども、文章家となり、著述を致し天下の書生に名を知られんの経学を致し黙言持重空論を以って人をだましたいの、博学になり天下の俗物に名を知られたいのと申すかしこがりはもうとう（毛頭）仕りたくござなく候」（同前書、一〇〇頁、以下同）というように、書生寮でのこれまでの勉強がピント外れ、間違いであったことをはっきりと認めている。

では、一体何がやりたいのか。すぐ続けて、「何とぞすこしなりとも御主人様の御ために相成り候学問仕りたしと日夜思慮仕り候」「何とぞ御国の兵制之相立ち候ようにと勉強仕り居り候」というのは、もう一つ漠然として分かりにくいが、五月二四日付の某宛手紙になると、「前日登門の節御示談致しおき候迂生洋学修業の論、如何相り成候や、何分一時も早く取り掛り申さずては、次第に手おくれに相成り、実に以って遺憾の至にござ候。何とぞ、平生の御懇情を以って、迂生の素志を久保翁その外、諸有司へ御談じ下され候わば、一手段もこれあるべくと察し奉り候。同じ外遊の論に決し候わば、願くば東京よろしかるべくと考え居り候」（同前書、一一六頁）、洋学の勉強を始めたいが、できれば外遊、それも東京（トンキン）、今のヴェトナム方面へ行ってみたいという。「翼あらは千里の外も飛《とび》めくり、よろつの国を見んとしそおもふ」という一首を添えており、アロー号事件以来、フランスの東洋進出の拠点と化したこの地を、実見したいと考えたことが分かる。宛先ははっきりしないが、その文面から見て、江戸藩邸の中枢にいた人物への願書であることは間違いない。

晋作の志望変更は、昌平校という幕府官学に在学中の身ゆえに簡単に認められず、藩要路への工作もうまくいかなかった。ただ、そうであればあるほど、晋作の気持ちは洋学へ傾いた。八月二三日付の久坂宛手紙に、「時は大軍艦に乗り込み五大洲を互易するより外なし。それ故、僕も近日より志を変じ軍艦の乗り方天文地理の術に志し、早速軍艦制造場処に入り込み候らわんと落着き仕り居り候」（同前書、一四二頁）とあるように、一層具体的に海軍士官への道を言い、江戸築地にあった幕府の軍艦教授所へ入り、軍艦の操縦やそれに関わる勉強をしようとしたのは、そのことと無関係ではない。この頃、病気療養を理由に、府下に下宿を確保したというが、書生寮での生活は、ごく形式的なものになったらしい。三島の晋作評は、あるいはこの時期のものかもしれない。

4 伝馬町牢の師松陰に教えを乞う

安政六（一八五九）年五月二五日、萩城下を発った松陰の駕籠は、六月二五日、江戸に着いた。幕府法廷への出頭は一四日後の七月九日であり、それまでの約半月間は、桜田門側の藩上屋敷にいた。「総陸二十日」という旅行日程が大幅に遅れて、一カ月間を要したのは、夏の暑い季節で、道中が捗《はかど》らなかったのが理由であるが、それ以上に、大老直々の呼び出しを受けた国事犯であるため、過剰といえるぐらいの警戒体制をとり、道中や宿泊の旅宿で万全を期したことも余分の日数を要したらしい。

七月九日、幕府評定所で取り調べを受けた松陰は、梅田雲浜《うんぴん》との謀議や幕政を誹謗する落とし文の一件については理路整然と釈明し、呼び出しの嫌疑は一応晴れたが、奉行とのやりとりの中で、思わず老中間部詮勝《まなべあきかつ》への直訴の計画について洩らした。これがお上を恐れぬ不届き千万な企て、つまり暗殺計画とされ、改めて吟味中揚屋《あがりや》入りを命じられた。以後、一〇月二七日の刑死まで、約四カ月近い獄中生活を送ることになるが、この間、晋作は師と手紙の往復はむろん、金品の差し入れなどさまざまな形で関わっている。

活発な支援活動

差し入れ金について見ると、揚屋入りが決まった七月九日、早速松陰から飯田正伯や尾寺新之允ら江戸在の門生と相談して金三両を工面して欲しいと頼んできた。金の受け取りを報せる一九日付の手紙で、さらに金一〇両用意してくれ、あるいは二両でも三両でもよいから、すぐ送って欲しいと矢継ぎ早に言ってきた。七月二五日の手紙で、「金三円慥《たし》かに落手仕り候」（『吉田松陰全集』第八巻、三七一頁）と言ったが、九月一二日には、「例の四円金（十円の内なり）今に参り申さずや」（同前書、三九二頁）、この間二度手紙を出したが返事がなく、金も届かず困っているという。一〇月六日の手紙に、「此の度金弐円御届け下され御厚配御察し申上げ候」（同前書、四〇〇頁）とあるから、ようやく送金のあったことが分かる。晋作ら門生の方で、金の工面がつかなかったのか、それとも途中で無くなったのか不明だが、獄中の松陰がしきりに金の無心をしたのは事実である。「堂々たる国士をして区々の黄金の為めに苦心を懸け候事、近比《ちかごろ》不届の儀に御座候」（同前書、三七一頁）と言い訳しているが、地獄の沙汰も金しだいの境遇にある松陰にしてみれば、止むを得なかったのであろう。

獄中で読む書物の差し入れもしばしば頼んでいる。「孫子」の差し入れに金二朱を添えるように言ったのは、その都度《つど》、獄卒に入れ賃を要したためである。手紙の往復そのものが厳禁の獄則を犯す場合にも、やはり入れ賃二朱を要したというから、何度も発信した晋作らの負担は半端ではない。筆記のための唐筆や半紙、お白洲《しらす》へ出るための衣服の手配などもあれこれと頼んでいる。入獄後間もない七月一二日には、五布蒲団一、単物二、袷一、帯一筋、下帯同、手拭同、半紙二帖、銭二百文を差し入れ、九月五日にも、ほぼ同じ品目を差し入れして貰っているが、いずれも晋作らを介した品物が届いたものである。二度とも銭二百文が添えられたのは、差し入れに要する手間賃かもしれない。

法廷での取り調べ状況を知る

松陰は、支援グループの中心であった晋作に取り調べの内容はもちろん、獄中での生活についても克明に伝えてきた。七月九日、第一回の法廷では、二つの件、梅田雲浜と政治的謀議をしたかどうか、また御所内の幕政誹謗の落とし文の作者ではないのかが吟味の中心であった。

雲浜の長州下向のさい、会見した事実はあるが、禅を学べなど学問の話をしただけで政治的謀議など身に覚えがない、もともと自分は尊大な性格の雲浜と合わず、共に何かをすることはない。また御所内の落とし文は、自宅蟄居《ちっきょ》中の自分にはできない。誰か人に頼むような姑息な手段はとらない。それに落とし文の用紙である竪《たて》の継立紙《つぎたてがみ》は、いつも使っている「藍色の縦横なる毛板に楷書に書」（同前書、三五九頁）くタイプと異なる。文の中身もまったく与《あずか》り知らぬもの、つまり濡れ衣であると申し開きした。もと村塾生で雲浜の望楠塾にいた赤禰武人《あかねたけと》との関係も聞かれたが、萩城下で一度会った後のことは、何も知らないと述べた。伏見獄舎にいた雲浜を救出するため、松陰から爆破計画を授けられて上洛したものであるが、この一件については、口を閉ざして何も語らなかった。

法廷側が用意した尋問内容はすべて釈明され無罪放免になったかというと、そうではない。奉行が国事について自由に述べてみよという、いわば誘導尋問にのせられた松陰は、私には死罪に当たる二件があると、口を滑らしたためである。その一つ、大原三位下向策に取り調べ側は何の反応もしなかったが、京都で宮廷工作をしていた間部《まなべ》老中への直訴の件には、大いに興味を示した。「老中間部詮勝要撃策」と松陰らが名付けたように、この計画は、もともと幕閣の奸を除くテロ活動であった。決起に必要な大砲や弾薬など武器の借用を藩政府へ求めたことが、何よりもそのことを物語っている。老中殺害を目論《もくろ》んでいたに違いないという奉行らの見方は正しかったわけであるが、法廷でのやりとりで、この事実は必ずしも明らかにならず、数カ月に及び延々と続いた審理は、そうした容疑の周辺で一進一退した。取り調べを受ける側の松陰は、意外に穏やかな奉行連の口振りから自分に好意的であり、軽ければ国元送還か他家へのお預け、重くても遠島だろうと考えていた。死罪になる僅か二〇日前の一〇月六日付の手紙で、「小生の落着未だ知るべからず。然《しか》れども多分又々帰国ならんと人々申し候」（同前書、四〇〇頁）と呑気《のんき》な発言をしている。橋本左内《さない》が死罪になった翌七日には、さすがに「小生罪科先《ま》づ遠島と見た」（同前書、四〇一頁）というが、それでも出獄のさい同囚の人びとへ贈る沢庵漬一桶や干魚五百枚などの届物リストをかかげ、差し入れを頼んでいる。死罪とはまったく思わなかったわけである。なお、この手紙は飯田正伯宛になっている。帰国する晋作に代わり、尾寺と共に連絡係になったためである。

一〇月八日付の手紙で、なお「回（二十一回猛士・松陰）も斬られずとも遠島は免かれずと覚悟致し候」（同前書、四〇七頁）と言っていた松陰も、一七日付の尾寺新之丞宛手紙では一転して、「屹《きっ》と覚悟仕り候」（同前書、四一二頁）「迚《とて》も生路《いきみち》はなきことと覚悟致し候」（同前書、四一四頁、以下同）と最悪の事態を予想している。前日の取り調べで作成された口上書に、老中が意見を聞き入れないときは、「差違へ」る、また警護のサムライが邪魔をしたときは、「切払ひ」も辞さないという箇所が、死罪に当たると考えたわけである。松陰の懸命の抗弁で、この部分は削除されたが、「公儀に対し不敬の至り」という一文は残り、結局これが命取りになった。死罪を免れないとみた松陰は、急いで国元の家族や友人知己に宛て、別れの手紙を書いたが、遺言となった「留魂録《りゅうこんろく》」は、二五日から書き始め、翌二六日夕方に脱稿した。法廷での審理の状況や獄中の動静、死を覚悟した今の心境、塾生への遺託などを記したものである。

一〇月二七日朝、評定所に呼び出された松陰は死罪を宣告された。そのまま伝馬町牢に引立てられ、牢内の一角にあった刑場で斬られた。朝四ツ時というから午前一〇時頃のことである。まだ数え年三〇歳の若さであった。晋作は、帰国の途中であり、萩に戻った一一月一六日の夜、この事実を知った。「我が師松陰の首、遂に幕吏の手にかけ候の由、防長の恥辱口外仕り候も汗顔の至りにござ候」（『全集』上、一七三頁）と怒り心頭に発したのは、当然であろう。

いかに生きるべきか、死生観を問う

書生寮の勉強がいま一つ面白くない晋作は、今後どのように生きるべきか、いろいろ考えることが多かった。漢学の勉強を止め、洋学修業を思い立ったのもそのためであり、海外遊学、東京（トンキン）行きを言うかと思えば、いきなり軍艦教授所への入学を口にしたり、ほとんど迷走状態であった。獄中の師松陰に、いかに出処進退すべきか、今後の進路選択について質問したのは、このような時期である。幕府法廷へ呼び出されてすぐ、七月半ばに松陰は丁寧に答えを書いており、師が江戸に着くのを待ち構えたように、晋作が悩みの相談をしたことが分かる。

「丈夫《じょうぶ》死すべき所如何《いかん》」（『吉田松陰全集』第八巻、三六七〜九頁、以下同）という質問は、野山再獄以来、

松陰自身がずっと考え続けてきた課題である。獄中からの呼び掛けに何の反応もなく、塾生たちの裏切りや離反に絶望した彼は、一時盛んに死ぬことを考えた。絶食求死の企てがそれであるが、周囲の人びととのやりとりの中で、この考え方はしだいに変化する。三月頃になると、餓死、縊死《いし》、諫死、誅死《ちゅうし》などの言葉を並べはするが、今すぐ死ぬことに疑問を抱き、もっと長生きをし、死にふさわしい仕事をしてから死ぬべきではないかと考えるようになった。死生の悟りが開けぬと悩む品川弥二郎に、十七八の死が惜しければ三十の死も惜しいはずであり、八九十、百になってもこれで足りたということはない。人間の寿命がせいぜい五十年であり、七十年も生きる人が稀であるとすれば、今のうちに何か納得するような仕事を成し遂げなければ、決して成仏《じょうぶつ》はできないぞと答えた。われわれ人間がいつか必ず死ぬ、永久に生きられないとすれば、生涯のうちに何か一つ生きた証《あかし》をしっかりと残して死ぬほかはない。要するに、もっと有益な生き方をしようというのである。

この考え方は、死への距離が一層縮まった江戸獄においても変わらない。事実、いかに死ぬべきかを問う晋作に、松陰は李卓吾《りたくご》の「焚書《ふんしょ》」を引用しながら、死は好むべきものでなく、また憎むべきものでもない。道のために死ねば心が安らかであり、これこそ死処というべきである。世の中には、肉体は生きているが心がすでに死んでいる者がおり、一方、身体は滅びてしまったが、魂がまだ生きている者がいる。心が死んだのでは生きている意味はまったくないが、魂が残っているのならば、必ずしも生きていなくてもよい。死んで不朽の見込みがあれば、いつでも死ぬべきであるが、生きて大業の見込みがあれば、あえて生き続けなければならないと答えた。

「僕今日如何して可ならん」、今何をなすべきかという問いに松陰は、決して自分のような軽はずみな行動はせず、むしろ遠大の策をとり、少なくとも一〇年の歳月をかけてじっくりと実力を養うべきであるという。遊学を終え帰国した後、父母が望むならば嫁を迎えて家庭をつくり、また出仕して役職をきちんと勤めるべきであり、正論正義はそのとき堂々と主張すれば宜しい。今は、「十年の後必ず大忠を立つるの日」をめざして頑張るときであると答えた。いささか軽率、暴走気味の晋作への格好の忠告であろう。

「今日諸侯の処し様」、わが藩は一体どのような政治的路線を歩むべきかという質問に、今の幕府に正義を説いても大した成果は期待できないが、上策はやはり、井伊大老や間部老中へ誠実に忠告する、つまり諫幕ということであり、中策は、「隠然自国を富強にしていつにても幕府」に頼られる存在になる、というより一朝事あるときは尊攘の旗揚げを可能にする国力を貯えるべきであると答えた。下策、おそらく討幕論については言及がないが、獄中の政治犯という境遇を考えれば仕方がない。順序は逆であるが、本心は下策、悪くても中策をよしとしたことは、想像に難くない。今の萩藩の進むべき道は、この選択肢しかないというのは、松陰の度重なる建白をすべて握り潰《つぶ》し、弾圧にひたすら低頭し恐れ入る政府重役連の現状を、いかにも情けなく思ったからであろう。

第四章　遊学を中断、萩へ戻る

1　村塾関係者の暴発を恐れる

文学修業を止め、国元差戻しの命

安政六（一八五九）年一〇月一二日、晋作の帰国命令が出た。藩政府の沙汰、「無拠差湊《さしつかえ》之儀ニ付、内断之趣有之、如願御国被差下候事」（『史料』一、七九頁）を見ると、何か高杉家の側に止むをえない事情が生じて、遊学を中止し帰国を願い出たことになっているが、一番大きな理由は、しばしば伝馬町牢と往復する晋作に江戸藩邸内の重役連が危惧《きぐ》の念を抱いたことであろう。飯田や尾寺のような江戸滞在中の塾生だけでなく、桂のような兵学門下生も沢山いたから、彼らが晋作を担いで何か事を起こす危険性は大いに考えられた。松陰の審理が少しずつ難しい情勢となり、死罪も見込まれるようになると、藩邸内の心配はますますエスカレートしたに違いない。破獄の企てこそないにしても、それに近い暴発は十分に予測できたからである。何か事件を起こすとすれば、日頃の言動からして晋作が、その中心人物となるのは明白であり、このさい、彼を江戸から退去させる、つまり帰国させてしまうのが最善であると考えられたとしても、少しも不思議ではない。萩城下の親たちは、晋作と松陰の関係について江戸からの報せで詳しく知っていたはずであり、息子の帰国は願ってもないことであっただろう。帰国願いを高杉家が出したことは、おそらく間違いない。そのさい、前年暮に亡くなった祖母の喪に服するということが、格好の理由として挙げられたようだ。

昌平校の退学は、晋作本人が授業そのものに興味を失いつつあり、かくべつ問題はなかった。前年七月に沙汰があった文学修業のための一二カ月間の賜暇もまた、すでに終了しており、帰国を発令しても一向に不自然ではない。重役連は、早くからこの措置を議していた形跡があるが、当の晋作がなかなか納得せず、あれこれと異議申し立てをしていたようだ。その証拠に、晋作の帰国は、発令のかなり前、九月中には藩邸内で知られていた。

師松陰との最後の別れ

獄中の松陰も、一〇月に入るとすぐこの事実を知った。一〇月六日付の晋作宛手紙で、「老兄急に御帰国の由、御繁忙想像仕り候。然《しか》るに善くこそ後事まで御処置下され、別して感銘仕り候」(『吉田松陰全集』第八巻、四〇〇頁)というが、翌七日の手紙では、父兄朋友に自分は元気で過ごしていると、この間の様子を詳しく伝えてくれと頼みながら、「杉蔵〈入江〉学問さぞ進むなるべし。〈弟和作〈野村〉敏才学問も進むべし、伝之輔〈伊藤〉と三人獄に在り、憐むべし。小生一件落着まで待ち居れと御伝へ。〉実甫〈久坂玄瑞〉必ず進境あらん、但《ただ》し才勝ちて動き易し、能々《よくよく》御心添下さるべく候。久保（清太郎）は不動心、吏事錬達ならん。徳民（増野）平生に負かじ。弥二（品川）・作間（忠三郎）、後進中嘱望のものなり、鼓舞し給へ。福原又四郎必ず進境あらん、変じはすまじ。岡部富太（郎）亦《また》用ふるに足る、軽佻を以て是れを捨つるは偏なり。栄太（吉田栄太郎）と天野（清三郎）は同志中にても別ものなり」（同前書、四〇二〜三頁）などと、塾生たちの一人ひとりに寸評を加え、今後は晋作が中心となり、村塾をしっかりと受け継いで欲しいと述べた。

安政三（一八五六）年三月の幽室に始まる村塾の授業は、五年一二月の野山再獄まで、約二年一〇カ月存続したが、この間、出入りした塾生は九二名を数える。むろん、彼らの在塾期間は一定せず、僅か一〇日前後で去ったもの、あるいは断続的に数年間いたものなど、その就学スタイルはさまざまである。最大一八畳半の塾舎から見て、常時出入りした塾生は十数人程度と考えられる。ここで松陰が挙げた塾生は、晋作をふくめ僅か一三名でしかないが、おそらく最晩年の村塾に出入りしていた人びとであろう。江戸滞在中で、獄中の師と盛んに往復していた尾寺や飯田の名前がないのは理解しにくいが、それだけ親しかったということであろうか。いずれにせよ、前述の塾生たちは、松陰が沢山の門生の中で早くから期待し、後事を遺託するに最もふさわしいと考えた人びとである。

八日にはまたまた手紙を書いている。「補略」でも「雲上明覧」でもよいから、書物を差し入れてくれと頼んでおり、出発が大分先になることを見越していたのであろう。京都の政情、粟田《あわた》親王や大原三位《さんみ》らの消息を知らせて欲しいというのは、晋作が萩へ直行せず、各地を見物しながら帰国すると告げていたためと思われる。自らの処遇については、橋本左内《さない》や頼三樹三郎《らいみきさぶろう》はともかく、飯泉喜内《いいいずみきない》が斬られるぐらいだから遠島はやはり免れない、四月の島送りまで尾寺たちは江戸にいるだろうかと、相変わらず楽観的な見方をしている。いずれにせよ、これが松陰の晋作に宛てた最後の手紙となった。

一〇月一七日付の江戸藩邸より国元への通知に、高杉晋作について、「今日爰元《ここもと》出足被差下候間」（「史料」三、一二七頁）とあり、江戸出発は、帰国の沙汰より五日後のことであった。萩城下に着いたのが、翌月一六日の夜というから、実に一カ月間、ゆっくりと旅を続けたことが分かる。順調にいけば二〇日、殿様の駕籠を擁する参勤交代でも二五日程度で着く旅にしては、いかにも遅いペースであるが、もともと自ら欲して帰国しているわけでもなく、しかも師松陰に頼まれた京洛の情報収集があり、一〇日近くも余分の日数を要したのであろう。

2 晋作の結婚

父命で結婚、まさを迎える

帰国してすぐ、晋作に結婚話が持ち上がった。数えで二一歳になっており、結婚に早すぎる年齢ではない。高杉家の跡取りということを考えると、一刻も早く嫁を迎え、子供をつくることが、当然のことながら一番の親孝行であり、これを断る理由はなかなか見付けにくい。親たちにしてみれば、嫁を貰い一家の主人として責任が生ずれば、息子も少しは落ち着き、これまでのような粗暴な振る舞いもなくなるのではないか、心配の種がいささかでも減ることを期待したのは、おそらく間違いない。

若かったせいか、晋作自身は結婚にはまったく興味がなく、現に正月元日の南亀五郎宛の手紙で、孔子がいうように三〇歳になれば嫁を貰ってもよいが、それまでは独身を通したいと言っている。二十代になったばかり、まだ万事に自由気儘《きまま》にしたい年頃であるから、なおさらそうした気持ちが強かったのであろう。ただ、高杉家を継ぐ一人息子という立場を考えると、嫁とりを迫る父の言葉をいつまでも無視するわけにもいかなかった。江戸を去るさい、師の松陰が、もし両親が望むならば、嫁を迎えるのも大切であると諭したことも、あるいは頭のどこかにあったのかもしれない。

ところで、晋作の配偶者に選ばれたのは、大組士（二五〇石）、井上平右衛門の次女まさ（政、雅、菊）である。高杉家と同じ繁沢《はんざわ》組に属しており、禄高もさほど変わらず、父親の役職歴もほぼ同じ、縁組をするには、しごく釣り合いのとれた両家であった。

井上の家は菊屋横丁から一キロばかり離れた江向《えむかい》にあったから、晋作とまさの二人が出会う機会はあまりなかったが、まさその人は、萩城下で評判の小町娘であり、晋作も名前ぐらいは承知していたかもしれない。弘化二（一八四五）年八月生まれ、六歳年下の一五歳であったが、当時の女性としては、まさしく適齢期であった。

結婚を承知したとすれば、家柄も文句なし、萩城下で指折りの美人を嫁に迎える晋作の側に、嫌がる理由などまったくないが、当のまさの方はどうであったのだろうか。家柄もよく評判の娘だけに持ち込まれる縁談は山ほどあり、必ずしも相手が晋作である必要はなかった。横山健堂によれば、最後に残った三人の候補者の誰にするか甲乙がつけがたく、クジ引きでようやく晋作に決まったというが、あり得ない話ではなかろう。

花婿になる晋作の人物評はどうであったのか。村塾の友人たちから、鼻輪の外れた暴れ牛にたとえられた彼の自由奔放な言動は、狭い萩城下のことだから、井上家の人びとが知らなかったはずはないが、父平右衛門が晋作について何ほどか承知していたことがプラスしたようだ。というのは、晋作が江戸滞在中、平右衛門は藩邸の留守居役として勤務していたからである。書生寮に在学中の晋作が、藩邸に出入りすることはそれほどなかったが、藩邸を預かる留守居役と一度も会わなかったとは考えにくい。結婚話が出たとき、平右衛門の方は、晋作の名前や顔を思い出す程度の情報は有していたはずである。

見合いと結婚式

晋作の結婚話は、帰国の直後からあったらしく、一二月には早くも高杉家から井上家に対し、まさを嫁に迎えたいとの申し入れが行われた。師松陰の死罪や埋葬の様子を伝える報せが江戸から次々に届き、悲憤の涙を流している最中であり、晋作にしてみれば、今このように大変なとき、自分の結婚どころではないという思いが強かったに違いない。「履歴草稿」に、「廿一才、父母之命ニよつて井上平右衛門女ヲ娶《めと》る」（「史料」三、一一頁）と書いたのは、あるいはせめてもの抵抗の意思表示かも分からない。なお、結婚話があったのは二一歳のときであるが、婚礼は翌年正月一八日、つまり二二歳の春である。花嫁のまさは、数えで一六歳になっていた。

晋作の思惑《おもわく》とは別に婚礼の準備は着々と進められた。井上家では、父平右衛門が江戸出府中のため、兄権之助が万事を仕切っているが、媒酌人の佐伯源右衛門への「演説」（同前書、三七〜八頁）、婚礼に関する申し入れ書を見ると、安政七（一八六〇）年正月一八日、朝五ツ半時（午前九時）より出会いの儀を執り行いたいとある。当日は、高杉家より父小忠太と息子の晋作、それに親類一人が同道し、井上家からは親代わりの兄権之助と親類一人が出席、媒酌人立ち会いの下で結納を交わした。花嫁まさの名前がないが、あるいはこの儀式にはいなかったのかもしれない。目出度く結納の儀が済むと、すぐさま「晋作縁女出会入嫁」の儀、すなわち婚礼が始まった。「一件控」を見ると、朝出会の客のうちに表、勝手御家内、内輪、出入之者など、この祝い事に集まった沢山の人びとの名前が挙げられている。料理はとうぜん本膳（本汁、なます、煮物、香の物、飯）が振る舞われた。必ずしも意気挙がらない晋作の胸中とは別に、華々しくしかも賑やかな儀式が、萩城下の武家の仕来《しきた》りどおり、荘重に執り行われたことが分かる。

3　明倫館に再入する

練兵場入込の命

安政七（一八六〇）年二月一一日の沙汰に、「右、練兵場へ日之内入込ニて、御賄をも被立下、小銃稠《ちゅうたい》隊之法先修行被仰付候条、教練御用懸リ駈引を請、令出精候様被仰付候事」（「史料」一、八八頁）とあるように、晋作は、新婚生活を味わう暇もなく、明倫館に付属した練兵場への入学を命じられた。小銃稠隊の法とは、洋式銃を採用した新しい軍隊編成に関わる教練である。御用掛に任じたのは、その幹部、すなわち士官候補生に擬せられていたためである。

教練のある日は朝から練兵場に現われ、賄い付、すなわち昼食を給されており、一日掛かりのハードな内容であったことが分かる。

幕末期長州藩における西洋銃陣の採用については、小川亜弥子の詳しい研究があるが、以下、その成果に学びながら、晋作が練兵場に入学した背景について大略見てみよう。

晋作が江戸へ向かっている頃、安政五年八月に始まったオランダ人教師団による長崎直伝習は、もっぱら海軍直伝習であり、航海術や運用術を学んだが、同年一〇月には、陸軍直伝習（小隊操練）も始まり、来原《くりはら》良蔵以下二二名が派遣された。約一年後、六年五月に帰藩した陸軍伝習生たちは、萩城下の深野町馬場で長崎での学習の成果、歩兵小隊銃陣を実演した。このとき明倫館内の教場を使用せず、また藩重役連は一人も検分に姿をみせなかったのは、西洋銃陣の導入を喜ばない和流の師家や保守派をいたずらに刺激しないためであるが、六年末には早くも、神器陣《じんぎじん》の一時中止をいう来原の建言が採用され、西洋銃陣の採用をめざす軍制改革が決まった。

藩軍制の洋式化を成功させ、これを実際の軍事行動に生かしていくためには、まったく新しいタイプの知識や技術を身につけた兵卒が必要となる。関ケ原の合戦のように、鉄砲は足軽の武器という時代が終わったことを改めて認識し、藩を構成する家臣団のすべてを対象に、士卒の上下を問わない西洋銃陣の教育訓練を大々的に始めなければならない。長崎から帰ったばかりの直伝習生がさしあたりその教師となったが、たかだか数十名の人数ではとうてい足らない。つまり軍隊編成の核となる士官養成が緊急の課題であった。

当初、候補者に目されたのは、直伝習生の選抜がそうであったように、中級武士である大組士、なかんずく家格の高い士分の本人・嫡子であるが、大量の人材養成のためには、その対象をもっと拡大しなければならない。安政七（一八六〇）年一月一二日、明倫館内の練兵場で西洋銃陣の始業式が行われたが、入学したのは、諸師家の本人・嫡子の希望者、江戸より帰国して勤務先が決まっていない者、新規に稽古を願い出た者などであり、この間、さまざまな形の勧奨が行われたことが分かる。

一カ月後に実現した晋作の練兵場への入学も、こうした時代の新しい動きと無関係ではない。たしかに晋作は、江戸から帰ったばかりの無役の一人であるが、かねて実学、すなわち洋学に関心があり、藩が用意した西洋銃陣の習得に大いに興味があった。少なくとも彼の場合、上からの沙汰、一方的な命令で練兵場に入学したわけではなく、むしろ彼自らが積極的に志願したものと考えてよい。同じ頃、萩藩は、長崎で新式のゲベール銃一〇〇〇挺を購入したが、西洋銃陣の全藩的な採用を視野に入れた、本格的な教育訓練に必要な兵器であったことは、言うまでもない。

二月二〇日には、来原良蔵らの手になる練兵場修業五科の兵制案を一部修正した新しい陸軍組織が発表され、これを承け三月二〇日には、「諸士中末々迄一《ひ》ト通リ火術を以」（『幕末期長州藩洋学史の研究』、六八頁、以下同）などと布達されたように、萩藩士は一人残らず西洋銃陣の教練を受けることが命じられた。藩士のうち一五歳以上、四五歳以下の者は、身体の強弱にかかわらず、必ず「日之内入込」を行うというのがそれであり、四五歳以上でも、銃陣に熱心な希望者は入学を許可された。

ところで、晋作は練兵場でどのような勉強をしたのだろうか。歩・騎・砲三兵編成の五科各等に及ぶカリキュラムをここで詳しくみる余裕はないが、たとえば入学後六〇日間の授業、いわゆる初年兵教育は、諸士一統すべてが一日がかり、朝六時から夕方五時まで、途中午前と午後に各一時間の休憩を挟みながら、実に九時間にわたり教練に励んだ。時間割を見ると、午前六時より九時まで生兵（新兵）小隊教練、午前九時から一〇時まで休憩、午前一〇時から午後一時まで文学・剣槍など各自専業、午後一時から二時まで休憩、午後二時から五時まで生兵小隊教練となっている。晋作の入学より若干後に作られた課程であるが、似たような経験をしたことは間違いない。いずれにせよ、藩校明倫館の剣や槍など武芸場の授業は、大てい午後の数時間で終わったことを考えると、いかに長時間のハードな教練であったのかが分かるだろう。

二月二五日、練兵場へ入学したばかりの晋作に、海軍修業のため江戸行きの沙汰があった。松門の同窓、尾寺新之允らと蒸気科を学ぶように命じられているが、この沙汰はなぜか実施されず、晋作はそのまま練兵場にいた。尾寺もこの時期、萩城下を離れたり海軍修業を始めた形跡はなく、何かの事情で沙汰止みとなったものであろう。

明倫館大学寮へ入学、舎長となる

万延元（一八六〇）年三月二〇日、晋作に対して、「練兵場へ日之内入込被仰付置候」（「史料」一、八九頁、以下同）を解除し、改めて「明倫官へ入込被仰付候」の沙汰があった。練兵場での教練が始まって僅か一カ月余の短期間に、なぜこのような中止命令が出たのか分かりにくいが、おそらく明倫館大学寮の側で、晋作という人材をぜひとも必要としたのであろう。というのは、同日、明倫館舎長を命じるもう一つの辞令が出ているからである。

練兵場から引き抜いた形の突然の舎長任命であるが、この辞令には、「兼て文学相心懸」「可然人柄ニ相聞候間」（同前書、九〇頁）などの文言が付されており、江戸遊学以来の勉学の成果や練兵場入込中の真面目な学習態度を評価されたもののようである。大学寮居寮生の中から選ばれる舎長は、明倫館に在籍する学生中の最上ランクであり、成績、人物ともに抜群であることを求められ、生半可《なまはんか》な実績で到達できるようなポストではない。この年三月、明倫館大学寮の試験では、五等級の成績評価のうち、最上位の高足《こうそく》（学問に上達したもの）に次ぐ日進上等《にっしん》（篤学で進歩の望みがあるもの）に、晋作の名前がある。村塾に入学当時は、久坂玄瑞に一歩も二歩も譲り、学力面でいささか疑問視された晋作も、すでに舎長の地位にふさわしい実力を獲得していたのは間違いない。

明倫館の成績評価は、春秋二回実施される試験の結果をまとめた「試業賞美事」に詳しいが、晋作については、この年秋、万延元年一一月二九日付の「試業賞美事」で、日進の等に中谷正亮、滝弥太郎、境（斎藤）栄蔵らと名前があり、また文久元（一八六一）年二月の「試業賞美事」では、日進上等に尾寺新之允ら五名と並んでいる。ちなみに、日進下等には横山重五郎（幾太）、有吉熊次郎、作間忠三郎、岡部仁之助（繁之助）、天野清三郎（渡辺蒿蔵）、専心《せんしん》下等には河北義次郎（俊弼）の名前が見える。いずれも村塾で机を並べた人びとである。

4 村塾グループとの活発な交流

村塾の会の中心的メンバーとなる

安政六（一八五九）年一一月二六日付の周布《すふ》政之助宛手紙で、「萩中、共に謀る者なく、只々《ただただ》知己玄瑞に相対し豪談仕り候のみにござ候」「明、二十七日は吾が師初命日故、松下塾へ玄瑞と相会し、吾が師の文章なりとも読み候らわんと約し候」（『全集』上、一七三頁）といい、久坂以外に語るべき同志のいないことを嘆いた晋作であるが、そうであるがゆえに、村塾に会する人びとにますます期待した。その三日後、すなわち一一月二九日付の久坂玄瑞より入江九一（杉蔵）宛手紙に、「何卒《なにとぞ》先師之悲命ヲ悲ムコト無益ナリ、先師之志を墜さヌ様肝要ナリ、暢夫（晋作）益々盛、識学大進可敬之人御座候、是よりハ時々往復可被成、他ノ作間（忠三郎）・有吉（熊次郎）・佐世（八十郎）・弥二（品川）・松洞（松浦）等にも書ヲ送リ鼓舞振起是祈」（『史料』三、一二八頁）とあるように、萩城下に戻った晋作は、すぐさま村塾に出入りを始めた。久坂と力をあわせ、村塾を教室にした集まりや勉強会を通じて、当時、萩城下にいた松門の出身者に呼び掛け、結束を固めようとしたものである。

　ところで、村塾の会は、かなり早くから試みられていた。六月二一日夜、江戸をめざす師松陰の消息を聞くために集まった久坂ら塾生たちの会は、その後何度か回を重ねていくうちに、師松陰の著作を取り上げる勉強会に発展していった。七月一九日、村塾で「講孟箚記《こうもうさっき》」を読んだ頃から、定期的に会して勉強をしようではないかという議が起こった。会を主催した久坂が、「是れより限るに四九を以てし、往将《のちまさ》に松陰著はす所の諸書を読了せんとす」（『吉田松陰全集』別巻、二一九頁）というように、四と九を定日とした会であるが、集まる日時、読む本とも必ずしも厳密なものではなく、塾生たちの都合に合わせながら、日本史や水戸学系の書物なども随時取り上げられた。

勉強会に並行して、八月二四日、二八日、九月一日、三日、五日と頻繁に村塾に会したのは、松陰がかねて熱望していた僧月性の「清狂遺稿」を上梓《じょうし》するためであり、久坂、佐世、岡部富太郎、有吉、馬島甫仙《ほせん》、作間、品川らがいた。

発足当初、一〇名近くを集めた「講孟劄記」の会が、その後どうなったのかはっきりしないが、江戸から師松陰の消息が伝えられるたびに村塾に会するなど、塾生たちが集まる機会はしばしばあり、似たような勉強会が断続的に催されていたのは、おそらく間違いない。この間、松陰の義弟であり、村塾の後継を自他ともに認める久坂が一貫して中心であったが、帰国した晋作がこれに新しく加わる。強力な指導者をもう一人得たことにより、村塾の会は、以前とは様変わりしたように、活発化することとなった。

安政七年の元旦に起筆された久坂玄瑞の「江月斎日乗」を見ると、村塾における勉強会は、松の飾りが取れない正月早々に始まった。もっとも早いものは、「孟子」をテキストにする会であり、二と七を定日にしていた。正月七日の第一回の会には、晋作のほか、久坂、有吉、作間、増野徳民、岡部繁之助、小田村、童子数輩が顔を見せている。正月九日には、「伝習録」の会も始まるが、これは一六日と一九日の計三回で終わった。三月三日の「日本外史」の会も、一回限りで終わった。

村塾の会は、会読、会講、輪講などと表現されることが多く、似たような年齢や学力を有する塾生たちによる勉強会の類いであるが、正月九日の「午後、松下塾会、伝習録を講ず」（『吉田松陰全集』別巻、二三二頁）のように、久坂が教師役となり、年少の塾生たちに対して教えることもあった。三月二日の会も、「午後村塾に到り孟子を講ず。壟断《ろうだん》の章に至り、余《よ》諸子に謂《い》ひて曰く、何ぞ今の人に似るの甚しきや。書生俗吏相党《くみ》し相狎《な》れ、此に得て又将《まさ》に彼を求めんとすと。諸子大いに笑ふ」（同前書、二四〇頁）というから、やはり久坂が主宰する年少者を相手にした授業と思われる。この間、出席者の名前を記さず、久坂に続けて、たんに諸子、その他、童子数輩などという会が幾つかあるのは、そのことを物語るものであろう。

参会者は毎回数人、多くても十人以下であり、顔触れもその都度《つど》入れ代わり、必ずしも一定しなかったが、久坂はすべての会に出席している。晋作の出席率もかなりよく、計二四回の会のうち、一一回に顔を見せており、作間の一三回に次ぐ高い出席率である。久坂や作間を助け、会を担う中心人物の一人であったことが分かる。

なお、塾生たちがもっとも多く集まったのは、二月七日、先師松陰の百日祭であり、晋作以下、計一九名の人びとの名前が見える。おそらくこの時期、萩城下にいた村塾出身者のすべてが会したのであろう。

村塾に距離を置くことを装う

勉強会だけでなく、先師松陰の命日や墓碑を作る相談などがあり、晋作が久坂ら村塾の友人たちと出会う機会はしばしばあったが、高杉家の親たちは、決してこれを喜ばなかった。閏三月一五日付の父宛手紙で、晋作が、「私儀は先だってより尊大人《そんたいじん》様より絶交をも致すべしと仰せつけられ候故」「寅次郎事にては一言一行も致すべきようの志はござなく候間、この段は御安心下さるべく候よう願い上げ奉り候」（「全集」上、一九三頁、以下同）などと述べたのは、一カ月前、出府中の父小忠太が、大坂から出した手紙で、このさい、村塾やその関係者との交際を断つように強く求めていたからである。

「実に府下役人驚き入り候振舞、君のため国賊を討つ、をするとはこの節の事と相考え候えども、尊大人様の御戒言これあり候故、先ずは差し控え申し候」、松陰の刑死やこれに伴う杉百合之助の五○日閉門の命などに村塾関係者は憤激に絶えない日々を送っているのに、政府の役人どもは相変わらずの太平楽を並べ、酒色に耽《ふけ》って平気な顔をしている。断固たる天誅を加えたい気持ちだが、親の言い付けを守って大人しくしている。松門の人びととも関係を一切断ち、先師について何か言ったり行動を起こすことも決してしないというのだが、周囲を誤魔化すための単なる言い訳でしかなく、実際はほとんど村塾にのめり込むような毎日であった。

同じ手紙で、「館中も御存じの通りの事故《ことゆえ》、私儀も館中だけは退館仕り候と相考え、この節は病気にて内居仕り候、姦吏《かんり》朝にある時は直臣これを斬る能わず、則《すなわ》ち隠人とならんと、内居仕り候て、田圃《でんぼ》の学を仕り、且《か》つ読書致すべしと相考え候」などと言うように、この頃、晋作は明倫館大学寮を出て自宅に戻った。病気を理由に家内に引き篭もっていたのだろう。安政大獄以来、幕府の機嫌を損ねないように、ひたすら恐れ入るだけの藩政府に失望したが、それ以上に、これを許容する明倫館内の事なかれ主義、保守的雰囲気にどうにも我慢がならなかった。舎長の辞令を得てから、まだ一カ月も経過しておらず、この突然の退去は分かりにくいが、その後の春秋の試験に、日進上等などの成績評価があるところから、明倫館の退学や舎長の辞任などといった極端な行動でなく、病気を理由にした一時的な帰宅の類いであったらしい。

手紙の結びで、「この節は国家天下ともに揺動の時節にござ候故、黙心読書を一番勝ちと相考え候」(同前書、一九四頁)、激動の世の中であるから、今はただ静かに読書に専念するつもりだと言うが、これもどこまで本心を語っているのか、はなはだあやしい。おそらくは、親を安心させるためのリップサービス、ためにする発言であろう。鬱屈《うっくつ》した気持ちを抑えかね、悶々とした日々を送っていた晋作が、爆発するのはほとんど時間の問題であった。

第五章　軍艦操縦術の習得をめざす

1　丙辰丸乗組みの藩命

蒸気科実習生となる

長崎直伝習生の帰国後、海軍創設に熱心であった長州藩は、まず丙辰丸《へいしんまる》、ついで庚申丸《こうしんまる》の二隻の船を次々に進水させたが、三方海に囲まれた領土の地理的環境から見れば、とうていその数が足らなかった。また洋式とはいうものの、いずれも木造帆船であり、鉄製の蒸気艦の獲得を含めた思い切った拡充計画が必要であった。

艦船を質・量ともに充実させ、海軍らしい体裁を整えていこうとする過程で浮上したのは、極めて当然のことながら、書物による学理の習得だけでなく、これを艦上で実地に試してみる、自らの手で軍艦を動かし遠洋へ乗り出す技術をいかにして身につけるかということである。洋式軍艦の製造と並行しながら、これを立派に使いこなせる人材、つまり「運用航海」の術をマスターした乗組員を早急

丙辰丸（山口県文書館蔵）

に養成することが不可欠であった。

西洋学所師範役の松島剛蔵が、早くから丙辰丸による遠洋航海の実施を建白したのはそのためであり、安政六（一八五九）年一二月、これが丙辰丸による一〇〇日間の「運用航海稽古」として採用された。当初は、乗組員の練度が足らない、つまり安全上の理由で長崎や大坂を最終の目的地としたが、翌年閏三月七日には、紀州沖を経て太平洋を行く遠洋航海、いわゆる「江戸大廻り」がようやく認められた。

晋作は、このとき乗組員の一人に選ばれた。閏三月七日付の沙汰によれば、尾寺新之允や笠原半九郎らと共に蒸気科に名前がある。「右、海軍為修行、江戸被差登候事、但、在江戸之面々之外、孰《いずれ》も参着候ハハ海軍所へ入込被仰付、其科々令修行候様沙汰相成云々」（「史料」一、九二頁）とあり、目的地の江戸に着いたら、築地の幕府講武所内にあった軍艦教授所に入学し、蒸気艦のエンジンやその操作について学ぶこととなっていた。

晋作ら三名の蒸気科に並べて、岡部富太郎、福原又四郎、平岡兵部の三名が運用科、弘勘七《ひろかんしち》、松本源四郎、戸倉豊之進の三名が航海科、井上梅槌、楢崎八十槌、郡司千左衛門の三名が艦砲小銃科の習得を命じられている。

前後の事情がいま一つ明らかでないが、閏三月三〇日、丙辰丸への乗組みを最終的に命じられたのは、艦長松島剛蔵以下、高杉晋作、波多野藤兵衛、梅田虎次郎、長嶺豊之助、平岡兵部ら士分六名と舸子《かこ》一五名である。先の沙汰書にある一二名中から選ばれたのは、晋作と平岡の二人のみであり、しかも平岡を含めた五名は、すべて長崎直伝習生の経歴を有する。艦長の松島は、第一次直伝習生で海軍を専修したこの分野の第一人者であり、また波多野、梅田、長嶺、平岡の四名は、第二次直伝習生として海軍を専修した。ただ一人、晋作のみが何の経験もない、まったくの素人であった。江戸の軍艦教授所遊学を命じられた人びとも、多くは藩の西洋学所である博習堂で学んだり、あるいは長崎直伝習生として海軍もしくは陸軍を学んだ経歴を持つが、晋作の場合は、明倫館の練兵場で僅かに一カ月程度、初年兵レベルの銃陣教練を受けたにすぎない。

要するに、晋作の場合、乗組員に選ばれる資格は何一つなかった。おそらく軍艦乗組みを熱望する晋作の意を体した周囲の人びとが、直接、間接に藩要路に働き掛けて実現した人事であろう。今回の遠洋航海は、松島剛蔵の海軍振興策を支援する江戸有備館の用掛兼目付役の桂小五郎や舎長の来原良蔵らが藩主敬親へ建言して実現したものであるが、早くから晋作と親しかった彼らが、実績のないのを承知で、あえて無理やり押し込む工作に一役買った可能性も十分考えられる。もちろん、単なる依《え》怙贔屓《こひいき》でなく、それだけ海軍士官としての晋作の将来性に期待するものが大きかったのであろう。

晋作の海軍への憧れ、軍艦操縦術を学びたいという想いは、前年八月二三日付の久坂玄瑞宛手紙に、

「時は大軍艦に乗り込み五大洲を互易するより外なし。それ故、僕も近日より志を変じ軍艦の乗り方天文地理の術に志し、早速軍艦制造場処に入り込み候らわんと落着き仕り居り候」(『全集』上、一四二頁)とあるように、かなり早くから具体化しつつあったが、この後、練兵場への入学や明倫館舎長に任ずるなど若干の空白があったため、懸案の課題のまま持ち越されていたものである。

ところで、「江戸大廻り」に挑戦することになった丙辰丸とは、どのような軍艦であったのか。丙辰丸は、安政三年五月に萩小畑浦の藩造船所で工を起こした最初の洋式軍艦である。スクーネル型と呼ばれた三本マストの木造帆船であり、船体のサイズは、全長約二五メートル、幅六メートル余というから、今日、瀬戸内でよく見かける連絡船程度の大きさの、まことに小さな船である。軍艦らしいといえば、左右の両舷と船首に砲三門、あるいは砲九門を装備していたというが、いずれにせよ大した戦闘能力ではない。安政四年三月に完成すると、すぐさま長崎に回航され、海軍直伝習の練習艦となった。安政五年八月に派遣された第二次直伝習生の教室であり、彼らはここでオランダ人教官について航海術、運用術、西洋砲術、砲台築造法などを学んだ。

長崎では練習艦として、それなりに活躍した丙辰丸であるが、幕府や諸藩の艦船に比べると、船体・装備ともいかにも貧弱さは免れず、新しい軍艦製造への期待が高まった。二隻目の洋式軍艦、バッテラー型の庚申丸の製造計画はすでに具体化していたが、進水するのはもう少し後のことであり、とりあえず丙辰丸を改造して間に合わせることになった。長崎から帰国後すぐ、片帆を真帆《まほ》に改め、両舷を各三〇センチ余高くして積載トン数を大きくしたのは、そのためである。晋作が乗り込んだのは、この改装なった丙辰丸である。

「東帆録」の旅

江戸を最終目的地にする丙辰丸の航海は、閏三月七日発表され、月末までに計一一名の乗組員も決まったが、なかなか出航に至らなかった。太平洋の荒波に挑む遠洋航海は、藩の海軍始まって以来の大事業であり、数十日を要する長旅に耐える船体の手入れや器具の整備など準備に予想外の時間を費やした。乗組員の人選について自薦、他薦いろんな画策があったことも、出発を遅らせる一因であったかもしれない。

晋作自身は、乗組員に選ばれたことを大いに喜び、前途に想いを馳せ意気壮んであったが、親戚の中には、長州藩ではまだ一度も試みられたことのない困難な船旅を心配し、このさい辞退すべきではないかと説く者もいたようだ。晋作の綴った航海日記、「東帆録」で出航から太平洋の途中まで続く、約一カ月間の船旅の跡を辿ってみよう。

四月五日、晋作らは、萩城北の恵美須岬に停泊中の丙辰丸に乗船した。連日、雨が強く逆風のため出航できず、一二日まで八日間、ずっと船中にいた。「箕坐《きざ》終日」（「全集」下、三七頁）、一日中あぐらをかいていたというから、退屈をもてあまし、いらいらしていた様子がうかがえる。

一三日朝、天候の回復を待ち越《こし》ガ浜《はま》へ移動、夕方、ようやく風が出たので馬関へ向けて発った。夜四更《しこう》（午前二時頃）、相島に着き、ここで一泊している。この間の遅れを取り戻すためもあり、一気に帆走したのであろう。相島は、萩沖の北方にあるが、島伝いに赤馬関に至る当時の海上コースから見て、わざわざこの地をめざす必要はなく、帆走八時間余の行程からみて、おそらく油谷島《ゆやじま》辺りのどこか小島を間違えて記したのだろう。

一四日は、朝のうちは順風で快調に走ったが、午後は風がまったく無くなり、何とか長府領の蓋覆《ふたおい》島《じま》（蓋井島）まで辿り着いている。響灘《ひびきなだ》にある小島で、萩から馬関へ行く船の中継地として知られた。萩から三三里、約一三二キロ余来たことになる。

一五日は、風も無く、おまけに潮流に妨げられ、船は一進一退した。午後になり西風が少し起こったので、満帆にして一気に赤馬関に入る。

「故ありて掩留《えんりゅう》す」（同前書、三八頁、以下同）というのみで、詳しい事情は分からないが、一六日から一九日まで四日間、丙辰丸は動かなかった。晋作は上陸して、この地の大庄屋伊藤静斎を訪ねている。旧師松陰が早くから親交のあった関係で、村塾の人びとが出入りすることが多かったから、まったく知らない間柄ではない。「この日、静斎酒を呼び予《よ》に勧む、予また快飲激談し、すこぶる船中の欝塵《うつじん》を洗う」と書いており、大いに歓待され意気投合したことが分かる。

二〇日、馬関を出航したが、順風のときは潮が逆、潮がよければ風が逆という有様で、一日中船足が進まず、ようやく翌朝早く三田尻に着いた。数日間、三田尻泊となったため、同船していた船手組平岡兵部の家を訪ね、泊まる。

二四日、三田尻を出航したが、午後、雨が激しくなり野島に泊まる。三田尻から僅かに三里（一二キロ）の地というから、一日中帆走してほとんど進まなかったことになる。

二五日、風待ちをし午後出航、夕暮室津《むろつ》港（現・熊毛郡上関町）に着く。

二六日、終日船は動かず、小舟を借りて上関《かみのせき》を訪ね、見物して帰る。

二七日、午後出航したが、時おり逆風が強く、船足が進まず、夜に入りますます風が吹き荒れ危険になったので、六、七里も来たところで室津に引き返す。

二八日、早朝室津を出る。風が弱く船足が伸びず、夜になりようやく予州風速岬《かざはや》（現・愛媛県松山市柳原風早）に着く。室津から七里（二八キロ）の地である。

二九日、朝早く出たが、午後には潮が逆になり、止むを得ず碇《いかり》を下ろして待機する。夜に入り風が出たので、碇を揚げて出発、芸州御手洗《みたらい》港（現・広島県呉市豊町）に着く。七里の行程である。

五月一日、風雨が強く、御手洗港に留まる。上陸して町内を見物する。

二日、風雨がますます強くなったが、順風のため出航する。矢のごとく帆走し、讃州多度津港に入る。辰時（午前八時）出発、酉時（午後六時）着というから、約一〇時間で一三、四里（五、六〇キロ）の行程を来たことが分かる。

三日、船中の人がすべて上陸、晋作もまたこれに従う。崇徳《すとく》天皇廟に詣でたというが、正しくは保元の乱に敗れ讃岐へ流された上皇の廟所であり、多度津から東北へ四里離れた、まるで方角が違う白峯山上（現・坂出市青梅町）にある。つまり、象頭山《ぞうずさん》金毘羅祠中にあるというのは事実に反するが、おそらく金毘羅参詣の途中で見たどこかの廟祠を間違えたのであろう。この後、詩文をよくする土地の俠客として知られた日柳燕石《くさなぎえんせき》を訪ねようとしたが、同行者がいるため諦めた。燕石に出会ったのは、数年後、幕吏の追跡を逃れ、大坂から海路、四国に再来したときである。

四日、暁に出港、一里ほど進んだところで潮が逆になり、潮流の変わるのを待ち、ようやく讃州大《おお》槌島《づちしま》に着く。

五日から七日まで三日間、無風状態が続き、播州小豆島《しょうどしま》の洋上にいた。潮の流れがよければ進み、逆になれば押し戻されたからである。七日の午後になり、なんとか淡路島に辿り着くことができた。

八日から二一日まで、一四日間の記述は欠落している。淡路島から明石海峡を経て大坂湾に進み、堺港をめざしたものであるが、その前に大坂天保山港に入り、京坂地方へ向けた積み荷を下ろしたり、あるいは食料や水を補給するなど、しばらく滞在した可能性が強い。というのは、晋作はこの船旅の途中、江戸出府を終え、東海道を下って来た父とどこかで出会っているからである。六月四日付の母道宛手紙で、帰萩後の父の安否について尋ねながら、「私儀も道中にて御目にかかり申し候」（「全集」上、一九五頁）と書いているが、出会うとすれば、半月近くも長逗留した上方、おそらく堂島の萩藩大坂屋敷辺りがもっともありそうである。

二二日、早朝坂井（堺）港を発つ。無数の船が先を争うように出港する様子は、まるで戦場を思わせるようで愉快だったというが、しばらくすると風が落ち潮が逆となった。しだいに波も高くなり、船は激しく揺れ進まなかったが、夕方になり、風が起こり前進を続けた。夜が明けた頃、潮の岬を経て大島（現・和歌山県東牟《む》婁《ろ》郡串本町）に着く。民謡に唄われた串本港の対岸の島である。

二三日、船上から熊野那智の滝を遠望する。紀州沖を順風を受けて快走、大王崎を左手に見ながら、ついに遠州灘に入る。「この日船走ること百里洋」（「全集」下、四〇頁）とは、いささか大げさな漢文的修飾であり、それぐらい快調に行程がはかどったということであろう。

晋作の日記は、なぜかここで突然打切りとなる。江戸湾に入ったのが六月四日だから、その後、一一日間は何の記録もない。堺港に入る前の一四日間の空白と合わせれば、前後二五日間は、日記をすべて放棄したことになる。全行程のちょうど半分であり、要するに今回の旅は、その半ば辺りで早くも、当初の意気込みを消滅させたということになる。

軍艦教授所入学を断念する

江戸に到着してすぐ、藩政府より数百里の海路をはるばる来た功績を賞して金三百疋を下賜された。そのさい、航海運用稽古のため丙辰丸乗組み云々と付け加えられたのは、帆船であるから当然として、当初の目的であった軍艦教授所に入学し、蒸気科を学ぶという話は一体どうなったのだろうか。先出の母宛手紙に、「私儀もここもと滞留仕り候やら帰り候やら、わかり申さず候、先ずは帰り候方にござ候間、御安心なし下され候」(『全集』上、一九五頁)とあるように、上陸したとたん早くも里心を出し、近々帰国するつもりなどというが、日記を途中で放り出した経緯から見て、これはおそらく、まだ太平洋上にいた丙辰丸の船中で決めたことに違いない。

船は苦手であり、海も好きになれない、つまり自分は海軍士官に向いていないという結論に達したのはなぜか。太平洋を行く小さな帆船の旅は、萩出航以来、絶えず風や潮の流れに悩まされ、天候や自然条件に大いに左右されざるを得ず、船上生活は、予想を遥かに越えて苛酷であったことは想像に難くない。東海道を行けば、どんなにゆっくりしたペースでも、二五、六日もあれば到着するが、今回の船旅はその倍もの日数を要した。

海軍士官として乗船した晋作らは、当然のように毎日、甲板の掃除やマストの昇降を伴う帆の上げ下ろしの作業に従事した。周囲の地形を見ながら水深を測り、現在地を知り針路を定めるための天体観測などもしばしば行われたはずである。これらの訓練はすべて、激しく揺れ動く狭い船上で行われた。瀬戸内海を島伝いに行く航路はまだしも、太平洋へ出てからは荒波に翻弄され、ほとんど想像を絶する大変な作業になった。長崎直伝習で海軍士官としての教育訓練を経てきた同僚たちの場合、何度も経験した事態であり、さほど問題なく対処することができたが、まったく未経験の晋作にとって、いきなりハードな試練に出会ったわけであり、たちまち音《ね》を上げたとして不思議ではない。

帆船の洋上訓練に辟易《へきえき》したから蒸気科の勉学は止めるというのは、まったく理屈に合わない。だから軍艦教授所への入学を辞退したいというのも論理の飛躍でしかないが、ともかく船に乗るのは後免《ごめん》蒙《こうむ》りたいという一心で、いろんな理由を並べ立てたのであろう。日記を見るかぎり、晋作が船酔いをしたような形跡はないが、あるいはこれを大袈裟《おおげさ》に言い立て、物理的条件が海軍に適さないと主張したのかもしれない。今回もまた、江戸藩邸の有力者たちに働きかけ藩命の取り消しを実現したことは、おそらく間違いない。

2 撃剣と文学の修業をしたい

「試撃行日譜」を辿る

六月初めに江戸に着いた晋作は、すぐさま軍艦教授所入学を辞退し、帰国の願書を差し出したようであるが、これをどう処理するか藩政府の決定はなかなか下りなかった。八月一一日付の境与三兵衛宛手紙は、帰国途上の諸国遊歴に必要な手形の発行について催促しているが、願書を出してすでに二カ月余の時間が経過していた。手紙の効果があったのか、正式決定はこの後すぐ、八月中旬に行われた。

萩城下へ真っすぐ帰らず、この機会を利用し広く諸国を遊歴しようという今回の旅の目的は、そもそも何であるのか。「試撃行日譜」と題する日記の小序によれば、航海運用の術を学ぶため、軍艦に乗り込み江戸に出てきたが、自分の性質が粗雑でそうした勉学に向いていないことが分かったので、改めて撃剣と文学で身を立てようと決心した。東武周辺の各地を遊歴して、かねて修業を重ねてきた剣の腕を試し、また知名士を訪ねて意見を聞きたいと考えた。国元の親たちは、しきりに帰国を促しているが、航海運用の術を学べとの藩命を受けて出府した自分が、何の収穫もなく、このままおめおめと帰国するような恥さらしなことは到底できない。このさい、天下を跋渉《ばっしょう》して剣を磨き、文学の力をしっかりと身につけて帰国するのだという。各地の「奇人偉士」、なかでも笠間の加藤有隣、信州の佐久間象山、越前の横井小楠、安芸の吉村秋陽らには、ぜひとも会いたいと考えた。この志望はどの程度実現したのか、日譜の記述によりながら、旅のあらましを見てみよう。

八月二一日の出発予定は、晋作が風邪を引いたため遅れ、二八日の卯時（午前六時頃）、桜田藩邸を発つ。亡師松陰が眠る小塚原の墓に詣でた後、千住駅をめざす。見送る者は、留守居役の義父井上平右衛門を初め数十人、多くは常州街道（水戸街道）の起点まで従ってきたというから、賑やかすぎるくらい賑やかな旅立ちであったらしい。別れを惜しんだ人びとの中に、松門の久坂玄瑞や南亀五郎、それに桂小五郎らがいた。この日は新宿《にいしゅく》駅（現・東京都葛飾区新宿町）に泊まる。

二九日、早朝新宿を発ち、松戸駅を経て小金（現・松戸市）に出る。老侯冤罪《えんざい》の非を訴えた水戸藩士数人が死んだ地であることを想い、感涙にむせぶ。駅馬を雇い、小金原、安彦まで来る。利根川を渡り藤代駅（現・茨城県取手市藤代町）に着き、間道を抜け牛沼を小舟で渡り、牛久《うしく》駅（現・牛久市）に泊まる。

九月一日、土浦城下に入り、試合をしようとしたが、水戸浪士の騒動のため警戒が厳しく、それどころではなかった。府中駅（現・石岡市）に泊まる。

二日、笠間城下に入ったが、藩校は造作中という理由で見学を許されなかった。藩剣術師範某の家を訪ね試合を申し込むが、やはり断られる。

三日、早起きして加藤有隣の十三山書楼を訪ねる。「先生大いに悦ぶ、静座細語、天下の事を論談す」（『全集』下、五七頁、以下同）というから、互いに胸襟を開き、時事を論じて倦むところがなかった。夕方辞去しようとする晋作を先生が引き止めて晩食を供し、夜三更《さんこう》（一二時頃）まで語ったというから、よほどその来訪を歓迎したのであろう。有隣の詩文稿を借りて旅宿に戻った晋作は、「天下当時の形勢」に言及した、その「慷慨激烈」の内容に感激して、徹夜でこれに取り組んだ。

四日、睡眠不足のまま有隣の元を訪ねる。楼上に上がった二人は、「豪談数次、至るを覚えず」、口角泡を飛ばして論じ時の移るのを忘れた。このまま笠間に留まり学びたい気持ちがしきりに起こったが、帰国の途中のため止むなく別れを告げる。大泉駅（現・茨城県桜川市岩瀬町）に出たが、旅宿がなく民家を借り、博徒数人と同宿する。

五日、天領の毛賀《もおか》駅（現・真岡市）を経て宇都宮城下に出る。剣術家は沢山いるが、他藩人との試合を受ける者が一人もいないことを知る。江戸から流れてくる浪人や武芸者たちとの無用の争いを避けるためであったらしい。「士風軽薄、想うべく笑うべし」（同前書、五八頁）というのは、その因循《いんじゅん》姑息《こそく》ぶりを評したものであろう。

六日、夕方、日光山下に至る。日光警衛士山口某が剣をよくし、武者修業者を歓迎すると聞いて訪ねるが、不在のため試合ができなかった。留守番の家来の応接がはなはだ不遜、幕臣をかさにきた横柄な態度に感情を害する。

七日、案内人を雇い、中禅寺を訪ね、華厳《けごん》の滝を見物した。

八日、宿の主人の案内で日光山に登り、東照宮に詣でる。山内にある沢山の神社仏閣が一々賽銭《さいせん》を集め、俗民を悩ましている風景を見て慨嘆に堪えないというが、それ以上に、金銀を惜し気もなく費やした堂宇《どうう》の豪華絢爛さに驚嘆し、また境内に並ぶ立派な石灯籠が、いずれも諸大名のへつらいであると怒っている。午後、日光を発ち、例幣使街道《れいへいし》を経て鹿沼《かぬま》駅（現・栃木県鹿沼市）に着く。

九日、壬生《みぶ》駅（現・栃木県下都賀郡壬生町）へ出る。城中の松本五郎兵衛に名刺を呈し試合を申し込む。たまたま同宿した佐賀藩士と共に翌日試合をすることになる。

一〇日と一一日の両日、壬生駅に留まった。「他流試合士名帖」には、聖徳太子流の野州壬生藩士松本五郎兵衛と門人一一名の氏名を挙げ、「于万延庚申九月十日手合」と記しているのみであり、日譜もまた二日続けて、「掩留《えんりゅう》」の二文字しかない。松本一門と試合をしたが、柳生新陰流免許皆伝の晋作の腕はまったく通じず、ことごとく敗れたようであるが、この無味乾燥な記述を見るかぎり、当たらずといえども遠からずであろう。

一二日、雪の散らつく中を壬生駅を発ち、足利《あしかが》駅に着く。翌一三日もこの地に留まる。

一四日、「朝、試撃」というのは、この地の剣術家と試合をしたことを示す。赤木山（赤城山）を遠望しながら、玉村駅（現・群馬県佐波郡玉村町）に着く。

一五日、高崎、安中城下を抜け、妙義山、碓井《うすい》（碓氷）関所を経て、坂下駅（現・群馬県安中市坂本）に出る。

一六日、碓井（碓氷）峠を越え、右手に浅間山を見ながら塩野駅（現・長野県北佐久郡御代田町）に着く。

一七日、上田城下に入る。翌一八日は、終日試合と書いており、上田藩士の新当流尼子観蔵や直心陰流の堀七五三喜らと試合をした。勝敗について何も触れておらず、あまり芳《かんば》しい成績ではなかったのであろう。試合で知合った藩士たちと連日、酒宴や議論を重ねており、二〇日まで三日間、上田城下にいた。

二一日、午後、上田を発ち、松代城下に入る。

二二日、夕飯後、藩校より迎えがあり、試合をする。夜九ツ前から明け方六ツ時まで、すなわち真夜中の一二時前に佐久間象山を訪ね、朝六時頃まで夜を徹して語り合った。亡師松陰が傾倒して止まなかった当代随一の学者であり、孫弟子にあたる晋作をつかまえ、得意の開国論を滔々《とうとう》と説いたことは、想像に難くない。自宅蟄居《ちっきょ》中の象山は、他藩人と会うことができず、町中が寝静まった夜中に密かに忍んだものである。急病の旅人のため、蘭方に詳しい象山先生に診察を依頼するという口実で、ようやく面会ができたともいうが、大いにありそうな話ではある。

二三日、朝松代を発し、善光寺に詣でる。

佐久間象山
（真田宝物館蔵）

二四日、信越の国境を越え、荒井駅（現・新潟県新井市）に泊まる。

二五日、榊原侯の領地高田城下（現・上越市）に出る。剣客河合和作を訪ね試合を申し込んだが、稽古場造作中のために断られる。高田から二里ばかり歩き、海浜へ出て長浜駅に着く。北陸道の旧宿場町、長浜トンネルの手前である。

二六日、長浜駅を発ち、日本海の茫々たる景色を眺めながら、海防論を案ずる。この日は、糸魚川《いといがわ》駅に泊まった。

二七日、糸魚川駅を出て親不知《おやしらず》の難所を越え、泊《とまり》駅（現・富山県下新川郡朝日町）に着く。

ここから一〇月一〇日まで、約半月間の記述がない。日譜の最後に日付と地名を一括した追記があるが、これは本文の断片的な記述と必ずしも合わず、たんに旅の予定表を掲げたもののようだ。というのは、九月三〇日と一〇月一日の二日間は福井、五日大津、六日伏見とあるが、本文では一〇月一〇日の項に、「雨、衣川《きぬがわ》駅を発す。孤松、大津駅を歴て伏見に至る」（同前書、六一頁、以下同）という記事があるからである。出発地の衣川は、堅田《かたた》港に近い大津市衣川であり、前日の九日に北陸道を湖北へ出た晋作が、琵琶湖を舟で西へ下り堅田浦に上陸したものと思われる。孤松は、衣川の手前にある小松、今の志賀町北小松・南小松であり、木之本辺りで舟に乗れば、小松、衣川と来ることになるが、順序が入れ替わっている。おそらく晋作の記憶違いであろう。この日、大津から逢坂山を越え、京都郊外の伏見に出た。五日間の誤差が生じたのは、当初計画した日程が何かの都合で遅れたものであり、湖北へ出たのが九日とすれば、福井城下の滞在は一〇月五日から八日頃までの数日間ということになる。

伏見に着いた晋作は、休む暇もなく淀川を下る夜舟に乗り、翌朝、大坂の八軒屋浜に上陸、その日のうちに天保山から瀬戸内海を行く富海《とのみ》船に乗った。

「試撃行日譜」は、一〇月一一日限りで終わっている。「雨、未だ晴れず。相船愚物多し、愧憤《きふん》にたえず、終日他行」という僅か一行の記事は、船に乗り込んだものの天候が悪く、しばらく出港を見合わせたことを示している。同船した相客が気にくわず、一日市内を散策し時間を潰していたようである。日譜の欄外に、「七書、大坂ニテ求ムル書、変（蛮）語選・集義和書・北陸道中記・和蘭文典」（『史料』二、一四頁）と記されているのは、この時購入した書籍であろう。

大坂から富海までの船旅は、季節ごとに変化する風や潮流など自然条件に左右され、所用日数が一定しなかった。天候が悪いと最大一〇日間近く、順調に進んでも五、六日を要したから、最速でも富海到着は、一七、八日頃となる。すぐ陸路を歩いたとすれば、萩城下へ戻るのは一〇月二〇日前後となったはずであるが、以後はすべて記録がなく、正確なところは分からない。なお、海路まっすぐに帰国しており、当初、訪問を予定していた備後尾道の守田謙蔵や芸州広島の吉村秋陽らと、出会った形跡はない。

横井小楠に共鳴する

ところで、この道中、一〇月五日から八日頃までと考えられるが、福井城下で晋作は、横井小楠と会った。熊本藩士小楠は、福井藩主松平春嶽《しゅんがく》に招かれて藩政改革を指導していた人物であるが、旧師松陰とも親しく、晋作は早くからその盛名を知っていた。帰国後間もない久坂宛手紙で、「横井中々に英物、有一無二の士と存じ奉り候。越前随分盛なり」（『全集』上、一九八頁）と言うように、小楠との出会いは極めて刺激的であり、影響されるところが大であったようだ。松代城下で象山と朝まで語り明かしたときは、感想らしきものを何も残していない晋作が、称揚して止まないのは、笠間の加藤有隣との出会いに匹敵する、この旅での最大の収穫だったからであろう。滞在中、小楠の議論に感激した晋作は、彼の著した沢山の論策のうち、とりわけ「兵法問答書」や「学校問答書」に強い関心を持ち、急いでこれを書き写している。その末尾に、「予去歳、越前に遊び、肥後人横井小楠の堂を訪う。豪談一日、益を得ること少しとせず。則《すなわち》この書を塾生に得、写して記行中に入る。帰りて今亦《ま》たその散乱を恐れる也。別に写して一冊となす」（原漢文、梅渓昇『高杉晋作』七一～二頁）とあるのは、門人某から借りて写本したものを、後日、正誤を改め完成させた経緯を述べたものである。

一時期、藩内で真剣に論じられた小楠を藩校明倫館の学頭に招き、「学政一致」の改革を断行すべきという発想は、おそらくこの出会いの時、芽生えたものであろう。晋作の狙いは、政治の目的は民を富ませることにあるという観点から、国産品を盛んに奨励し、これを長崎で商品化することで大きな利益を挙げつつあった福井藩の成功を、萩藩でも実現したいという点にあった。小楠はまた、学校の目的は人材の養成にあるが、いたずらに本を読み、知識の量を誇るこれまでの学問が役に立たないことを痛論し、あくまで「学政一致」、学校と政治が一体化しなければならない。政治に有用な人材教育こそが、学校の使命であるというが、これは明倫館の教育に今すぐに必要な改革のテーマでもあった。経済政策、教育改革いずれをとっても、まことに気宇壮大《きうそうだい》な発想、時代を先取りした斬新な提言であり、晋作ら政治青年の心を大きく揺さぶったことは、想像に難くない。

小楠側の事情もあり、この招聘《しょうへい》は単なるペーパープランに終わったが、もう一人、加藤有隣の方は、文久三（一八六三）年に藩儒として招かれ、約六年間明倫館で教えた。晋作らの推薦があったことは、もちろんである。

三年戸を閉じ読書に志す

帰国した晋作は、一一月一九日付の久坂玄瑞宛手紙で、「遊歴は学文実着に相成り、益を得ること少なからず候。僕この節、三年閉戸読書の志起こり候」（『全集』上、一九八頁、以下同）などと言うように、諸国遊歴で経験した事柄を踏まえながら、しばらく雑念を断ち、ひたすら勉学に励みたいと考えた。江戸を発つとき抱いていた、撃剣の道で身を立てようという望みは、内藤道場で得た免許皆伝の腕前が、他流試合ではまったく通じなかった事実で、完全に雲散霧消してしまった。文学の世界も、佐久間象山のような自他ともに許す英才や傑物が天下には雲のごとくいる。まだまだ自分など、足元にも及ばない未熟者でしかないという想いを、行く先々でその都度《つど》、否応なしに実感せざるを得なかった。とすれば、今はただ勉学に打ち込む以外に道はないと考えたわけである。「その策下すに何如《いかが》致したらよろしく候や」、明倫館への再入学はしたものの、もう一つ何をどのように学ぶべきか、その方策を玄瑞に尋ねてきたものである。

明倫館入込生となる

帰国して間もない一一月八日、御賄付《おまかないつき》で明倫館入込生となるように沙汰があった。「兼て文学心懸候由相聞候付」（『史料』一、九九頁）という文言が付せられており、大学寮への復学が実現したことが分かる。二日後の一〇日には、舎長として再入、同時に廟司暫役《びょうしざんやく》に任じられたが、一カ月後の一二月一〇日には、改めて都講暫役《とこうざんやく》を命じられている。暫役とは、都講並み、都講に準ずるということであり、正確には都講に次ぐ地位でしかないが、それにしても何百人もいた学生中のナンバー・ツウであることに変わりはない。

もともと廟司は、明倫館内にあった聖廟を司る役であり、また舎長は明倫館大学寮内の居寮生の長である。都講は複数の舎長から選ばれる、いわば舎長が累進した最高ポストであり、大学寮生徒全体の取締役でもあった。明倫館生すべてのトップに坐る役職であるが、暫役とはいえ、この時期の晋作に、本当にそのような実力があったのだろうか。

明倫館の春・秋試の成績を記した「試業賞美事」を見ると、この年の秋試を踏まえた、万延元（一八六〇）年一一月二九日付の日進のランクに、松門の中谷正亮、滝弥太郎、境（斎藤）栄蔵らと並んで、晋作の名前がある。文久元（一八六一）年二月、翌年の春試では、日進上等のランクに、やはり松門の尾寺新之允や荻野隼太らと名前を列ねている。因《ちな》みに、成績評価の最上位、学問に上達した者に与えられる高足《こうそく》には、玉木文之進、羽仁五郎吉、土屋矢之助らの名前が挙げられていた。羽仁は晋作の師匠、また玉木は旧師松陰の先生であり、日進上等は、彼らに次ぐ成績を認められたことに他ならない。とすれば、舎長や都講暫役は、それなりの実力に裏打ちされていたと言ってよいだろう。

第六章　藩官僚として出仕

1　世子小姓役となる

父子二代の顕職

明倫館都講暫役という名誉ある地位についた晋作であるが、これに満足していたわけでは必ずしもない。舎長、やがて廟司暫役に任じられて間もない頃、在京の久坂への手紙で、「僕もこの間よりまた明倫館へ入塾、尾寺も居り候故、先ずはこらえごろにてござ候」(『全集』上、一九八頁、以下同)と、悶々の気持ちをもてあましながら、とりあえず松門の友人たちと一緒に勉学に励んでいる様子を伝えている。「萩も随分塵埃遮面《じんあいしゃめん》の時勢にてござ候」とは、俗論派の勢いが盛んでなかなか思うように活動できない、萩城下の閉塞情況を言い表わしたものであろう。

文久元(一八六一)年三月一一日、「右、嫡子御雇ニて御手廻組へ被相加、若殿様御小姓被召仕候条」(『史料』一、一〇四頁)という沙汰があった。明倫館都講暫役の職を解かれ、新しく世子定広の小姓役を命じられたわけであるが、この役職は、実のところ父小忠太も経験している。世子定広は、徳山毛利家から藩主毛利敬親《たかちか》の養子として入ったものであるが、そのさい、小姓役に選ばれたのは、父小忠太であり、この顕職を高杉家では、親子二代に渡って勤めたことになる。晋作は二三歳になっていたが、世子定広と同じ年であり、しかも性格的にうまが合ったらしく、しだいに主従というより、どこか友人のような親しい関係となった。いずれにせよ、小姓役就任は、晋作の本格的な公人としての登場であり、これ以後、藩政との関わりの中でいよいよ目覚ましい活躍が始まる。

三月一三日、初出仕の日に起筆した「暬御日誌《せつぎょ》」を見ると、辞令を受けた後、上司や同僚への挨拶廻り、関係の部署に顔を出して一々指示を仰ぐなど、慣れない仕事に汗を流した。帰宅したのが夜四ツ時（午後一〇時）過ぎというから、目の廻るような一日であったことが分かる。挨拶廻りは翌日からも延々と続き、途中若干の休みを挟みながら、二一日までに実に七日間を費やしている。

小姓役を拝命したことを伝える「吹聴状《ふいちょうじょう》」を呈し、慣例どおりの回礼がすべて終わると、いよいよ小姓役見習いの勤務が始まるが、晋作が辞令を受けたとき、たまたま世子定広は江戸藩邸におり、したがってお目見えの機会はなく、また見習いの勤務も行われなかった。そうした一連の手続きを省略して、四月三日、小姓役に必要な諸稽古を始めることが許可された。辞令を得てから、すでに二〇日以上の時日を経ていた。

「旧長藩職役一覧表」は、小姓役の仕事の内容について、「藩主ニ昵近《じっきん》スル役ニシテ初メ御櫛役トナリ順次ニ下記ノ役ニ昇ル、御櫛役、御添肩衣役、御判紙役、御小納戸役、配膳役、是ナリ」（『増補訂正もりのしげり』二七八頁）と説明しているが、世子定広に仕える小姓役も、基本的にこれと同じ職掌である。要するに、世子の日常生活に近侍して、公私もろもろの事柄を取り扱う、いわばその秘書役に他ならない。

ところで、ここでいう秘書役は、世子の身辺にいて日々の雑用をこなすだけでなく、世子の発言や行動を補佐し援助するアドバイザー的な役割もまた期待されていた。必要に応じて、大小いろいろな政治的助言もしなければならない。そうだとすれば、日頃から文武両道の勉学に励み、立派な人物になることが今まで以上に求められた。小姓役の職務として、諸稽古に励むことが不可欠であったのは、そのためである。

四月八日以降、晋作もまた、連日のように明倫館に出掛け撃剣稽古に打ち込んだ。汗を流した後は、館内にあった通学生用の教室、員外寮で「謝選聚遺」などを読み、講堂で「日本紀」の講釈を聞いたりしている。毎朝、出仕の前や帰宅後は、読書や習字を日課にしているが、時おり現われる松門の野村和作、岡部富太郎、尾寺新之允、作間忠三郎、有吉熊次郎、中谷正亮、佐世八十郎らと対読したり、議論を交わすこともあった。「集義和書」「国基」「論語集註」「伝習録」「海国兵談」「日本外史」「霊能真柱」「兵要録」などは、この頃、そうした人びとと取り組んだ書物である。

江戸番手役として発つ

文久元（一八六一）年六月一〇日、「右、江戸為御番手被差登候事」（『史料』一、一〇六頁）の沙汰があった。番手（警護役）として世子に仕えるため、江戸出府を命じられたものである。小姓役拝命のさいと同じく、挨拶回りに延々七日間を要し、一向に旅の準備に取り掛かっていないが、この間、出発日を指示する沙汰を待っていたようだ。七月四日ようやく、「早々出足、道中惣陸廿日ニして被差登候事」(同前書、一〇七頁)の差紙が来た。出足の日限、つまり旅行の準備を九日までに終え、七月一〇日に萩城下を発つことに決まった。

公命による出府であるから、とうぜん江戸までの旅費は藩庫から出る。下げ渡された金銀の内訳を見ると、「請上、金弐拾四両壱歩弐朱、札銀四匁弐分三厘、初番手借勘度合してなり」(『全集』下、一〇八~九頁)とあり、出府の費用の総額が分かる。嘉永四(一八五一)年春、参勤交代の行列に追随した亡師松陰の旅が、総計三三泊の道中宿料や諸雑費、それに別送した荷物の運び賃などを合わせても、金三両余で済んだことを考えると、相当に大きな金額であるが、旅費の他、支度金や出府後しばらくの生活費など、当座の諸経費をすべて一括したもののようである。金二四両余と札銀四匁余の全額を懐にしたわけではなく、うち一三両を具足箱に入れ、また一両は懐中へ仕舞うなど、あちこちに分散している。旅の空での盗難や事故を防ぐためであろう。

七月一〇日の早朝、晋作は大勢の人びとに見送られて家を出た。松門の同窓有吉熊次郎が一緒であったが、彼は藩命と関係なく、江戸遊学のためたまたま同行したものである。惣陸二〇日の沙汰を見るかぎり、道中はすべて陸行かというとそうではなく、富海から船に乗り、海路大坂をめざしている。山陽道の陸行は、道路事情が必ずしもよくない。幾つもの川を渡り、険しい山坂を延々と歩く困難な旅であったから、瀬戸内海を舟行することが認められていたのであろう。一一日の夕方に富海を出港、一六日には兵庫に着いており、順調な船旅であったことが分かる。翌日晩く、大坂から淀川を上る夜舟に乗り、一八日の朝には伏見に着いた。以後は東海道をひたすら歩き、七月三〇日、江戸藩邸に入った。萩出発から二〇日後のことであり、惣陸二〇日の日程は、きちんと守られたことになる。

2　海外雄飛をめざす

萩藩士の海外派遣

幕末期日本において、海外留学生の派遣を最初に主張したのは、信州松代藩の兵学者佐久間象山であり、嘉永七（一八五四）年三月の下田港における吉田松陰の海外密航計画が、その師象山の強い示唆を受けていたことは、よく知られた事実である。この松陰の影響と思われるが、村塾出身者は早くから海外諸国の知識や技術に強い関心を持ち、熱心に遊学を夢見ていた。日米和親条約が締結され、開国したとはいえ、その後もまだ海外渡航の自由はなく、外国行は多くの場合、密出国であったが、彼らがこれをかくべつ気にしたような形跡はなく、極めて勇ましい発言が相次いだ。松門で最初にこれを言い出したのは久坂玄瑞であり、安政五年六月、友人の大組士赤川淡水（佐久間佐兵衛）とロシア領の黒龍江方面を探索したいと言ってきた。不同意と松陰がいうのは、京都情勢が緊迫しつつある今この時期は宜しくない、来春になればそうした可能性もあり得る。北京や広東へも行くべきであるが、まだその時期が来ていないと考えたからである。

四条派の画人でもあった、やはり村塾生の松浦松洞（亀太郎）は、安政五年一〇月頃、幕府の計画していた遣米使節団に従いアメリカ渡航をめざしているが、藩要路へ運動し、何とか一行に潜り込ませる手段はないかと相談を持ちかけた晋作に対して、松陰は蹶起を目前に控えたこの大切な時期に、そのような悠長なことがしておれるかと一蹴している。松陰が企てた水野土佐守暗殺策に辟易《へきえき》したせいもあるが、松洞の狙いは、海外の事情を探ることの意味を考え、またいかにも画人らしく、この眼でじかに異国の風土や事物に触れてみたいと思ったようである。

久坂や松浦らの企てはいずれも実現せず、松門出身者の海外渡航は、文久三（一八六三）年五月、イギリスへ旅立った留学生五名の中にいた伊藤俊助（博文）が最初であるが、それ以前に長州藩から海外へ派遣された人びとがいなかったわけではない。

幕府のアメリカへの使節団派遣は、松浦らの画策していた時期より一年余遅れ、万延元（一八六〇）年に入って実現したが、この一行に従者として加わったのは、第二次海軍直伝習生として長崎へ派遣された大組士北条源蔵である。文久元年四月には、函館調役北岡健三郎が指揮する幕船亀田丸によるロシア領のアムール川（黒龍江）流域やカムチャッカ方面の偵察行に、大組士桂右衛門と山尾庸三が参加している。桂は長崎で北条と共に学んだ直伝習生であり、また山尾は、寄組士繁沢石見の家来、つまり陪臣身分であったが、蘭学だけでなく若干英語を解するなど、早くからこの方面に通じていた。文久三年、英国へ伊藤らと派遣された留学生の一人でもある。

晋作の海外派遣計画

江戸到着の翌日、八月一日より始まった小姓役見習いの勤務は、七日で終わった。以後、一カ月間は平凡な勤務が続き、かくべつ変わった事柄もないが、九月に入ると、晋作の外国行の話が浮上している。「初番手行日誌」九日の記事に、「それがしを外国使節へ頼み、外国へ差しこされたきとの内命下る、それがしの心中喜悦思うべし」（『全集』下、一三〇頁）とあるのは、この頃計画されていた幕府の遣欧使節団に加わるようにとの内命である。革新公卿と組んだ尊攘激派の活動を少しでも鎮静化するために、開港・開市を何とか延期させたいと目論《もくろ》んでいた幕府は、この年一〇月を期して英仏両国へ使節団の派遣を企てた。この情報をキャッチした江戸藩邸の周布政之助らは、このさい藩士を随員の一行中に送り込んで、最新の海外事情を知るべきだと考えたが、晋作はその候補者に選ばれたものである。

萩藩からは、杉孫七郎がすでに幕府会計方の雇人、小使という名義で参加することが決まっていたが、晋作は、これにプラスするもう一人の随行者であった。出府以来、とかく過激な言動のあった晋作の行く末を心配し、桂小五郎が藩邸の重役連に相談して海外視察に派遣する画策をしたというが、これはかねて外国行を熱望していた晋作にとって、渡りに舟であり、まったく異存がない。二年前の江戸滞在時には、フランスがアジアでの植民地獲得の拠点としようとしていた東京（トンキン）、今のヴェトナム北部の地を実見したいと考えたが、ヨーロッパ行は、そうした欧米列強の本国そのものを見る絶好の機会であり、願ったり叶ったりであった。

この頃、「英国史」や「坤輿《こんよ》図識」を読み始めたのは、外国行に備えたものであろう。九月二〇日の日誌に、「航海行一件愚妻に示すことを談じおく」（『全集』下、一三一頁）とあるのは、帰国する藩士に今回の外遊の内命について家族への伝言を頼んだものである。一〇月二〇日には、世子に追従して外出したが、「実は欧羅巴《ヨーロッパ》行の事にて、御国調役（外国奉行調役）岡崎藤右衛門へ到る、何か諸事相頼み申し候。至って都合よろし」（同前書、一四〇頁、以下同）というから、晋作を一行に加えるための幕臣に対する工作に違いない。少なくともこの時点では、まだ十分に可能性のあったことが分かる。二二日には、国元の父から外国行について尋ねる手紙が来た。このことを知り、思わず落涙したというから、晋作の志を壮とするも、やはり前途への不安や危険をあれこれと思いめぐらし、親らしい心配を盛んにしていたのであろう。

一〇月二三日、「昨日杉徳輔来着。これまた航海行の命を被《こうむ》り来るなり」とあるのは、すでにヨーロッパ行きが決まっていた杉との情報交換のためであろう。一〇月二八日付の久坂からの手紙に、「暢夫兄海外行の風評有之、如何《いかが》被成候や」（「史料」一、一一三頁）とあるように、この話は広く藩内に知れ渡っていたが、結局、晋作が使節団一行に加わる話は不調に終わり、文久二（一八六二）年正月、ヨーロッパへ旅立ったのは、杉孫七郎一人のみである。晋作がこの事実を知ったのは、前年の一二月頃らしい。数カ月前からその気になり、いろいろ準備に余念がなかっただけに、失望落胆は大きかった。

晋作が何か事を起こしそうな雰囲気は、早くからあったらしく、出府後間もない八月一六日の久坂より入江杉蔵宛手紙に、「暢夫ハ地位もあり識力もある男なれハ、数年間面壁後、藍面《らんめん》人（長井雅楽）の局面を変れる事を願度考に候処、図《はか》らすも着府後ハ大決心候事にて感心仕候」（「史料」三、一二九〜三〇頁）とあるが、これは翌一七日の日誌で晋作が、「この頃、大議論起こる。非番。委曲胸中にあり」（「全集」下、一二九頁、以下同）というのと符合する。この時期、藩邸内で沸騰していたのは、「航海遠略策」を掲げ公武周旋に奔走していた直目付長井雅楽《うた》への賛否をめぐる議論であった。桂小五郎は、長井の一見遠大な構想が単なる佐幕論であるとして断固反対を叫ぶ久坂玄瑞ら強硬派の立場を支持していたが、暗殺などという非常手段には批判的であり、そうした動きに過敏に反応する晋作の説得に苦労していた。日誌の随所に、「桂氏と事を謀る、故に非番ごとに彼の処に至る」などとあるのは、そのことを示すものであろう。

3　上海派遣使節団に加わる

幕吏一行に潜り込む

ヨーロッパ派遣が、晋作を一連の軽挙妄動から切り離すためであったとしたら、事がうまく運ばなかったのは大誤算であったが、幸い外国行の話はもう一つあった。幕府は、ほぼ同じ頃、清国との貿易を活発化するため、調査団を上海や香港へ派遣することを検討していたが、この計画が年末になりようやく具体化した。江戸藩邸がこの話に乗り気になったのは当然であり、随員に金品をばらまくなど、八方手を尽くして晋作の参加を画策しており、何とかその一人、御小人目付《おこびとめつけ》犬塚鉐三郎《しゃくさぶろう》の従者として潜り込ませることに成功した。一二月二三日の沙汰が、航海術修業のためしばらく勤務を離れ暇をとることを認めながら、「右、此度、公儀より支那国へ御勘定根立助七郎殿其外被差越候付、内々自分頼之筋を以随行被仰付候事」（「史料」一、一一三頁）というように、早くも年末には、晋作の清国行が正式なものになった。

文久二（一八六二）年一月二日の沙汰が、「外国之事情、形勢、尚制度、器械等迄可成丈及見分、帰国之上申出候ハヽ、一廉《ひとかど》、国家之御裨益《ひえき》ニ可相成候条不依、何心を留臆《とめおき》仕候様精々心掛け肝要ニ候」（同前書、一一六頁）というように、今回の清国行に藩政府が期待したものは、沢山あった。上海での出来事はもちろんであるが、現地で見聞する外国の事情、形勢、制度、器械等は何であれ、すべて吸収して来るように求めていた。とうぜん詳細な報告書を作成しなければならなかったが、晋作は、その原本となる手控え風の記録を幾つか残している。「航海日録」「上海掩留録」「外情探索録」「内情探索録」「崎陽雑録」などがそれであり、帰国後、まとめて一冊子とし、「遊清五録」と名付けられた。その序文に、「この書、或いは漢字を以って、或いは国字を以って、便に随って筆を取り、実事を記すに務め、敢て文字に意を用いず」「形勢を探り、情実を察するは、智者の難とする所、吾生の及ぶ所に非ざるなり、区々の雑録記す所聞見のみ、山水の景を写し、風雅の言を吐くは、予の敢て好まざる所、すなわち詩文・詩家先生に託するのみ」（『全集』下、一五二頁）などとあるように、記述にさいして晋作は、可能なかぎり感情を交えず、冷静な観察眼に徹しようとした。その意味では、この時期の清国事情を伝える極めて正確なレポートの一つといってよいだろう。

遅れた出発

一二月二六日に江戸を発った幕臣に随従することは、なぜか許されなかった。清国行工作の窓口となった御小人目付塩沢彦次郎は、この件について内諾はしたが正式決定ではない、とりあえず長崎表へ行き、そこで待機するようにと、しごく曖昧《あいまい》な対応をした。「もしその人を崎陽に到らしめば、某《それがし》これを熟計せん（其の人をして支那に到らしむ）」（『全集』下、一九四頁）

というのは、賄賂の不足を暗に示していたのか、あるいは出発地の長崎で、要員が不足するため急遽採用したという形式をとりたかったのであろうか。はっきりしたことは分からないが、ともかく晋作は別行動をとり、一人で長崎へ向かうことになった。一月二三日付の妻まさからの手紙に、「正月三日ニ御出立遊《あそば》し、広東へ被成御出候との御事」(『史料』一、一一七頁）とあるように、正月の年賀もそこそこに出発した。数十人の見送りが鮫津《さめづ》（南品川）まで繰り出して、別れの杯を交わしたというから、まことに賑やかな門出である。広東は今回の視察の目的地ではなかったが、おそらく晋作が清国行を伝えるさい、上海や広東、香港などの都市名を挙げていたためであろう。なお、遣清使節団の長、勘定吟味役根立助七郎らの一行が江戸を発ったのは、正月四日であり、晋作はその前日、先行する形で旅立った。

東海道を歩いた晋作は、途中で大坂藩邸（蔵屋敷）に立ち寄った以外、消息が分からない。一旦萩の生家に帰ったという説があるが、独行し、長崎で待機せよという塩沢の言葉からみて、長崎表に一刻も早く到着したかったはずであり、その可能性は薄い。おそらく二月初旬には、長崎に姿を現わしたと思われる。前年暮に先発した幕臣の一行は、陸路を大名旅行よろしく進み、二月九日に到着しており、実に四四日間を要している。一〇日遅れて出発した根立らも、ほぼ同じ足取りで進んだとすれば、二月二〇日前後に到着したことになる。嘉永六（一八五三）年秋、ロシア軍艦に乗り込むため、江戸を発ち長崎をめざした松陰が、大坂で天候が悪く四日間足留めされ、また熊本で六日間滞在、計一〇日をロスしたにもかかわらず、三八日目に到着したことを思うと、いかにゆっくりしたペースであったのかが分かるだろう。

使節団一行が長崎に到着したから、直ちに出航の運びになったかというと、そうではない。まず乗り込む船の用意ができていなかった。最初、幕閣は、オランダ船の雇い入れを考えていたが、経費的に無駄が多く、結局イギリスの商船アーミスティス号を三万四〇〇〇ドルで購入することになった。千歳丸と名付けられた三本マストの帆船である。全長二〇間（三六・四メートル）、横幅四間四尺（八・四九メートル）、船深二間五尺（五・一五メートル）、排水量三五八トンというから、さほど大きな船ではない。れっきとした幕府の官船であるが、船長はもちろん、船を動かす一四名の船員もすべてイギリス人であり、実質はイギリス船を雇用したのとほとんど変わらない。しかも、この船は上海航路に就航中であり、契約成立のさい、引渡しは四月中旬となっていたから、それまで使節団は、なお数十日間、長崎で待機せざるを得なかった。

先述のように、晋作が二月初旬に長崎入りしたとすれば、上海へ出発する四月下旬まで、実に二カ月以上もの長期間、この地に滞在したことになるが、この間、彼は一体何をしていたのだろうか。幕臣はもともと懐が暖かく、しかも長崎商人らの接待を受け、連日のように丸山花街へ繰り出していたが、負けず嫌いの晋作もまた、これに対抗するため、藩から支給された支度金五〇〇両を使って派手に遊んだようだ。中原邦平は、家を購入、芸者を落籍して住まわせてどんちゃん騒ぎを続けた晋作が、出発前には無一文となったため、今度はこの家を処分し、自分の女をもう一度芸者屋へ売り飛ばして旅費を何とか工面したというが、英雄色を好む豪傑ぶりをことさらに強調した、いささか眉唾《まゆつば》の話の

川原慶賀筆「長崎港図」（神戸市立博物館蔵）

長崎での晋作（萩博物館蔵）
左は三谷国松，右は伊藤俊助。

ように思われる。真偽はともかく、それだけ豪快無比に遊んだということであろう。

ところで、この時期、彼は酒を飲み女遊びばかりしていたわけではなく、清国行を効果的にするためいろんな準備をしているが、とくに海外の事情に詳しい人びとを訪ね、情報収集に努めている。崇福寺に滞在していた宣教師のウィリアムズやバーベックに、アメリカの南北戦争や清国の内乱の最新情報を聞き、またアメリカには日本のような身分制度はなく、ワシントンのように、能力さえあれば誰でも大統領になれるなどを聞いた。宣教師らしく、二人ともやがてキリスト教の話をし始めたので、辟易《へきえき》して退散した。

ある日、フランス・ポルトガル領事を訪ね、英・仏両国の建艦競争、なかんずく世界の強国、英国海軍の実力などを聞いた。また別の日に訪ねたアメリカの領事からは、兵庫・大坂開港はすでに国際条約で決まったことであり、違反すれば戦争になるといった知識を得た。もと通弁官で国学者としても知られた森田市太郎からは、西欧列強のうちロシアがもっとも恐い存在であり、わが国は早急にこれに備えるべきことを聞いた。

国元の友人宛の手紙で、「支那行も只様延行に相成り、空しく日月を送り、はなはだ残念に存じ候ところ、掩留中追々米英仏諸夷に対話致し、益を得ること少なからず、却って喜悦し仕り候」(「全集」下、一九一頁)というように、延々と続いた長崎滞在は、それなりに得るところが多かったが、最大の収穫は長崎を基点にした海外貿易に関する情報であり、これを晋作は、「長崎互市之策」という一文にまとめている。大坂の蔵屋敷のような建物を長崎の地でも幾つか用意し、ここにさまざまな国産品を貯え、常駐する藩士が相場の上下をみて外国人相手に商売すれば、儲かるのは間違いない。近い将来、海外へ自由に航海できるようになれば、長崎から船積みした品物を広東、定海、香港で売り捌き、あるいは遠く英国のロンドンやアメリカのワシントンへも送って商売をすれば、巨利を博することも夢ではないなどという。すこぶる雄大な海外貿易論であり、それ自体すでに立派な開国論であったが、この考えは、上海へ行き最新の海外事情を入手することでますます具体的なものとなる。

長崎を旅立つ

四月二七日、日本人乗客の幕臣、従者、奴僕総計五一名がすべて船中の人となったが、晋作は夜になり一人で乗船した。この頃、長崎で大流行していた麻疹（はしか）に罹り、寝込んでいたためである。藩医の半井春軒《なからいしゅんけん》らに見送られ、杖をつきながらようやく波止場まで辿りついており、まだ十分に回復していなかったのであろう。この日は、乗船直後の混雑の上、病後のせいもあって、一晩中まんじりともせず過ごした。

翌日は晴天、船中のすべてが出港を期待し、終日その準備に追われたが、なぜか幕臣の許可がなかった。しびれを切らした晋作は、「ああ日本人因循苟且《いんじゅんこうしょ》にして果断に乏し、これ外国人の侮りを招く所以《ゆえん》にして歎ずべく、また愧《は》ずべし」（「全集」下、一五三頁）と歎いており、イギリス人船長らは解纜《かいらん》を主張したのであろう。日柄が悪い、つまり暦の上の吉兆を気にしたのかもしれない。

四月二九日早朝、ようやく千歳丸は長崎を発った。夜半頃から北風が強く吹きはじめ、船足が早まったが、その分、動揺が激しく船酔い者が続出した。翌日も北風は一向に弱まらず、三日目の五月一日には、ついに暴風雨となり、船は木の葉のように揺れた。「諸子甚だ窮す、船毎《つね》に動揺し、行李《こうり》人と共に転倒し、船に酔う人なお酒に酔うが如く、体を臥してほとんど死人の如く、終日閑黙して敢て談を発する者なし」(同前書、一五四頁、以下同)と記しているが、まだ病人同然の晋作はなぜか船酔いをしていない。「強人党に入るを得たり」というから、それなりに元気な航海を続けたようだ。

五月四日、長崎を出て六日目の夕方、ようやく島影を見た。揚子江《ようすこう》に近い鞍島《くら》である。翌五日、呉淞江《うーすんこう》に入り、黄浦江口《こうほこう》に停泊した。

五月六日の早朝、川蒸気船、すなわちタグボートに引かれた千歳丸は、黄浦江を遡り上海へ向かった。約二三キロの行程である。「午前漸く上海港に至る、ここは支那第一繁盛の津港なり、欧羅波《ヨーロッパ》諸邦商船、軍艦数千艘碇泊、檣花《しょうか》林森して津口《しんこう》を埋めんとす、陸上はすなわち諸邦商館の粉壁《ふんぺき》千尺、ほとんど城閣の如し、その広大厳烈なること筆紙を以って尽すべからざるなり」(同前書、一五五頁)と記しており、列強の東洋進出の拠点と化した上海の現状に大いに驚嘆した様子がうかがえる。

六日の午後、幕臣らの一行はすべて上陸し、オランダ領事館へ向かったが、晋作もまた、これに随従した。使節の公用が済むのを待つ間、清人三名と筆談し、上海市中の書店の位置、林則徐や陳化成ら清国を代表する人物の評価、列強の中で一番強い国はどこかなどといった質問をしている。その後、案内人に連れられ市中を散策し、夕方になり船に帰った。七日はさしたる用事もなく船中に留まったが、八日は上陸した幕臣に従わず、晋作のみ船に留まった。風邪を理由にしているが、大したことはなかったらしく、翌九日には、幕臣らと共に宏記洋行と呼ばれる洋式ホテルに移った。日本人一行の宿舎に当てられたものであり、以後、七月初めの出港まで約二カ月間ここで暮らした。

上海で得たもの

ところで、この滞在中、彼らが上海で見聞したものは一体何であろうか。アヘン戦争やアロー号事件以後、清国に対する列強の植民地化政策はエスカレートの一途を辿ったが、晋作らは、その悲惨な現状を否応なしに目にすることになった。十数年前に勃発した太平天国の乱は一向に沈静化せず、この頃、長髪賊と呼ばれた反乱軍は、上海周辺にもしばしば姿を現しており、晋作も何度か砲声を耳にし、戦火の挙がるのを見る機会があった。

南京条約で開港場となった上海の街は、西欧各国の領事館や商館が軒を並べ、その威容を誇っていたが、何よりも晋作を驚かせたのは、初めイギリス、やがてフランスやアメリカ人の住む租界が城外一帯に設けられていたことである。行政や警察を外国人が管理する、この治外法権的な地域に住む清国人たちは、ことごとく外国人に使役され、路上で外国人と出会えば、道を譲って平身低頭している。事実、イギリス租界は、清国内における大英帝国の属領とほとんど変わらないが、油断をすれば、この状況は早晩わが国にも波及するに違いないと、大いに憂い警戒心を強めている。

五月一二日は、幕臣に従いフランス領事館、また一三日は、同じくイギリス、アメリカ、プロシア、ロシア領事館を次々に訪ねたが、その後、外国人の商店で最新の器械を見たり、租界を警備する各国の軍事力を知るなど、得るところが沢山あった。

五月一六日、書店を訪ね何冊かの本を求めた。書店にはその後もたびたび出掛けており、「上海新報」「数学啓蒙」「代数学」「連邦志略」「皇清全図」「地図」など、かなり沢山の本を入手している。

五月一七日は、黄浦江にいたイギリスの蒸気船を訪ね、諸器械を見学した。二六日には、幕臣に従いオランダの蒸気船を検分した。船齢五年という新しい船で、器械類も精密に出来ていた。三万七〇〇〇ドルという船価を記しており、何とか手に入れたいと思ったらしいが、むろんこれは、使節団の一従者という晋作の現状からして、夢物語であった。

五月二〇日、租界に住むアメリカ商人や清国人の儒者を訪ねた。英語が喋れた佐賀藩士中牟田《なかむた》倉之助の通訳で、晋作は最近英書を学び始めたが、いつか貴方と再会したとき少しでも話せるようになっていたいと言っており、英学に関心を抱いていたことが分かる。

五月二三日と二七日の両日、イギリス人宣教師に会い、まず医療活動で現地人の歓心を得ながら、しだいに布教に入るやり方を知り、改めてその恐ろしさを確認している。

六月七日、幕臣に従い、城の内外の散策に出掛けた。関帝廟や孔聖廟などを見学したが、聖像をすべて他所へ移した後、イギリス兵の駐屯地となっており、廟堂内で銃砲を枕にごろ寝をしているイギリス兵を見て、その無作法さに慨嘆している。

六月一四日、西門外で清国兵の訓練や装備を見た。陣地はなるほど洋式であるが、武器や兵術は旧式のままであり、とても英仏の軍隊と戦える実力がないことを知った。

一六日、アメリカ人商店で、七連発のピストルを購入したが、これより前、八日にオランダ商館で短銃を入手しており、二挺の拳銃を持って帰った。

一七日、イギリス軍の砲台を訪ね、初めてアームストロング砲を見た。元込め式の最新の大砲の射程距離や命中精度、爆発の威力などを聞き、大いに感心している。

六月一七日を最後に、晋作の日記は途絶える。七月五日の出港まで、十数日間の記録がないが、帰国の準備に忙しかったのか、それともいつもの癖で、日記を途中で放り出したのだろうか。この頃、任務をおおむね終えた安堵感からか、遊船や妓楼を訪ねたり、芝居見物に出掛ける者が少なくなかったから、晋作も彼らと行を共にしたのかもしれない。

幕臣一行の上海滞在は、ちょうど夏の盛りとなる季節であったが、この年はとりわけ暑く、連日摂氏二七、八度を記録、雨もほとんど降らなかったから、晋作らは寝苦しい夜を何度も経験した。黄浦江の濁水を沸かして使用するとはいえ、不衛生な飲み水や食物のせいで、病人が続出した。赤痢やコレラに感染して頓死する、何人かの犠牲者も出た。晋作は風邪で一両日寝込んだが、大病には罹《かか》らず、案外元気な日々を過ごしたようだ。

七月一日、宏記洋行を引き払った晋作らは、千歳丸に戻り、出港準備に追われた。五日上海港を解纜、黄浦江を下って一路呉淞口へ向かった。六日、抜碇《ばってい》、途中無風状態となり、二、三日間の停止状態もあったが、その後は順風に恵まれ、快走しており、一四日に長崎に着いた。九日間の航海である。

上海行で晋作が得たものは沢山あるが、現地での見聞だけでなく、その往復の旅で船の運航などに関する知識や技術を習得したこともまた無視できない。「航海日録」は、四月二九日の長崎出港から五月六日の上海着までの往路八日間の日誌であるが、毎日の時刻、里数、船向、風などを実測した克明な記録となっている。里数に英里マイルを用いるなど、すべて西洋式の航法を取り入れたものである。晋作が実際に羅針儀・コンパスを使って測量したのかどうかは定かではないが、たとえば五月二日の午時、「実測北緯三十度四十八分、東経百二十度四十七分」（『全集』下、一七〇頁、以下同）と記録しており、少なくともイギリス人船長の測量技術を、見様見真似で学んだことは想像に難くない。その前日、五月一日の付録に、「朔日、午後、強風。二時、トップセールス（top sail）、フオールセール（fore sail）を縮る、三時、風力増す、三つ《ママ》ズン（mizzen）、ヂュブ（jib）を下す」などとあるのは、外洋における操船技術、なかんずく大小さまざまな帆の操法について水夫たちの実技に学んだものであろう。

この時の経験が、藩内訌戦時の軍艦奪取や四境戦争における大島口での海戦、幕府艦隊に挑んだ丙《へい》寅丸《いんまる》の活躍などに生かされたことは、おそらく間違いない。

無断で蒸気船購入を決める

上海への旅が晋作の世界観を一挙に変えたことは容易に想像される。数々の新奇な見聞の中で、何よりも彼にとって衝撃的であったのは、今まで半ば疑いながら、それでも絶対的なものと信じてきた攘夷論が大いに怪しげなものであり、西欧列強の圧倒的武力の前にはまったくの無力でしかないということである。ほとんど属国化した清国の現状を見れば、いたずらに慷慨家となり、攘夷論を叫んでいるだけでは何の解決策にもならない。一刻も早くわが国の独立を全うするだけの武力を整えるべきである。真の独立国たろうとすれば、まず攘夷を貫徹し、ペリー来航以来の半植民地的な状態を解消しなければならないが、そのためにわれわれは、いま全力を挙げて国防問題に取り組むべきだというのである。「支那上海港ニ至リ、又彼地及北京ノ風説・形勢ヲ探索シ我日本ニモ速ニ速ニ攘夷ノ策ヲ為サスンハ遂ニ支那ノ覆轍《ふくてつ》を踏ムモ計リ難シ」（『全集』下、一五一うに思われる。

頁）という想いが募ればつのるほど、彼が次なる激しい行動へ踏み出したのは、十分に理解できるように思われる。

事実、長崎に帰った晋作は、すぐに一つの事件を起こしている。それは、オランダ商人と蒸気船を購入する契約をしたことである。長崎藩屋敷の役人たちもまったく知らない、晋作が独断で進めた交渉であったため、とうぜん大問題となった。上海へ同行した薩摩藩士五代才助が、ひそかに藩命を受けて蒸気船購入を計画している話を聞いたのが、おそらく直接のきっかけらしい。五代は、洋銀一二万三〇〇〇ドル、日本金で七万両を用意していたというから、船の大きさや性能などを想定した、かなり具体的な内容であったことが分かる。薩摩藩への対抗意識もあり、わが長州藩でも、船の大小はともかく、このさい一隻でもよいから蒸気船を購入すべきだと考えたのであろう。価格は日本金で二万両ほどであったというから、さほど大きな船ではない。「支那にて外国之事情見聞致候。兎角《とかく》海軍を起さねは不相叶《あいかなわず》と見込、帰掛《かえりがけ》崎陽に於て独断に而《て》蒸気船壱艘御買入之条約致し候」（『防長史談会雑誌』一巻一一号、五三頁）と晋作がいうように、上海行で痛感した海軍の充実を、何がなんでも実行しようとしたものである。オランダ商人とは、藩の正式許可を得るまでの仮契約をしていたと思われるが、結局そのことは成らず、相手側が一方的に契約を破棄し、ご破算となった。萩藩が購入するというのは、晋作個人のいわば勝手な言い分であるから、藩政府の責任はなく、したがって違約金の支払いも行われなかったようだ。

晋作の不始末は当然のことながら、一時藩内で物議をかもしたが、処罰は行われていない。それどころか、周布政之助などは、せっかく格好の船を見付けてきたのだから、このさい断然購入すべきである。殿中の金銀の道具類を売り払ってもよろしい、財源は何とか手当てできるのではないかと、大いに理解を示したが、その背景には、この頃藩内で進められていた海軍拡充計画がある。晋作がまだ清国にいた頃、外国船購入の議は、これとは別のところで進められていた。イギリスのジャージンマジソン社の所有する鉄製の蒸気船ランスフィールド号四四八トンを一一万五〇〇〇ドルで購入する議であり、文久二年九月、契約が成立した。長州藩最初の蒸気軍艦となった壬戌丸《じんじゅつまる》がそれである。

4 学習院用掛となる

公武周旋に反対して脱藩

蒸気船購入問題でしばらく長崎表で足止めされていた晋作は、ようやく月末、長崎を発った。一旦萩の生家に戻ったらしく、八月一六日、富海港から船で上方へ向かい、二二日、大坂に着いた。二四日には、京都藩邸に入ったが、在京中の藩主に上海での見聞を詳しく報告するためもあったらしい。

文久二年閏八月二日、晋作は学習院一件御用掛に任じられた。萩藩では公武周旋事務を学習院事務と称し、担当者を学習院用掛としたが、晋作はその一人となったわけである。公武の周旋、萩藩の京都朝廷や有力公卿への働き掛けという仕事の性格から見て、活躍の場はとうぜん京都であるはずだが、御用掛になった四日後の閏八月六日付の沙汰には、総陸一五、六日で江戸へ下るようにとある。将軍のお膝元江戸で公武の周旋、すなわち幕閣や諸藩との接触や情報収集に当たることを命じられたわけである。たしかに、江戸滞在を命じられた世子定広に随従する任務もあったが、本当の狙いは、晋作が京都にいては何かと不都合なことがある、つまり彼を京都から切り離したかったのかもしれない。沙汰書にある、「右、早々出足」（『史料』一、一二六頁）という文言に、いささか作為めいたものを感じるのは、考えすぎであろうか。

それはともかく、晋作は、公武周旋という任務に素直に従う気持ちはなかったようだ。事実、京都に着くとすぐ桂へ出した手紙で、「別後、天下の形勢変動驚き入り候事にござ候、なかんずく、吾藩醜態残念に候」（『全集』上、二二五頁、以下同）と現状分析しながら、「この上は致し方ござなく、独歩登天の志を決し候」と述べた。もはや誰も当てにしない、わが道をまっすぐに進むのみであると宣言した。とすれば、断固やるとは一体何を意味していたのか。

晋作が上海へ行って不在中、周布政之助らの画策が効を奏し、政治情勢は大きく変わった。六月五日、長井雅楽は中老格の待遇を解かれ、帰国謹慎を命じられた。七月二四日には、公武合体の「航海遠略策」の廃棄が正式に決まり、藩論は一挙にひたすら朝旨を奉じて攘夷実行をめざす方向へ転換された。「破約攘夷」「即今攘夷」などと呼ばれた路線であり、一層厳密にいえば、周布政之助のいわゆる「攘夷而後国可開」（妻木忠太『偉人周布政之助翁伝』）、幕府が締結した条約を一旦すべて破棄し、京都朝廷の叡慮を奉じ国是を定め、国体が凛然として確立した上で、初めて開国へ進むべきである。この政治的行程の正義である所以をしっかりと幕府や諸藩に説き賛同を得る、それがこのさい公武周旋の主要な任務であった。

京都から一五、六日の旅ならば、閏八月二二日か二三日頃には江戸藩邸に入ったはずであるが、到着早々、晋作は周囲に脱藩亡命の意思を洩らしており、このまま大人しく勤務する気持ちはなかった。事実、二七日には早くも「亡命誓書」なるものを作成している。「私儀心底は、今日御前ニて申し上げ候通りにござ候、右につき余儀なく亡命仕り候、一念も君上に負《お》わず候段、先霊鬼神に誓い奉り候」（『全集』上、二一九頁）というように、世子公へかねての持論を主張した上で亡命する、あくまで忠義のためであると述べており、事態の一変を図るための亡命、何か事を起こすための脱藩であったことに間違いはない。同日、父小忠太へ、「私儀この度国事切迫につき、余儀なく亡命仕り候」（同前書、二一八頁）と書いたのも、そのことを裏書きしてくれよう。

晋作が世子定広に直言した内容については、必ずしも明らかでないが、亡命先から出した桂宛手紙で、「天朝の御趣旨破約攘夷と相定まり候事なれば我が君上にも破約攘夷の趣旨御奉命遊ばされ候わば今日より二国を勤王のため抛《なげう》つと御決心遊ばされ候時は二国四民残らず今日必死の時節と決心仕り候えば」（同前書、二二四頁）などと言うのと、おそらく大差がない。いま萩藩のなすべきことは、幕府政権の延命につながるような公武周旋でなく、藩主父子は一刻も早く帰国して富国強兵につとめ、もし幕府が破約攘夷の叡慮に従わないときは、長防二国の士民こぞって討幕の兵を挙げるということである。時期を待て、今はまだその環境が整っていないと慎重論を繰り返す重役連に飽き足らない彼は、断然持論を貫徹するには、もはや脱藩亡命する以外に道がないと考えたのである。

文久二（一八六二）年閏八月二七日、晋作は、桜田藩邸を出た。亡師松陰の命日であったため、まず小塚原の墓に詣でた後、常州道へ向かった。たまたま出会った松門の品川弥二郎は、晋作から笠間より水戸へ向かうことを聞いたが、堅く口止めされたという。追っ手が掛かるのを恐れたのであろう。笠間の加藤有隣や水戸天狗党の人びとを訪ね、討幕計画を議するつもりでいたらしいが、案に相違して期待したような反応は得られなかった。

おそらく九月早々、晋作を迎えた加藤有隣は、すぐさま江戸へ戻るように勧めた。優柔不断の藩を見限り、一介の浪人になって天下を駆け巡り、有志の士を募るというのは、いかにも勇ましく格好がよいが、よく考えてみると何の成算もない、単なる夢物語でしかない。大事を為そうと思えば、藩内に一人でも多くの同調者をつくり、藩の兵力を最大限に活用する道をさぐる、いわば藩ぐるみの決起こそが有効であり、今まさにめざすべき最善の道ではないかという主張である。

有隣のこの主張に、晋作は大いに心を動かされたが、そうかといって、すぐに江戸へ戻るとは言わなかったらしく、九月三日、有隣から江戸藩邸の桂・山県半蔵・小幡彦七らへ、晋作を連れ戻しに誰かしかるべき人物を寄越して欲しいと言ってきた。要路へは脱藩亡命でなく無断外出のように取り繕《つくろ》ってくれとも言っており、事態をうやむやの形におさめたいと考えていたようだ。一刻も早く江戸へ戻れと言ったのは、そのためである。

有隣の手紙に、「御同人様よりハ、勿論御歎願之御次第ニ御座候」（『史料』三、一三三頁）とあるように、晋作も、渋々ながらこの取り扱いに同意していたが、この間、度重なる説得が効を奏したのか、迎えの人が来る前の九月四日に、一人で笠間を発った。同じ戻るのならば、一日も早い方がよいと考えたのであろう。大急ぎで歩いたはずであり、江戸には遅くとも七日頃には着いたと思われる。

亡命誓書に見られるように、今回の脱藩行は半ば公然と行われたものであり、無断外出などとは似て非なるものであった。父小忠太より晋作への示教、教育の失敗でこのような事態になった、これはひとえに親の罪であり、このさい職を辞し謹慎したいと申し出があったのは当然であるが、九月一一日の沙汰では、許可なく外出して帰らなかったのは、いかにも出奔《しゅっぽん》のように見えるが、先例もあり、晋作ともどもお構いなしとされた。実の親が息子の不始末を詫《わ》びているのに、これを取り締まる藩要路が、そうではないともみ消した、まことに奇妙な決着となったが、それだけ晋作への期待が大きかったのであろう。

攘夷実行をめざす

脱藩亡命の罪を辛うじて免れた晋作は、一向に恐れ入る風もなく、帰邸後すぐに対馬藩のお家騒動に関わるなど、さまざまな問題に首を突っ込んでいる。一〇月一九日付の長嶺内蔵太宛手紙で、君側へ置くべき有能な士の名前を挙げながら、君や志道聞多《しじぶんた》(井上馨)らの英国行の話を聞いたが、「外国行の議は、弟死地に入り候事につき、諸君に代り弟仕り候てもよろしくござ候」(『全集』上、一二〇頁)、生還を期しがたい遠い異国への旅立ちであり、役に立たない自分が身代わりになろうと申し出た。文久三年五月、ロンドンへ密出国する藩留学生の一行に加わりたいと考えていたらしいが、むろん、この人選はすでに決まっていた。なお、長嶺は結局辞退し、伊藤俊助(博文)が代って出発した。

同じ頃、江戸にいた松門の同窓らと語らって外国公使刺殺計画を企てている。直接のきっかけは、「航海遠略策」で開国論を唱えていた長州藩が、今は一転して攘夷論の急先鋒になっているが、その真意はどこにあるのか測りがたいという世評に、きちんと答えを出すべきだというのである。八月二一日の生麦《なまむぎ》事件で、薩摩藩の勇名が轟いていただけに、わが藩が遅れをとってはならないという理屈である。いずれにせよ、晋作らが外国人襲撃という事件を起こす、つまり攘夷を実行すれば、それが藩政府の決断を促すことになるに違いないと考えたのである。

外国人襲撃は前々からの計画でなく、多分に偶発的なものであった。たまたまこの種の情報収集のうまい志道が、一一月一三日の日曜日、某外国公使が金沢の名所見物に出掛けるという耳寄りな話を聞きつけてきた。これを晋作らは絶好の機会であるとして、襲撃計画を練った。もっとも、こうした思い付き風の実力行使に懐疑的な人びともおり、たとえば久坂玄瑞は、これを単なる暴挙であり、真の攘夷にほど遠いとして反対、互いに譲らず激論となり、憤慨した晋作が久坂を斬ると刀を振り回したりしたが、結局は一緒に立つことになった。晋作の他は、大和弥八郎、長嶺内蔵太、志道聞多らが計画の推進者であったが、後から久坂、それに寺島（作間）忠三郎、有吉熊次郎、白井小助、赤禰武人、品川弥二郎、山尾庸三らが加わり、計一一名が三々五々横浜をめざした。

謀議の場として、晋作らは品川の妓楼土蔵相模《どぞうさがみ》にたびたび会したが、その支払いが六〇両余に達した。金沢行きの旅費も合わせれば、金一〇〇両がどうしても必要であったが、この資金調達には志道が当たっている。うち五〇両は、晋作の父小忠太が山県半蔵に預けていた金を、借金が払えず晋作が桶伏せ（支払いが済むまで窓穴のある風呂桶をかぶせる）の目に遭っており何とか救出したいと弁じて、強引に貰い受けた。残りの五〇両は、藩邸の金庫番来島《きじま》又兵衛に、英国留学の送別会で散財したため旅費がなくなった、何とかもう五〇両出して欲しいと泣き付いている。とうぜん拒否されたが、来島の女性問題をちらつかせながら、言葉巧みに手に入れている。

妓楼の支払いもすべて済ませ、意気揚揚と出発した晋作らであるが、一三日の早暁、集合場所に指定していた神奈川台の下田屋の周辺に、幕兵数十名が現われ徘徊し始めたので、決起どころではなくなった。浪士体のサムライが大勢集まってきたのを怪しまれたようであるが、実は事前に情報を入手した土佐藩からの通報で、幕府側が警戒を強化したものである。タイミングよく、晋作らの計画を知った勅使三条実美《さねとみ》、姉小路公知《あねがこうじきんとも》の元からは、中止を説得する使いがきたが、決定的であったのは、今回の企てを聞いた世子定広が大いに驚き、鎮撫のためわざわざ大森まで出張してきたことである。恐れ入った志道は、幕府や藩政府の因循ぶりを坐視するに忍びず、外国人を殺害して攘夷の実を挙げ、当路者の勇断を促がそうと決心したことを世子に具申し、皆で潔く腹を切ろうと主張したが、晋作は、まだ一事をなしていないのに、死を急ぐのは、男児の本意でないという立場から反対した。諄々《じゅんじゅん》と計画中止を説諭する世子の前で、一同涙を流し黙然としていたが、一人晋作のみが今回の企ての正当性を滔々《とうとう》と弁じた。内心大いに不満であったのだろう。

世子の命に服した晋作ら一同が酒を賜り、宿舎を退去しようとしているとき、土佐藩士数人と周布政之助との間にいざこざが起こった。藩主山内容堂が暴挙を止めるため派遣した土佐藩士に対し、藩重役の身分でありながら、晋作らのよき理解者であった周布が、酔いに任せて「容堂公は尊王攘夷をちゃらかしになさる」（梅渓昇『高杉晋作』一二〇頁）と、その優柔不断な態度を罵ったため、怒った藩士が周布に迫ったものである。晋作がとっさに周布の無礼を咎めて乗馬の尻に切り付け、驚いた馬が暴走したため辛うじて助かったが、土佐藩側の怒りがこれで収まったわけではない。周布の取り扱いをめぐって何度もやり取りがあり、結局、彼の役職を解き国元謹慎ということで何とか片がついた。一方、晋作らは桜田藩邸に連れ戻され、しばらく物見所で逼塞《ひっそく》を命じられた。

御楯組《みたてぐみ》血盟

世子の思わぬ介入で一時頓挫したかに見える攘夷であるが、晋作らの決意は一向に変わらず、藩邸内で謹慎中に早くも同志の団結を強固なものにするため、御楯組血盟、別名攘夷血盟と呼ばれる盟約を結んだ。「百折不屈夷狄《いてき》を掃除し上は叡慮を貫き下は君意を徹する外他念無レ之、国家之御楯《みたて》となるへき覚悟肝要たり」（『吉田松陰全集』、別巻、二八一頁）という趣旨は、先の襲撃計画についてまったく反省した形跡がない、それどころか再起を期し、決意を新たにしたことを示している。晋作を筆頭に事件に参加した久坂、寺島、有吉、赤禰、品川、大和、長嶺、志道、山尾らの計一〇名、それに松島剛蔵が加わり、血判、署名した。少し後れて京都にいた滝弥太郎、堀真五郎、佐々木次郎四郎、また萩城下にいた山県初三郎、長野熊之允、山田市之允、周田半蔵、冷泉雅次郎、滝鴻二郎、三戸詮蔵、佐々木男也、楢崎八十槌、吉田栄太郎、野村和作らが次々に加盟し、総勢二五名を数えた。

御楯組の中心もまた、筆頭に署名した晋作以下、久坂、寺島、有吉、赤禰、品川、滝弥太郎、山田、冷泉、吉田、野村ら、いずれも村塾で机を並べた人びとであるが、その他はどのような人脈もしくは経緯から、この企てに参加したのであろうか。

滝弥太郎の弟鴻二郎と堀は、一年前の文久元（一八六一）年一二月、久坂ら村塾社中の呼び掛けで成立した「一燈銭申合」のメンバーである。松門では、寺島、品川、山田、野村がやはり申合に名前を列ねた。余白に小さく書かれた晋作は、当時萩におらず、将来の参加を期待されていたのであろう。申合の趣旨は、各人が毎月定められた筆耕料を持ち寄り互助救済の資とし、下獄のような緊急事態に備えようとしたものであり、攘夷に直接つながる実力行使ではないが、そうしたいわば救援組織が、やがて後の御楯組血盟のような団結に発展したことは、おそらく間違いない。

山県、周田、三戸らの大組士は、いずれも松陰の兵学門下生である。松島は松陰の古くからの友人であり、次妹寿《ひさ》の夫、つまり義弟小田村伊之助（楫取素彦）の兄でもある。晋作とは、江戸へ初航海をした丙辰丸の船長として出会い、ほとんど師弟関係にあった。佐々木男也は晋作と同じく学習院用掛、楢崎は久坂の友人であり、長野は前年冬に脱藩して国事に奔走した頃から、晋作を含めた松門の人びとと親しく交際した。

英国公使館焼討事件

「百折不屈夷狄《いてき》を掃除」する機会は、意外に早くきた。品川の西北、御殿山に建設中の英国公使館を焼討しようという計画である。晋作が、幕府が攘夷の勅を奉じながら、公使館を御殿山に新築するのを許してはならない。この地を獣の臭いのする外夷の汚すままにするのを、我々同志は断じて見過ごすことができないといったように、この焼討で前回の失敗を一気に挽回し、攘夷の貫徹を期したものである。外国公使襲撃の謀議に名前を列ねた品川弥二郎が風邪のため抜け、代わりに御楯組血盟の堀真五郎、それに長井雅楽暗殺策に関係した福原乙之進や松門の伊藤俊助（博文）が新しく加わっているが、中核をなす晋作、久坂、志道、大和、長嶺、有吉、白井、赤禰、山尾らの顔触れに変化はない。寺島の参加については、実際に放火した堀が、焼《やき》玉《だま》の材料の仕入や作成に寺島が関わったと証言しているが、現場にいたのかどうかは、もう一つはっきりしない。

焼討決行は一二月一二日の夜半と決まり、明け九ツ半（午前一時）に、前回と同じく品川の妓楼土蔵相模を集合場所とした。福原が桐炭と火薬を混ぜて作ったという焼玉数個を、火付役に選ばれた志道、福原、堀の三名が各二個ずつ懐に入れて出発した。晋作ら一〇名は、障害物の排除や警護の役人を切り払うなど、各々に役割を分担していた。公使館は、外部からの侵入を防ぐため周囲を空壕《からぼり》で囲み、またその中ほどに木製の柵が張り巡らされていたが、これを晋作が予め用意してきたノコギリで切り開いた。途中で遭遇した見回り中の番人は、抜刀した晋作の剣幕に驚いて逃走したため、彼らはやすやすと建物内に入り込み、用意の焼玉をふんだんに使って完成間近の公使館を全焼させてしまった。幕府の役人らが火消しを伴い騒々しく出張してきたのは、晋作らが四方に退散した後であり、あちこちの妓楼に陣取った彼らは、御殿山の消火活動を遠望しながら、盛んに勝利の酒を酌み交わし、快哉《かいさい》を叫んでいる。

英国公使館焼討が、長州藩激派の仕業《しわざ》らしいという噂は、事件の直後から囁かれ、捜査の手がいつ晋作らの身辺に迫るか分からなかった。幕閣との無用な摩擦を恐れた藩要路は、彼らを江戸から急遽立退かせることにした。志道、大和、長嶺らは京都へ、また久坂は水戸をめざすなど、各地へ次々と旅立ったが、晋作は、あえて江戸藩邸内に留まった。

亡師松陰の改葬

文久三年正月某日、晋作は、小塚原の墓地に眠る松陰の遺骨を掘り起こし、武州荏原郡若林村の大夫山《だいぶやま》に移して葬むることとした。小塚原は罪人の墓が並ぶ地であり、尊王の志士が眠るにはふさわしくないと考えたからである。改葬地に目されたのは、若林抱地と呼ばれる一万八三〇〇坪の広大な火除地《ひよけち》であり、早くから藩主の鷹狩りや静養の場所として使われていた。今の世田谷区若林、松陰神社の地である。なお、改葬は、松陰だけでなく、小塚原に眠る頼《らい》三樹三郎《みきさぶろう》や小林民部らの遺骨も一緒にすることにした。安政大獄で刑死した松陰と親しい人びとだったからである。

晋作の呼び掛けに応じて集まったのは、赤禰武人、伊藤俊助、山尾庸三、白井小助、遠藤貞一らである。直接話を聞いた品川弥二郎は正月五日というが、墓を管理する回向院の別荘常行庵主の目撃談では正月一二日の出来事という。幕臣五人がたまたま通り掛かり、頼三樹三郎の遺骨のかけらを乞うたエピソードを交えながら、泥土の中から骸骨《がいこつ》を掘り出し、丁寧に洗って一々茶の葉で包んだなどと、こと細かな様子を伝えており、それなりに信憑性が高い。いずれも数十年前の記憶であり、日時については はっきりしたことは分からない。ただ、正月松の飾りの取れぬ頃であったことだけは、間違いないだろう。

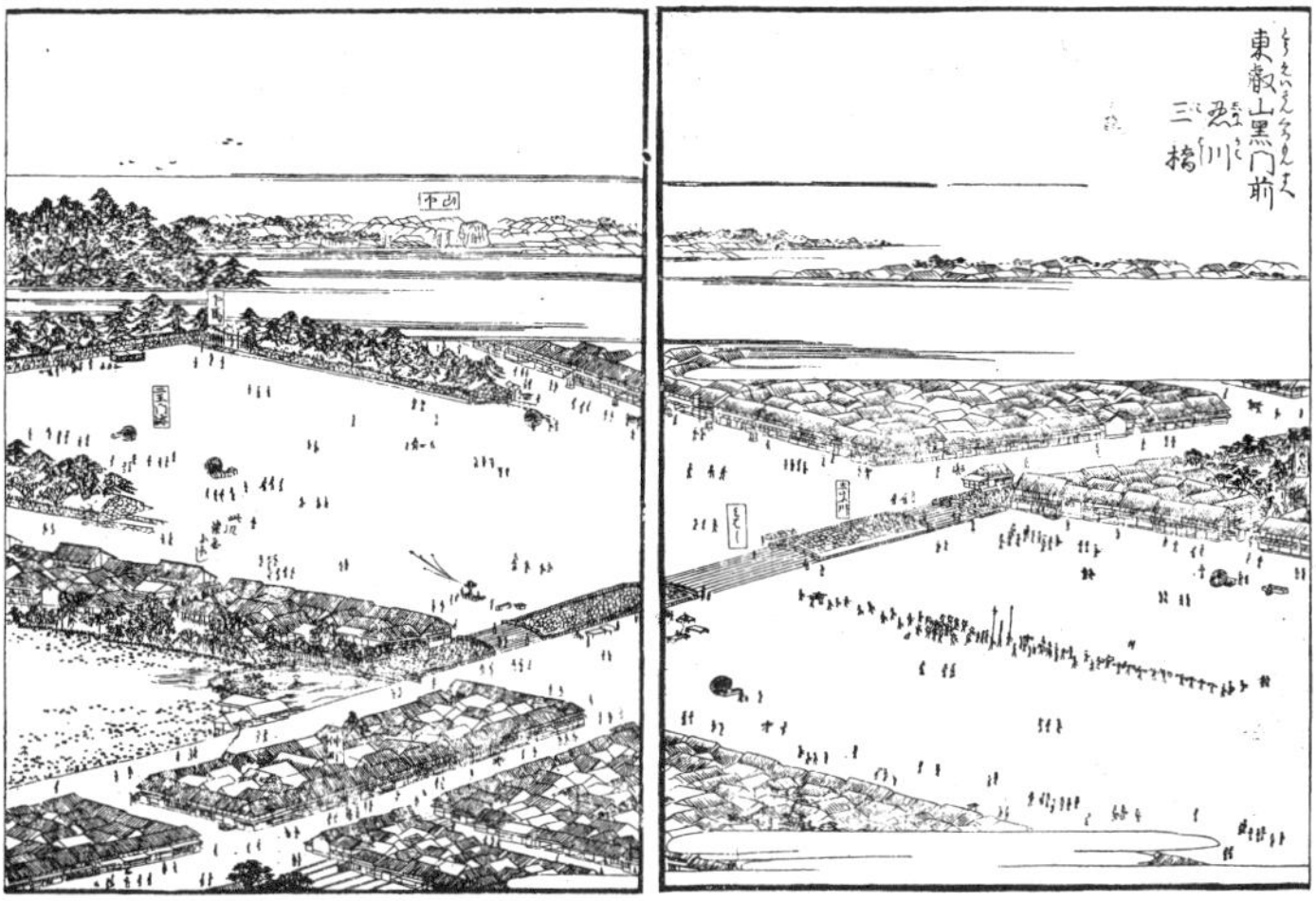

三橋の図（鈴木棠三・朝倉治彦校註『江戸名所図会』角川書店，所収）

この日、大将格の晋作は、騎馬で行列を先導したが、小塚原から若林村へ向かう途中、上野山下の忍川に架かる三橋に差しかかり、中の橋を渡ろうとして、番人に制止されている。将軍が東叡山へ参詣のさい必ず通るこの橋は、庶人を無闇に通さないところから、俗にお止め橋と呼ばれていたが、葬式の行列のような不浄なものはもっての外というわけである。怒った晋作が突然刀を抜き、「勤王の志士の遺骨を改葬するのに何を言ふか」（中原邦平「高杉東行の事蹟一斑」『防長史談会雑誌』第一巻一一号、四五頁）と大声を発したため、驚いた番人が逃げ去ったというのは、英国公使館焼討の一件で幕吏とのもめ事を極力避けていた人物にしては、あまりに大胆不敵な振る舞いでありすぎるが、行列の中にいた山尾が、あっという間に刀を振り回していたと証言しており、必ずしもウソではなさそうだ。話半分としても、思わず刀のつかに手を掛け威嚇したのは間違いないだろう。

正確な時期は分からないが、この頃、晋作は伊藤俊助と二人で、英学者手塚律蔵の暗殺未遂事件を起こしている。手塚は周防熊毛郡小周防《こすおう》村（現・光市小周防）出身の蘭学者であるが、早くから英学を学び、日本最初の英語テキストとなった「英吉利文典」の著者でもある。嘉永年間に本郷元町に又新《ゆうしん》塾《じゅく》を開いて教えていたが、間もなく佐倉藩に迎えられ、幕府の蕃書調所でも教授した。この手塚がある日、藩邸に現われ時事を論じたのが、晋作らの怒りを買ったものである。もと村医者の子という出自への軽侮《けいぶ》もあったようだが、それ以上に、手塚が長州人でありながら、いま幕府側の禄を食んでいるのが、あたかも裏切り行為のように見られたのであろう。欧米事情を丁寧に説明したのも、夷狄への阿諛《あゆ》追従《ついしょう》であり、生かしておけない売国奴《ばいこくど》というわけである。藩邸を辞して帰る途中、突然闇の中から切り付けられた手塚は、江戸城のお堀の中に飛込み、蓮の葉をかぶって辛うじて助かった記憶を語っているが、このときの刺客は晋作らであった。

5　上洛、激派の中心となる

京都へ上る

晋作が江戸に居座っていたのは、あくまで彼個人の思惑《おもわく》からであったらしく、この間、京都藩邸から来た上洛の要請にあれこれ理由をつけて従っていない。しびれを切らした世子定広は、ついに二月三日、直書を志道聞多に託しているが、それを見ると、旧冬から父小忠太、宍戸九郎兵衛、山田宇右衛門らを通じて、たびたび晋作の上洛を促していたようだ。「吾日夜憂慮此事に候、何の訴る事ありて早く不来哉」（「史料」一、一四五頁）、なぜ来ないのか日夜心配している、一刻も早く上洛して自分を補佐せよと、ほとんど懇願に近い上洛命令であり、さすがの晋作も重い腰を挙げざるを得なかった。

もっとも、すぐに京都をめざしたわけではなく、なおしばらく江戸に留まった。出発が遅れた理由として、いま新しい刀を注文しており、出来上がるのを待っているというが、後から送らせればすむことであり、単なる口実のように思えなくもない。

二月下旬、晋作はようやく江戸を発った。箱根の関所を駕籠のまま押し通ろうとして警護の役人から咎められ、「何、之は天下の公道だ」（前出『防長史談会雑誌』四五頁）と刀に手を掛けたというのは、このときである。政情不安の折柄、身元の怪しい旅人の往来に眼を光らせ、常時、数十名の役人が固めていた箱根の関所で、ことさら挑発的態度をとるなど、いくら乱暴者の晋作でも考えられない話であり、おそらく彼の豪胆振りを強調するための後人の創作であろう。

賀茂社行幸を見る

晋作が京都に着いて間もなく、三月一一日に天皇の賀茂社行幸《ぎょうこう》があった。これまで禁中の外に一歩も出たことのない天皇が、攘夷実行を祈願するもので、これを演出したのは、久坂玄瑞ら尊攘激派の人びとである。上洛中の将軍家茂《いえもち》と諸侯が供奉《ぐぶ》を命じられた華麗な行列であるが、これを晋作は大勢の群衆の中から見た。

将軍家茂が騎馬で差し掛ったとき、突然晋作が「征夷大将軍」（前出『防長史談会雑誌』四五頁、以下

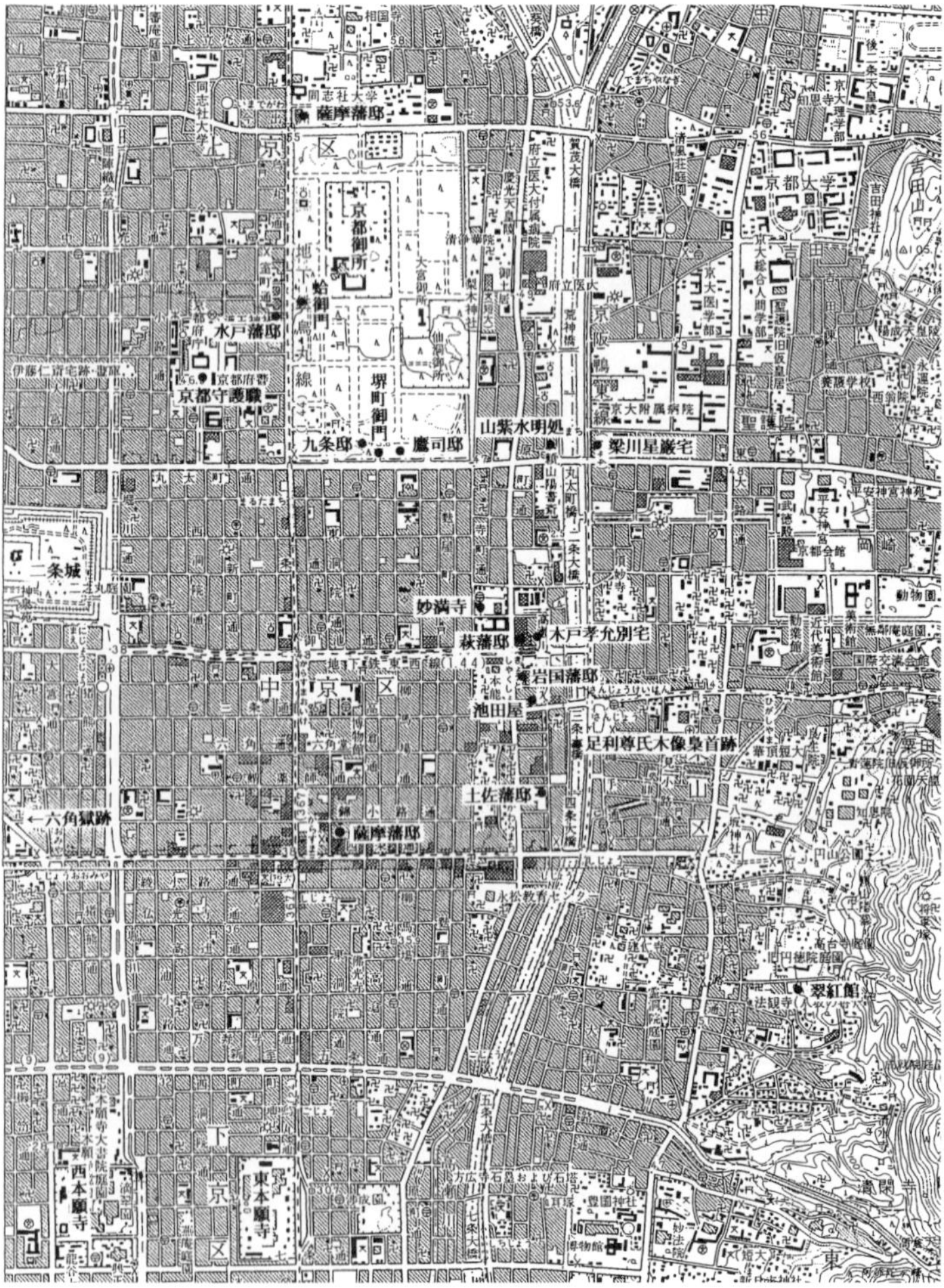

京都市街図（出典：国土地理院発行1：25000地形図）

同）と大声を発した。鴨の河原に陣取る晋作と将軍の行列との距離は、僅かに四、五間、一〇メートルもなかったというから、目と鼻の先で叫んだことになる。当然のように、この声は馬上の将軍の耳に達し、お供の侍たちが思わず色めき立ったが、一般群衆に紛《まぎ》れていたとはいえ、時の将軍を揶揄《やゆ》するような発言そのものが、一昔前では考えられない破天荒の出来事であった。「将軍でかした」「将軍旨《うま》い」などと叫んだという言い伝えもあるが、真偽はともかく、そのようにいう晋作の眼中には、すでに将軍も幕府もなかったということであろう。

一〇カ年のお暇を願い出る

京都での晋作は、藩邸に入らず、ほど近い三条通の萩藩御用となっていた旅宿に滞在した。即今攘夷を掲げながら、いまだに公武周旋をいう藩政府の姿勢にははなはだしく失望した彼は、不満をぶつける相手もいないまま、悶々とした日々を送っている。

鬱屈した気分を持て余したのか、京都に来てから連日、遊里へ出入りしており、ある日、松門の同窓、入江杉蔵・野村和作の兄弟から妓楼や旗亭への出入りを厳しく咎められた。二人の言うには、君公父子が国事に尽力し、朝廷もご憂慮されているこの非常時に、酒や女遊びにうつつを抜かしていてよいのか。今後は遊里へは絶対に足を踏み入れないことを約束せよ、違反すれば詰腹を切らせる盟約に署名せよと迫ったが、晋作は、自分はすでに尊王攘夷に一命を捧げる覚悟であり、現にそのように行動してきた。そもそも切腹を恐れ女郎買いもできないような軟弱漢に、どのような大事ができるというのか。今からすぐ妓楼に行くのだと称して立ち上がったという。いかにもわがまま一杯、八方破れの晋作らしい反応である。

藩士ではあるが、一切の役職を辞して処士の身分となる、これを向こう一〇年間認めて欲しいというのは、京都に着いて間もなく願い出たものらしく、三月一五日、学習院用掛の任務を解き、一〇カ年間の賜暇を認める沙汰があった。「十分精神を尽し、皇国之御為御奉公可仕候事」(『史料』一、一四七頁)というのは、晋作の願書の趣旨をそのまま写したものであろう。

同月一九日には、世子定広の宿舎、藩邸から遠くない寺町筋にあった妙満寺(現・左京区岩倉幡枝町)内の一院に住むことを認める沙汰が追加されるなど、お暇を願い出た者に対しては破格の待遇であるが、視点を変えれば、晋作を野放しにすると何をしでかすか分からない。であれば、居所をはっきりさせ、その行動を絶えず見張る方がよいのではないかと判断したようである。もともと一〇カ年のお暇を願い出た動機が、いわゆる隠遁生活とは似て非なるものである。それどころか、まさに行動を起こすための便法であった。藩がやらなければ自分が先鞭をつける。そのために、藩に関わる一切のしがらみを離れた自由な立場こそ、このさい不可欠であると考えていることは、重役連中には、およそ見当がついていたからである。

将軍襲撃を企てる

一〇カ年間の賜暇を得たその日、晋作は寺内で剃髪し、名前も東行《とうぎょう》と改めた。北面の武士を辞した僧西行を真似た命名であることはすぐに分かる。東をめざすというのは、京都で国事に尽くす、すなわち尊王攘夷に他ならないが、もっといえば、江戸へ攻め上ることを暗にほのめかしていたのであろう。頭を丸めたのは、それだけ自由の身になったという明快な意思表示であるが、そのことを裏書きするように、この頃晋作は、二条城にいた将軍家茂の襲撃を企てている。三〇〇〇の兵を伴った今回の将軍の上洛は、攘夷期限の決定などの国事はすべて幕府の権限であることを認めさせるための、いわば示威行動であったが、尊攘激派の活躍により朝廷工作は一向にはかばかしく進展せず、しびれを切らした将軍は近く江戸へ戻るという噂があった。叡慮奉《えいりょほう》戴《たい》を約束した将軍を擁して、このさい一気に攘夷実行を考えていた彼らにとって、これは大なる誤算であった。晋作らは、もし東帰決定となれば、御所から帰る途中で、将軍を襲撃しようと考えた。警護の供侍たちの多さからみて、これはほとんど生還を期しがたい危険な企てであった。「初め予憤激するところあり、血盟事を興さんと欲す。諸同志遅疑《ちぎ》多し」（『全集』上、二五二頁）と言うように、すぐに衆議一決したわけではなく、計画の危うさを疑問視する声も少なくなかったが、入江杉蔵が率先して賛成、逡巡する人びとを一緒に説得したらしい。

三月二二日、藩邸に集まった肥後藩士二名をふくむ計一一名は、参内《さんだい》した将軍の東帰勅許の有無を確かめ、もし届け捨てのまま京都を去る、つまり違勅となれば、これを路上で襲撃することを決め、関白鷹司《たかつかさ》邸に集まり、出撃の機会をうかがっていた。この計画は、藩重役に知られないように密かに進められたが、かねて晋作らの理解者であった周布政之助のみは、その内容をあらまし知っていたようだ。というのは、鷹司邸へ向かう途中、一行はまず周布を訪ねており、首領格の晋作がよく斬れる刀を欲しいと乞うているからである。周布は奥から立派な一口《ひとふり》の刀を持ち出し、いきなりヤスリで刀に刻まれた一文字に三つ星の模様、すなわち毛利家の家紋を削り取ってしまった。つまり、これは藩主から拝領の品であった。この刀を晋作に手渡しながら周布は、心置きなく往け、自分もまた面を覆うて君らの後に続くつもりだといったというが、これは壮途への餞《はなむけ》のコトバというより、むしろアジテーションそのものであろう。襲撃が行われれば、幕府側の反撃は必至であり、現に周布は、直ちに藩邸内の武器をすべて集め、炊き出しを命じている。晋作らの企ては、もはや秘密でも何でもなく、ほとんど藩ぐるみのものとなっていたことが分かる。

将軍東帰は延期となり、晋作らの計画は未遂に終わったが、一旦燃え上がった決死の感情を冷まし、平常心に戻るのは容易ではなかったらしく、この後、晋作の遊里通いは一層激しくなった。襲撃グループの一員であった堀真五郎は、そうした晋作について、「大ナル坊主笠ヲ被《かぶ》リ腰ニ六七寸ノ短刀ヲ吊《つる》シ酒ニ酖《マ》酾《マ》シテ市街ヲ横行シ傍若無人ニシテ恰《あたか》モ狂者ノ如ク諸友ノ忠告ヲ一ツモ容《い》ルル所ナシ」(『伝家録』四九～五〇頁)などと回想している。この頃、晋作と一番親しく、いつも行動を共にしていた堀の言葉だけに説得力があるが、そのいかにも奇矯、怪しげな行動からして、いつ似たような事件が起こっても不思議ではなかった。頭を悩ませた藩邸の重役連が、いろいろ協議した結果、このさい彼を国元へ送り帰してしまおうとしたのも、大いに納得がいくところである。

萩城下へ戻る

一〇年間賜暇中の晋作に対し、その行動をあれこれ指図することは難しく、先輩や友人を通じて帰国を勧めるしかなかった。もっとも、この話を晋作は、頑として受け付けず、結局、藩邸から頼まれた堀が半ば強制的に連れて帰ることになった。旗亭で何度も酒を酌み交わしながら説得し、一緒に帰ることをどうにか承知させたが、約束の日が来ても晋作は一向に腰を挙げようとせず、再三督促してようやく大坂まで来た。ここでもまた、酒楼に入り浸《びた》りになり数日間を費やしている。結局、船に乗ったのは、三月晦日《みそか》のことである。この間、豪遊を重ねたため、二人とも旅費をほとんど遣い果たし、船中は酒も肴もない侘《わび》しい旅となった。富海港に上陸し一泊したが、宿料に茶代を払うと、それこそ一文無しとなってしまった。宮市の豪商岡本三右衛門に泣き付き、酒肴をご馳走になった後、若干の旅費を借り、何とか萩へ向け出発した。金二両を手にした堀は、「茲《ここ》ニ初メテ暴富ノ思ヒアリ」（『伝家録』五一頁）、急に大金持になったような気がしたというから、よほど嬉しかったものと見える。駕籠を雇ったのは、借金中の身でいささか不謹慎な気もするが、一刻も早く萩城下へ入りたかったのであろう。家に戻ったのは、四月一〇日の夕方のことらしい。

護国山麓に隠棲

家族に再会した晋作は、すぐに菊屋横丁の生家を出て城外松本村弘法谷に移り住んだ。「草庵は近く漢山の峰に在り。渓水屋を繞《めぐ》り窓江に臨《のぞ》む」（『全集』下、四三七頁）と詠んだように、萩指月《しづき》城の東方に見える唐人山の一角、実は護国山の南麓、谷川の水が流れる景勝の地であった。松陰の誕生地や杉一族の墓が並ぶ団子岩からすぐの場所である。この地をわざわざ選んだのは、在京の久坂・寺島両生へ、「此節ハ松陰先師之墓下ニ草堂を借得、幽栖在候、先師之遺玉読過候、頭毛ノ伸迄勉強仕候落着ニ御座候」（『史料』一、一五〇～一頁）と書いたように、少しでも亡師松陰の眠る墓の近くに居を構え、その著作をじっくり読みたいと考えたからである。

結婚後三カ月余の万延元年閏三月末、軍艦丙辰丸で江戸へ発った晋作は、一一月中頃、関東遊歴を挟みながら萩へ戻り、約八カ月間在宅したが、翌年七月一〇日には、再び世子小姓役として出府し、そのまま各地を転々としており、この間、一度も萩に戻ったことはない。つまり数年ぶりに帰国した

護国山麓の草庵跡（萩市椿東）

ことになる。せっかく家族団欒《だんらん》の機会を得た晋作が、なぜ家を出て山中のあばら屋に隠棲しなければならないのか。晋作自身は、一切の公職を離れた処士の身分を考慮した。つまり藩庁への遠慮からあえて隠遁生活を始めたように言うが、どこまで本心であったのかは疑わしい。静かな環境の中でしばらく読書三昧の生活を送りたいというが、山中の家には、妻まさを伴っており、結婚以来、初めての夫婦水入らずの生活となった。あるいはこれが、本当の狙いであったのかもしれない。

隠棲中にもかかわらず、弘法谷の晋作の元には結構いろんな人が訪ねて来ており、また手紙の往復も小まめに行われている。多くは村塾の関係者であるが、松陰の兄、杉梅太郎とはとくに親しかったらしく、いま楢崎弥八郎が遊びに来ているが、もし都合が宜しければ顔を見せて欲しい。そのさい、ぜひ酒肴をお願いしたいというかと思えば、「先夜は満酔甚失敬仕候、講孟余話御持せ落手仕候、速ニ閲了呈上仕候」（「史料」一五一頁）、酒宴が盛り上がり酔いに任せて失礼した、お借りした松陰先生の遺著「講孟余話」は、すぐに読了したなどと書いており、かなり頻繁に往来していたことが分かる。五月二〇日付の久保清太郎宛手紙では、明倫館で新刀を大量に発注する話を聞き付け、自分も一口《ひとふり》入手したいが、せっかくだから二尺五寸（七五センチ余）以上の長刀が欲しい。価格は高くても一向に構わないなどと言っている。浪人中、正確には一〇カ年賜暇中の身をはばかり、久保の名義で注文したものである。世捨て人となり、隠棲中の環境の晋作には、もはや刀など必要ないように思うが、わざわざ戦場でもっとも役に立ちそうな長刀を欲しがるぐらいだから、いつでももとの生活へ戻る気持ちが十分にあった、今はそのために体力、気力を充実させる時期だと考えていたのかもしれない。

ところで、その機会は意外に早く来た。五月一〇日に始まった馬関攘夷戦が、必ずしも期待したような戦果につながらず、しだいに敗色濃厚となりつつあったからである。長刀の発注そのものは、第一次攘夷戦、アメリカの商船ペンブローグ号へ対する砲撃の報が伝えられた頃であり、まだ長州側の一方的な攻撃でしかないが、戦況の如何《いかん》にかかわらず、近いうちに藩政府からの召し出しがあることを確実に予想し、その準備を密かにしていたように思われる。隠棲生活の開始から、まだ僅かに二カ月が経つかたたないかの時期であった。

第七章　奇兵隊開闢総督高杉晋作

1　馬関攘夷戦の敗北

晋作の登用

馬関攘夷戦は、攘夷実施の期日と定められた文久三（一八六三）年五月一〇日に始まった。この日の夕方、馬関海峡にさしかかり、潮待ちのためしばらく停泊していたアメリカの商船ペンプローグ号に対し、長州藩軍艦の庚申丸《こうしんまる》と癸亥丸《きがいまる》が夜襲を企てたものである。不意を衝かれたペンプローグ号は、何発かの命中弾を受けたが、さしたる損傷もなく、そのまま外洋へ逃れた。二三日にはフランス海軍の報知艦キンシャン号、二六日にはオランダの軍艦メジュサ号が、やはり突然に砲撃された。いずれも長州側が一方的にしかけた攻撃であり、沿岸に並ぶ砲台の協力もあって、それなりの戦果を挙げることができた。これを藩内では、攘夷戦の成功というふうに単純に受けとめ、快哉《かいさい》を叫んだ。

もっとも、その反動はすぐにあった。馬関攘夷戦のニュースはたちまち列強各国に広く知れ渡り、これ以後、馬関海峡を通過する外国船は、長州側の攻撃を予想し、戦闘準備を整えてやって来た。六月一日に馬関海峡に現われたアメリカの軍艦ワイオミング号は、先のペンブローグ号の報復のため、万全を期して来襲したものであり、出撃した癸亥、庚申、壬戌丸《じんじゅつまる》の三艦に沿岸各地の砲台が加わり、猛烈な砲戦が行われた。一時間余に及ぶ戦いの間、ワイオミング号の発射した砲弾は五五発、ほとんど

壇ノ浦砲台跡（下関市みもすそ川町）

攘夷戦で使用された弾丸（東行庵蔵）

ど一分間に一発という猛烈な速さで射ちまくっており、長州側に甚大な損害を与えた。庚申、壬戌の二艦は撃沈され、また癸亥丸は大破した。長州藩海軍の虎の子の三艦が、この一日の海戦ですべて消滅したわけである。被害は市街地にも及び、砲火に焼かれた家も多く、とうぜん死傷者も沢山出た。

占領された前田砲台（ベアト撮影）（横浜開港資料館蔵）

　彼我《ひが》の火力の差があまりにも違いすぎたのが勝敗を分けた最大の理由であるが、激しい戦闘の中で、アメリカ側が無傷であったわけではない。一時間余の艦砲射撃の間に、ワイオミング号もまた二十数発の敵弾を受けており、その損害状況は、「其十弾は舷《げん》を破りて六大孔を穿《うが》ち、若《も》しくは煙突を破り、八弾は前檣《ぜんしょう》及び中檣を傷け綱具を断てり。死傷の総員数は十名にして、四名は即死、二名は負傷後死没、二名は重傷、二名は軽傷なり」（末松謙澄『防長回天史』第三編下、二七一頁）などというから、敗北を喫したとはいえ、長州側が意外に善戦したことが分かる。

　六月五日には、フランスの軍艦セミラミス号とタンクレード号が先のキンシャン号の報復のため来襲した。猛烈な艦砲射撃で各地の砲台を沈黙させた後、陸戦隊二五〇余名が上陸し、圧倒的な火力を背景にしながら、長州藩兵を随所で破った。前田村に侵入した一隊は、砲台を破壊し火薬や弾丸を海中に投棄するだけでなく、前田全村二十余戸を焼き払っており、長州側の完敗であった。

この間、総奉行毛利宣次郎が率いる馬関防衛の本隊は、砲火を避け陣地を移動させるだけで、前線への出撃命令を出していない。つまり、戦場に駆け付けず、ひたすら傍観する態度をとったから、戦後、その消極的な采配ぶりが批判された。隠棲中の晋作への期待がふくらみ、その突然の登用が浮上したのは、まさにこのような時期である。

ワイオミング号との戦いで惨敗した三日後の六月四日、早くも藩政府は、晋作を父小忠太の育《はぐく》みとするとの沙汰を下した。その趣旨は、沙汰書が言うように、出府中の亡命騒動や神奈川での外国公使襲撃計画、その後の京都での行状など、お咎めを受けるようなことは多々あるが、寛大なご処置で不問に付されてきた。そのことを十分弁《わきま》え神妙に暮らすように命じたものであるが、本当の狙いは、このさい一〇カ年の賜暇を取り消し、晋作を改めて召し出すための手続きである。同日、山口政事堂にいた藩主父子の元に出頭するように沙汰があったのは、そのためである。初め晋作はこれを固辞し、このまま隠遁生活を続ける姿勢を崩さなかったが、両親に説得され、翌五日、山口へ向かった。

奇兵隊結成の建白

藩主父子や居並ぶ重役連の前で晋作は、馬関防禦に関する効果的な解決法は何かとの下問に、「新軍編成の策を以てす其意勇敢果決専ら寡を以て衆に当り奇を以て勝を制せんとするの隊伍を成さんとする」（前出『防長回天史』二八四頁）、馬関の防衛には、このさい思い切った措置、すなわち新軍編成を断行するしかないと主張した。連日、敗北の報しきりで何らなす術もなく、お手挙げ状態の藩政府にかくべつ異論はなく、馬関の防禦についてはすべて一任のお墨付きを与えられた彼は、翌日、若殿様御前詰に任じられ、すぐに赤間関へ発った。馬関総奉行手元役来島又兵衛の相役となり、互いに協力して新軍編成を軸にした沿岸防禦の策を作成するためである。早くも二日後、六月七日に発表された奇兵隊の創設が、それである。

同日付で山口政事堂へ提出された稟請書《りんせいしょ》によれば、一、奇兵隊は有志の者の集りであり、身分の上下を問わず、もっぱら力量を重んじる堅固な隊にしたい。一、伺い等はすべて書面で提出するので、直接御前へ達するようにして欲しい。一、世禄の士卒や役職に就いている者でも、希望があれば受け入れる。一、個々の戦闘のさい、隊士の勇怯を明らかにした日誌を作成して、各人の賞罰を身分に関係なく速やかに行う。一、戦闘技術は、和流や西洋流の如何《いかん》を問わず、各自が得意の武器をもって参加するなどである。

萩城外の山中に隠棲中の晋作が突然藩政に復帰して、すぐさま新軍構想を打ち出したのは、いかにも唐突であり奇妙な感じがするが、必ずしもそうではなく、この構想は早くからいろんな人びとによりさまざまな形で議論されていた。つまり、晋作のオリジナルではない。では、一体彼は、どのようにしてそうした構想を自らのものにしたのか。奇兵隊の登場に至る背景もしくは経緯について、以下、その大要を見てみよう。

2　奇兵隊構想の背景

封建軍制の補助としての農兵

平時は農民として田畑を耕し、一旦緩急あるときは武器を取って兵士として戦うという発想は、古代中国の遠い昔にさかのぼる。たとえば屯田兵の制度であり、わが国の武士の起こりでもあるが、江戸時代、とくに内憂外患が深刻化した幕末期には、既存の武士団を中心にした兵力では間に合わない事態が多々起こった。三方を海に囲まれた長州藩のごときは、海から不時にやって来る外夷を討ち払う、つまり攘夷を実行しようとすれば、世禄の武士団、士卒を合わせてたかだか五、六〇〇〇人の兵力では、どうにも対処できない。不足を補おうとすれば、一般庶民、なかんずく全人口の九割以上を占める農民の有志に期待せざるを得なくなる。正規軍を補う予備兵という形ではあるが、農兵が新しい戦力として浮上したのは、しごく当然の結果であろう。

長州藩における農兵は、嘉永二（一八四九）年四月、萩沖の海上に浮かぶ見島《みしま》の防衛強化の一環として登場した。萩城下から遠く離れた位置関係から、外夷の侵攻、最悪の場合には占領を予想した藩政府は、見島軍用方を置き、島内の三カ所に砲台を設けて防禦を固めたが、萩城下から派遣された士卒は少数であり、常駐する兵力一七〇名は、農漁民の中から身体強健な者を選んで充てた。安政五（一八五八）年の藩軍用主事の報告に、「士兵百七十人精勤練熟し、垂髫《すいきょく》の童と雖《いえど》も粗《ほ》ぼ火技を善くす。一島数百人皆同心一致し無事なれば則ち耕し、事有れば則ち戦ひ誓うに必至を以てす。農兵屯田の制国家の一盛事と謂《い》ふべし」（『萩市誌』一七四頁）とあるのが、その陣容や訓練の一端を伝えてくれる。

ところで、幕末期の農兵論は、当代の政治青年たちに一時期バイブル視された会沢正志斎《あいざわせいしさい》の「新論」に、典型的に見ることができる。形勢篇で世界情勢を分析し、虜情篇で西洋列強の侵略の歴史を説き、守禦篇で外敵を防ぐ軍事策を案ずる会沢は、外敵に備えて武士の土着をいうだけでなく、一般庶民の中から広く人材を募って農兵とする新しい軍隊組織を作り出そうとした。ただ、この場合、防衛の中心はあくまで武士であり、農兵はその周辺で、予備や補充の兵力として存在するにすぎない。この基本スタイルは、幕末諸藩にやがて登場する大小の農兵論にほぼ例外なく共通している。

村田清風の農兵論

長州藩では、天保改革の中心となった村田清風が、「新論」の農兵論に学びながら、一層具体的な主張を展開している。「土着の法は、士卒禄の半或ハ三ケ壱を土地にて配り与へ、事無き時ハ力耕を事として、有事ハ刀槍火技其人々の習熟に任《まか》すへし」（『村田清風全集』上巻、三四六頁）、士卒の俸禄の半ばもしくは三分の一を土地で給付し、平時にはこの土地を耕し、非常時には武器を取って戦う。萩城下に集中する家臣団を領内全域に分散・土着させようというのだが、これを各人の自由に任せるのでなく、藩政府が主導して、各郡ごとに一〇〇名から二〇〇名を計画的に配置しようとする。不足する兵力は、「農商といへとも、願の上差免され、銃砲稽古仰付らるへきか、僧徒社人も苦《くるし》からす事なるへし」（同前書、四六三頁）というように、一般庶民の有志に期待した。黒船ショックへの緊急避難的な措置とはいえ、武士の土着に加えるに、農商民の武装をいうのは、封建軍制のあり方を根本から揺るがす主張であったから、実施に移されるまでにそれなりの曲折があり、一定の時間を要した。萩沖見島の農兵が、そのいわばテストケースであったことは、容易に想像されよう。

防長二国に住む五十万人の士民すべてが立ち上がれば、夷狄が何百隻の船で何千、何万人押し寄せて来ようとも、びくともしないという観点から、士庶の別や老若男女を問わない攘夷戦への参加を主張して止まなかった清風であるが、そのさい、防禦ラインの主役はやはり土着の武士団であり、農兵はこれを周辺から支え、補助するものとして、いわば二次的に評価されたにすぎない。攘夷貫徹のため、挙藩一致体制の確立をいうものの、それはまだ上から一方的に主導された、まことに不徹底かつ中途半端な主張でしかないが、これを一歩ずつ確実にクリアーしつつあったのが、少し遅れてやって来た僧月性《げっしょう》である。

僧月性の国民皆兵思想

ペリー来航に触発され世に出た最初の建白、おそらく嘉永六(一八五三)年末から翌年春に書かれた「内海杞憂」(『月性』一四四~五頁)の中で月性は、⑴大義を述べて士気を奮わす、⑵兵制を変えて民に戦いを教える、⑶団練を結んで農兵を養う、⑷大砲を鋳造して奢侈を止める、⑸火薬を製造して軍用に供するなどの五策を提唱した。

海防問題において、もっとも大切かつ緊急なのは、国家が人民すべてに大義を教えることである。西欧列強はキリスト教を奉ずる野蛮な国で、しばしば来る真意は、わが国を侵略し民を奴隷にしようとすることである。彼らが他国を奪うときは、兵力だけでなく、妖教をもって民心を惑わし、金銀の利欲で愚民を誘う。その邪悪な目的や狡猾なやり口は、まさしく皇国の賊、わが君の敵であり、断然これを滅ぼすべきである。皇国に生を享《う》け、わが君のお蔭で暮らしている人民すべてが命懸けで国に報い、一人残らず武器を取って戦う覚悟が必要である。要するに、なぜ夷狄と戦うのか、その理由を丁寧かつ分かりやすく教えようというのである。

人民すべてが大義を知ったならば、次に剣槍銃砲などの習練や具体的な戦闘法を教える。農工商漁の希望者すべてにこれを許すが、その規模は百軒の村ごとに壮丁二五人を募集して一組とし、五組を集めて一隊となし、才能ある者を選んでその長とする。訓練は毎月一日と一五日の両度、小銃・大砲の操作や軍事調練、兵船の襲撃法などについて行う。

人民の多くが戦いの法を習得して隊伍を編成し、有事のときは武器を取って戦い、平和になれば田畑に戻って耕す、古くから知られている屯田兵の制度であるが、清風の主張と異なるのは、月性がこの制度を非常の変に備える一時の策でなく、「実ニ万世衛国ノ良法ナリ」(同前書、一四六頁)、未来永久に国を護る新しい兵制として定着させようとしたことである。軍事のプロフェショナルとしてのサムライ階級の存在を否定しないまでも、すでにその役割が終わったことを実感した国民皆兵の構想であった。

ところで、晋作はこうした主張を、いつどこで耳にしたのだろうか。村田清風との関係は、彼の師松陰の世代までであり、直接清風の謦咳《けいがい》に接したことはないが、僧月性とはたびたび会って、その激烈な議論を聞いている。海防五策の一で、月性は防長二国の民心を奮わすために、大義を説く講談師の村々への派遣を提唱したが、その最適任者が月性その人であったことは言うまでもない。現に彼は、ペリー来航の頃から自らが住む妙円寺だけでなく、藩内全域へ出掛けていわゆる法談、実は海防談を説くようになるが、萩城下にもしばしば現われた。安政二（一八五五）年四月四日から一〇日まで松本村の明安寺、また九月一七日には、萩堀之内の益田邸、翌三年四月六日から一三日まで、西田町の清光寺などで講筵《こうえん》を設けている。

間もなく本願寺公用で上洛した月性は、一年余不在であったが、帰国した翌年の春には、以前をむしろ上回る活発な講筵活動を再開した。安政五年二月一六日、萩城下に現われた月性は、一八日まで玉江の光山寺で法談を行った。二月一九日付の松陰より月性宛手紙に、「上人大いに講筵を開かれ候由に付き、松下の童子二三十拝聴に罷り出で候なり」（『吉田松陰全集』第八巻、三八頁）とあり、また二月二八日付久坂宛手紙に、「先日より月性法話に付き、塾中会を廃し童子皆赴きかしむ。昨日法話終る」（同前書、四二頁）と報じたように、この間、松陰は村塾の授業を中止して、塾生たちに月性の法談を聴講させている。光山寺の法談は、数日間で終わり、二七日には城下の某所、おそらく叔父大敬の泉福寺で法談を行っている。松陰の言うとおりならば、塾生たちは、光山寺から月性に随従して、ここでも聴講したことになる。

月性の法談の大きな影響力を知った晋作は、「強兵之本」を論じて今日の急務は、何よりも防長二州の人心を一にすることであるが、そのために月性を招いて一日城内大臣の家で寄組以上の人びと、また一日城下の清光寺で士庶一般に聴講させれば、数年のうちに上は大臣から下は一般庶民まで、藩内すべてが大義を知るようになるというが、これはおそらく、月性の講筵に出席した彼の実体験からきた発言であろう。

松陰の草莽崛起論《そうもうくっき》

晋作の学んだ村塾の師、松陰の交際範囲は士農工商、老若男女のすべてに及んでおり、とうぜんのように、村塾の教育もまた身分、年齢、性別など一切を問わなかった。松陰において、士庶の別は封建的な身分関係というより、むしろ職掌や役割分担の違いを大して出るものではなかった。たとえば君主を補佐する大臣を選ぶさい、一門家老に人がいなければ寄組に取り、寄組に人がいなければ大組に取り、大組に人がいなければ、徒士・足軽に取り、あるいは農工商民に取っても構わないと主張しており、サムライ階級内部の尊卑の序だけでなく、四民の別そのものがすでに相対化されつつあったことが分かる。文武の奨励や勤倹など藩政改革を成功させるために、上に立つ為政者の率先垂範が不可欠であるという観点から、藩主にその居城を出て仮住まいし、家来の数を百分の一に減ずるように勧めたのも過激であるが、政務を執る群臣に向かい地面に坐って国事を議し、雨が降れば蓑笠をつければ宜しいというのは、多分に比喩的であるが、現体制を村の政治のあり方に類推する大胆極まりない発言である。サムライ身分を三民の長どころか、百姓や町人並みに見ていたことを示すものであろう。

ところで、先祖代々毛利家の禄を食《は》むサムライ階級の一員であったためか、農兵に関する松陰の主張は、必ずしも歯切れがよくない。事実、安政五年九月二四日の「西洋歩兵論」では、藩内におよそ一〇〇〇人いる大組士の主導の下に足軽以下農兵を計画的に配置する。百人中より一人を選べば、防長二国で二五〇〇名の農兵が確保できる。彼らを平時より訓練して精兵にすれば、長州藩の戦力アップは間違いない。「八手（大組）へ各々足軽・御中間・農兵等を附属」（『吉田松陰全集』岩波版、第五巻、四一〇頁）させるなどと言われるように、農兵はあくまで世禄の家臣団より成る正規兵の予備・補充としての役割しか認められていない。その意味では、清風の唱えた農兵論と基本的に異なるところがない。ただ、こうした考え方に松陰自身がしだいに疑念を抱き、やがて納得しなくなるのに、大して時間はかからなかった。

当初、長州藩主導、藩ぐるみの決起をめざした松陰も、最晩年、野山再獄の頃には、そのあまりに過激な言動のため、しだいに四面楚歌となり、藩の軍事力はおろか、その主体となるサムライ階級にもほとんど支援を期待できなくなった。従前の関係やしがらみを一切断ち、村塾に会する少数の人びとを決起の中心にしながら、広く天下に遊説して同志を募り、一人が十人を教え、十人が百人を教え、千人万人とその数をしだいに増やしていくことを考えたのは、しごく当然であろう。「草莽崛起《そうもうくっき》、豈《あ》に他人の力を仮《か》らんや、恐れながら、天朝も幕府・吾が藩も入らぬ、只だ六尺の微躯《びく》が入用」（『吉田松陰全集』第八巻、三二一頁）とは、封建的な割拠や身分制秩序を捨象した草莽の民、日本国中どこにでもいるごく普通の人間の存在や働きに注目したものであり、また「百姓一揆にても起りたる所に付け込み奇策あるべきか」（同前書、二六四頁）とは、既成の権威や秩序に抗する民衆的エネルギーの爆発力を高く評価したものである。まだ未成熟ではあるが、百姓や町人など一般庶民を組み込んだ草莽崛起の世直し軍の構想がしだいに具体化しつつあった。いずれも晋作の奇兵隊を先取りする、その登場をい

光明寺（下関市細江町）

わば確実に予告する主張であったことは、おそらく間違いない。

3　奇兵隊とはどのような軍隊か

光明寺党が母体となる

文久三（一八六三）年四月一六日、攘夷期限の五月一〇日決定を知った久坂玄瑞は、在京中の同志三十余名を語らって帰国した。馬関へ急行して、この地で早晩始まる攘夷戦に参加するためである。長泉寺（竹崎町、のち西南部町の専念寺）と光明寺（細江町）の二カ所に駐屯し、本営を光明寺としたところからくる、いわゆる光明寺党、別名有志組の登場であり、七卿の一人、侍従中山忠光《ただみつ》を党首に迎えたが、実質的な指導者は久坂である。発足当初の兵力は、せいぜい数十人程度でしかないが、やがて諸方から馳せ参ずる者が後を絶たず、一時は百余人を数えたという。久坂をはじめとする岡部富太郎、赤禰武人、入江九一、吉田栄太郎ら松門の同窓が主体となり、諸藩脱走者の参加も少なくない。『防長回天史』が、「是れ実に他日奇兵隊組織の根源なり」（第三編下、一二三九頁）というように、その一半は、間もなく登場する奇兵隊の母体となった。

六月七日、奇兵隊の構想が発表されて僅か三日間で応募者は、早くも数十名に達した。革新派公卿姉小路公知暗殺を聞いて急遽上洛した久坂やその与党を除く光明寺党の「有志之士六十人」が、ほとんどそのまま馳せ参じたためである。奇兵隊創設を建白した晋作の頭の中に、すでに攘夷戦で活躍した光明寺党が原型としてあり、これをいわば公的に認めさせる、つまり藩権力を背景にしながら、よ

白石正一郎宅跡（下関市竹崎町）

赤間神宮（旧阿弥陀寺・下関市阿弥陀寺町）

り強力な軍隊組織に編成しようとしていた。単なる有志の集合体、私的な党派からの脱却、これが光明寺党に結集した久坂ら村塾グループ全体の願いであったからである。奇兵隊本陣が、初め光明寺党のパトロン的存在であった馬関の豪商白石正一郎宅に置かれ、彼自身も弟廉作とともにいち早く入隊したのも、そのことを裏書きしてくれよう。

諸隊の先駆、士庶の有志が結集する

馬関攘夷戦が証明したように、門閥世禄の士は、眼前の危機的状況を突破するのにまったく役立たないという現状分析から、士庶を問わず、もっぱら強健の者を集めて一隊を編成したい、有志の者であれば、誰でも受け入れようとしたのであるが、隊編成に関わる基本綱領の第一では、「藩士・陪臣・軽卒不撰、同様ニ相交り」（『史料』一、一五七頁）というように、入隊資格をサムライ身分に限り、農工商の一般庶民に門戸を開くとは言っていない。もともと建白が封建軍制の根本を揺るがせるような内容であり、藩要路や世禄の家臣団をいたずらに刺激したくなかったことが、その最たる理由であろう。

とはいえ、これは単なる建前でしかなく、実際には一般庶民からの入隊が相継いだ。当初から農商民を拒まなかったのは、豪商ではあるが、町人身分の白石兄弟が、即日入隊したことで分かるが、隊員の身分構成を見ると、そのことは一層明白である。事実、結隊以来、数百人に及ぶ奇兵隊士のほぼ半分はサムライ身分でなく、町人、百姓、漁民、山伏、鉱夫などの一般庶民である。他藩人も客分扱いではあるが、入隊を認められている。たとえば豊後日田からやって来た長太郎（三洲）は、文久三（一八六三）年一一月六日の日記がいうように、初めは三田尻に作られた他国人の宿泊施設、招賢閣に

いたが、「長府え行」(『奇兵隊日記』一、六六八頁)や「馬関より帰陣之事」(同前書、四、六四〇頁)などの記事があり、すぐに一般隊士と同じような勤務に就いている。元治元(一八六四)年八月二九日には、書記から読書掛へ転ずる辞令を得ており、入隊後間もなく、総管に次ぐナンバー・ツウの要職、書記に挙げられた。客分とはいいながら、事実上、その他の隊員と同じ扱いであったことが分かる。

一方、やはり半ば近くを占めたサムライ身分も、八組士など士席班からの参加は極めて少なく、圧倒的多数は足軽や中間の卒席班、もしくは陪臣などのいわゆる下級武士たちであった。世禄の家臣団より成る正規軍の中では永久に世に出ることのない人びとが、自らの将来を託し可能性を発揮する場として、新しい軍隊を選んだというわけである。

基本綱領の中でもっとも強調された、もっぱら個人の力量を重んずるというのは、家柄や身分の否定をストレートに意味するものでは、実はなかった。それどころか、隊内には身分上の差別が幾つかあった。被差別的扱いを受けていた宮番某が、農民身分を偽って入隊したことを咎められ、手討ち、すなわち斬罪に処せられたのは、その典型であり、四民平等を下敷きにした国民皆兵思想とは、まだかなりの距離があった。日常勤務ではともかく、戦地へ出陣のさいには、隊員の袖章を諸士は白絹地、足軽以下は晒布《さらし》に分けて区別することとし、また氏名も、苗字御免のない者については、名前のみを記した。つまり「士庶之分判然相立候様厳重ニ沙汰」(『奇兵隊日記』一、六四八頁)されていたのである。

ところで、この沙汰は、厳密には実行されなかったらしい。というのは、総管の晋作が隊員の士分待遇を強く求めたからである。隊員募集の便宜として、百姓や町人のサムライ身分への憧れ、上昇志向を巧みに利用しようとした面もあるが、単にそれだけではない。隊内で士庶の別を問わず、「同様ニ相交」わるとは、隊員一人ひとりが士分格として出処進退することに他ならない。藩という封建制度がある以上、その枠組の中で支配階級であるサムライ身分をきちんと保障すべきであり、そうすれば、隊員すべての旺盛な忠誠心を十二分に喚起し、一命を賭した働きを期待することができると考えたのである。

隊員を統率する基本的ルールを武士道としたのも、そのことと無関係ではなかろう。事実、隊員の不正や非違を取り締まるさい、武士道に反する、あるいは武士道に照らして云々という台詞《せりふ》がしばしば使われた。処罰の態様は、たとえば禁足、逼塞、断髪、除名、放逐《ほうちく》、投獄などというように、罪の軽重によってさまざまであるが、死罪については、サムライ身分は切腹、百姓や町人の場合は大てい斬刑となっている。この違いは、身分差別の温存というより、伝統的な武士の作法に慣れているかどうかによるものであろう。

いずれにせよ、士分並みになるというのは、奇兵隊内で帯刀はもとより、氏名をきちんと名乗るのを認められたことになる。苗字御免でない者について、袖章に名前のみとした藩命と矛盾するようだが、「奇兵隊日記」には、改名届けという形で、苗字を付した新しい名乗りがしばしば記されており、この命令は有名無実化していたことが分かる。「奇兵隊名鑑」など、幾つかある隊員名簿も、ごく少数の例外を除いて、ほとんどが苗字を付しており、入隊中、百姓や町人も士列に準ずる取り扱いが行われていたことは間違いない。

ところで、奇兵隊という珍しい隊名は、一体どこから出てきたのか。「西洋歩兵論」で松陰が、孫子の「兵は正を以て合ひ、奇を以て勝つ」（『吉田松陰全集』岩波版、第五巻、四〇五頁、以下同）を引用しながら、敵兵と正面からぶつかり戦う「大番以下の壮士」を主体とする正兵と、臨機応変に出没し、もっぱら接戦を行う「平士」の奇兵の二種があることを述べており、古代中国の兵書に学んだことは間違いない。晋作自身が、「夫《そ》れ兵に正奇あり戦に虚実あり、其勢を知る者以て勝を制すべし。正兵は正々堂々衆を以て敵に臨み実を以て実に当る。総奉行の統率せる八組以下部隊の如き正《まさ》に此の正兵に擬す可《べ》し。今吾徒の新に編成せんと欲する所は、寡兵を以て敵衆の虚を衝《つ》き神出鬼没して彼《か》れを悩《なやま》すものに在り。常に奇道を以て勝を制するものなれば、命ずるに奇兵隊の称を以てせん」（『防長回天史』第三編下、二八七頁）などと説明するように、奇兵隊という名称はもちろん、軍隊としての編成や形態も、晋作のオリジナルではなく、旧師松陰の主張をほとんどそのまま祖述したものである。

もともと奇という言葉は、珍しい、思いがけない、不思議なという意味であり、したがって奇兵は、敵の不意を撃つ、遊撃戦やゲリラ活動をもっぱらにする軍隊ということになる。世禄の家臣団より成る藩正規軍とは異なる、あくまで予備・補充の軍隊であるが、そのことをわざわざ強調するには、この名称がもっとも分かりやすく、また摩擦や抵抗がなかったということであろう。

小倉藩田ノ浦の占領

藩政府軍の予備・補充として発足したはずの奇兵隊が、その建前とはうらはらに、独自の主張や行動を始めるのに大して時間はかからなかった。六月一二日、奇兵隊は宮城彦輔や赤禰武人らを小倉藩へ派遣し、馬関防衛のため対岸の大里《だいり》もしくは田ノ浦の地を借りて砲台を築きたいと申し込んだ。むろん拒否されたが、奇兵隊はこれに直ちに反応し、六月一八日には、突然兵を送って田ノ浦一帯を占領してしまった。勅命を奉ずる攘夷戦のためという大義名分があったにせよ、他藩の領土を一方的に武力制圧する暴挙であり、小倉藩と激しい対立・抗争のもとになったのは当然であろう。奇兵隊が発足して僅か一〇日後の出来事であり、その存在が初めから藩政府や正規軍の統制の利きにくい、ほとんど独自の党派、もしくは軍事組織であったことが分かる。

田ノ浦遠景（北九州市門司区田野浦）

　小倉藩の訴えを受けた幕閣は、事件を調査するため軍艦朝陽丸を派遣したが、奇兵隊を中心にした馬関防衛の長州藩兵は、これに砲撃を加え、談判にやって来た幕吏中根一之丞を捕らえて殺害してしまった。事態は一層悪化しただけであるが、その経緯はともかく、幕府の権威失墜をこれほど如実に物語る事件はなかろう。藩政府もまた、これを取り締まるどころか、一時は朝陽丸の乗っ取りを策した奇兵隊士らの過激な動きをひたすら傍観する以外に、何もなし得なかった。

教法寺事件

　馬関本営手元役としての晋作は、奇兵隊を編成するかたわら、もとから馬関海峡の防衛に就いていた藩正規軍の再編成に取り組み、七月上旬、世禄の家臣団から成る一〇〇名を集めて先鋒隊（のち選鋒隊）とした。すでにあった奇兵隊は、先鋒隊の小隊となり、二隊が分担・協力して東西の関門を防衛することになった。

もともと先鋒隊の登場は、嘉永年間にさかのぼる。「八組の子弟の強壮なる者若干を選びて之れを先鋒の近衛に備ふ」（『防長回天史』第三編下、三六四頁）る趣旨で編成されたものであり、相州警衛に派遣の藩兵に冠せられた名称でもある。初め晋作は、馬関防衛に当たっていた児玉・益田両組の数百名の中から有志の士を募って一隊を編成しようとしたが、その半ばも得ることができず、新たに御前詰を登用して不足を補おうと考えた。山口政事堂の麻田公輔（周布政之助）らに、「元来敵地ニ臨《のぞ》ミ候事ハ、中人以下者は不好《このまず》は凡情之在様ニ御座候、右故《ゆえ》御前詰・先鋒隊を繰廻しニ被仰付候ては如何候也」（「史料」一、一七九頁）と書いたのはそのためであり、御前詰の精兵五〇人を選び、輪番で派遣して欲しいと要求した。八組の中には最前線で戦う勇気ある士がなかなか得がたいことを理由にしているが、これは数次の攘夷戦ですでに実証ずみであった。

いずれにせよ、先鋒隊士として選ばれた人びとは、八組の中からとくに選抜された御前詰の士、すなわち主君の御前で華々しく戦う、文字どおり旗本格のエリートであり、百姓や町人を含めた士庶混合の奇兵隊を徹底的に蔑視した。「諸隊の奴原《やつばら》」という見下したような発言は、奇兵隊側の「腰抜け武士」という応酬とあいまち、早くから小競《こぜ》り合いを随所で繰り返しており、いつ爆発しても不思議ではなかった。

事件は、八月一六日、世子毛利定広（元徳）が馬関巡見に現われ、先鋒・奇兵隊以下の諸隊を閲兵

教法寺（下関市赤間町）

した後に起こった。下賜された酒の勢いもあり、先鋒隊士が以前から確執のあった奇兵隊の幹部宮城彦輔と争い、怒った奇兵隊士十数人が先鋒隊の駐屯地、教法寺（現・下関市赤間町）を襲撃して数人の死傷者を出したものである。報復の念に燃えた先鋒隊士は、甲冑《かっちゅう》に身を固め槍や刀をとって集結、奇兵隊の屯営阿弥陀寺を襲う構えをみせた。迎え撃つ奇兵隊側は大砲を並べて、教法寺に照準を合わせた。急報を受けた世子の介入、慰撫で武力衝突は何とか避けられたが、騒動のもとになった宮城は家禄を没収のうえ切腹、総管晋作は待罪書を出して謹慎し、一方、先鋒隊の幹部数名も処罰された。喧嘩両成敗でなく、処分そのものは、奇兵隊側にむしろ厳しかったが、これは藩内での両者の立場からみて止むを得ないだろう。一時、奇兵隊の解散論が出たのは、この事件のためである。

事件後間もなく、藩政府は、奇兵隊を小郡宰判秋穂《あいお》村へ移駐させた。山口防衛の兵力が必要という名目であったが、俗論派の唱える解散を強行すれば、隊内激派が暴発し、事態はますます悪化する恐れがあり、このさい、奇兵隊を馬関から退去させるのが最善と考えられたからである。宮城の処断の決まった二日後の八月二八日、晋作は政務役を解かれ、総管のみとなったが、間もなく政務役に再登用され、総管を免じられた。事件の責任を問われた人事であることは、言うまでもない。晋作のいわゆる奇兵隊開闢《かいびゃく》総督、正しくは総管となって、僅か三カ月足らずの在職で、早くもその地位を去ったわけである。

第八章　幕末激動の政局と晋作

1　「武備恭順」をめぐる対立・抗争

八・一八の政変

奇兵隊と先鋒隊の衝突が何とか回避された頃、京都から藩の上下を揺るがせるような大変事が報じられた。かねて在京の長州藩士や久留米の神官真木《まき》和泉《いずみ》らを中心にした尊攘激派は、天皇の大和行幸《ぎょうこう》を画策していた。大和の地で攘夷決行の勅命を幕府に下し、もし従わないときは、諸大名に幕府追討を命じ、王政復古を一気に実現しようとする、いわゆる攘夷親征の企てであり、八月一三日には、大和行幸の詔も出されたが、この政治的プランに批判的な薩摩藩が京都守護職の会津藩と組んで、長州藩が主導する激派勢力の一掃を図ったものである。中川宮ら公武合体派公卿の活躍で八月一八日、一夜で朝議を変じ、大和行幸の中止を決め、長州藩は堺町御門の警備御免となった。孝明天皇自身が、もともと攘夷親征に乗り気でなく、三条実美《さねとみ》ら長州系の公卿を国賊呼ばわりしたと伝えられているが、大和行幸へ至る一連の詔勅はすべて偽物という風聞もふくめ、本当のところは分からない。ただ、一つだけはっきりしているのは、この政変が、公武周旋に鎬《しのぎ》を削る薩・長両勢力の政治的駆け引きの結果であったということであろう。

政変に怒った久坂ら長州藩士は武力に訴えても朝議回復をめざしたが、御所を護る薩摩・会津二藩の警備が固く、また何よりも武力衝突で朝敵の汚名を着せられることを恐れ、涙を吞《の》んで一旦京都を去ることになった。三条実美ら革新派公卿七名を擁し、遠く長州の地をめざした。世にいう七卿落ちである。

当然のことながら、藩内では、京都政界での失敗の責任を追及する声が一斉に起こり、にわかにいわゆる俗論派勢力が台頭し、九月一日、直目付の毛利登人《のぼる》や前田孫右衛門、御内用表番頭の麻田公輔(周布政之助)らがその職を追われたが、晋作らの奔走ですぐに正論派が勢いを盛り返し、九月半ばには、いずれも藩要路に復帰している。九月一〇日、晋作の政務座役登用は、そうした情勢の変化と連動したものである。「一燈銭申合」に参加した楢崎弥八郎や「攘夷血盟」に名前を列ねた長嶺内蔵太らも共に政務座役となり、久坂は京都駐在の政務座役を命じられている。なお、晋作の奇兵隊総管は一二日付で免じられた。

一〇月一日には、知行高一六〇石で新規召抱えの沙汰があり、晋作は父小忠太育《はぐく》みを脱して御手廻組に編入、御奥番頭となり世子の御内用掛に任じた。従前から辞職を願い出ていた政務座役は同日付で御免となっている。翌日、萩城下の両親へ、「冥加至極恐入候次第に候」「此後は猶更《なおさら》生死は度外に置き、着実忠勤仕候落着に御座候」（『史料』一、二二七頁）などと書いたように、藩中枢へ進出した今回の抜擢を素直に喜び、一層の忠勤に励むことを誓っている。

一夜にして政変を演出した薩摩・会津両藩への士民上下の憎悪の念はすさまじく、「薩賊会奸」のコトバが至るところで叫ばれ、この四文字を下駄に印して踏み歩くのが流行したほどであるが、そうした藩内情勢を踏まえ、一〇月一二日、世子上洛が決定された。七卿の速やかな帰洛、朝政改復をめざした、いわば藩ぐるみの政治的行動であり、その趣旨説明の伝令や使者が藩内各地へ向かったが、晋作は岩国城下へ使者として派遣された。世子上洛の前に、その策略や兵備の如何《いかん》を議するために、支族吉川家の当主監物《けんもつ》の山口出府を求めたものである。関ケ原の役後、数百年にわたり、必ずしも良好でなかった本家と分家の関係を、このさい一挙に解決し、挙藩一致体制を確立して外敵に当たろうとしたものである。もっとも、武力衝突を懸念し、あくまで外交的手段で事態を解決しようとしていた監物は、病気を理由に動かず、晋作は親書を呈しただけで、止むなく山口へ戻った。

進発論に反対、割拠論を唱える

三田尻の招賢閣《しょうけんかく》にいた七卿や随従の諸藩浪士らは、長州藩の武力を借りて一刻も早く上洛し、失地回復を図ろうとした。七卿の参謀格であった真木和泉は「出師三策」を草し、上策を七卿を擁した世子の出馬と断じ、いささか大げさにその軍勢五万と号すというように、防長二国の全兵力を挙げて上洛することを主張した。幕府や諸藩との武力衝突も辞さない、ほとんど討幕軍の編成であり、乾坤一擲《けんこんいってき》の大勝負を挑む極めて勇ましい議論であったが、失敗すれば防長二国の滅亡は必至であり、藩要路としては、軽々に賛成することができなかった。「出師三策」

は、真木と晋作の合作という説もあるが、そうではなく、実は彼はこの案に批判的であった。長州藩の現在の国力、根こそぎ総動員しても、せいぜい一、二万の兵力から見て、一藩のみで討幕戦に勝利することは到底できない、つまり空論であるという立場であり、藩要路にいた麻田公輔や桂小五郎らも同じ意見であった。

晋作たちの思惑《おもわく》とは別に、真木らは熱心に進発論を説いた。藩正規軍の動員を導き出すために、奇兵隊の先発を考えたのはそのためであり、筑前の人中村円太のように、晋作が奇兵隊以下千人の軍勢を率いて攻め上るなどという者もいたが、これは招賢閣にいた浪士たちの単なる希望的観測でしかない。ただ藩内では、このさい断固武力に訴えてでも、藩主父子の雪冤《せつえん》（身の潔白を示す）を一挙に実現すべきではないかという進発論が、しだいに大勢を占めるようになった。政府要人の中では、京都から帰ったばかりの来島又兵衛や中村九郎らが進発論に熱心であり、表番頭格で用談役の前田孫右衛門が、彼らを積極的に支持した。

初めから進発論を時期尚早として批判していた晋作は、自らは防長二国の割拠論を唱えた。富国強兵を最優先すべきと考えており、いまこの時期に藩正規軍を動かすことにはむろん反対であり、奇兵隊の出動にも消極的であった。某宛手紙で、「拙者は御割拠も真之御割拠か得意也、進発も真之進発か得意也、ウハの割拠不得意也」「ウハの進発は聞も腹が立なり」（『史料』一、二四三頁）などというのは、真木和泉らの進発論を、実現性に乏しい浮《うわ》ついた企て、つまり暴発としか見ていなかったからであろう。

世子上洛はいきなり実施される性質のものでなく、まず京都朝廷への外交交渉が行われた。七卿落ちの直後から何度も弁明書が提出され、その都度《つど》却下されていたが、一一月中旬には、家老井原主計《いばらかずえ》が使者となり、長州藩は一貫して勅命を奉じて行動したもので、お上から咎《とが》められる理由はないと主張する「奉勅始末」、および政変のさい清末藩主毛利元純や支族吉川監物のとった行動を弁明する「査点書」を携えて京都をめざした。ただ、彼は伏見から先へ進むことは許されず、また陳情書の受け取りも拒否された。

進発論の暴走と晋作の脱藩

京洛の地での政治的交渉が一向に進展しないことに業《ごう》を煮やした来島又兵衛らは、一刻も早い出兵を唱えた。文久四（一八六四）年正月頃には、自らが指揮する遊撃隊中の有志を語らって大挙亡命しようという動きを見せた。驚いた藩政府は、藩主父子の名前で晋作に、来島らの暴発を止めるように命じた。もっとも、来島は、慎重論を唱える麻田公輔と刺し違《ちが》える覚悟で山口政事堂に押し掛け強談判《こわだんぱん》に及んだという、極《きわ》めつきの主戦論者であり、晋作の説得に応じるような気配はまったくなかった。それどころか、来島が激論のあげく、新知一六〇石がそんなに有り難いのか、姑息《こそく》の説を唱え昔の元気は一体どうしたのかと面罵したから堪らない。怒り狂った晋作は、「吾若《も》し事を為さんと欲せば豈《あに》人後に落ちんや」（『防長回天史』第四編上、二一一頁）、もし何か事を起こすようなとき、自分は決して人に後れを取るようなことはしないと叫び、そのまま脱藩してしまった。

興奮のあまり思わず脱走したかに見えるが、必ずしもそうではなく、晋作には、一つの確たる目的があった。家老井原主計に随従して上方《かみがた》にいた桂小五郎、久坂玄瑞《くさかげんずい》、宍戸左馬介《ししどさますけ》らの意見を聞き、もし三名とも進発論をよしとすれば、これに同調するが、逆に割拠論に賛成ならば、来島らが遊撃軍の出動を見合わせるという約束を交わした上で、これを確かめるための脱藩行であった。もっとも、これはあくまで、晋作本人の言い分でしかなく、暴発制止という公務を途中で放り出し脱走することを正当化する理由にはならない。

二月二日、大坂藩邸に着いた晋作は、久坂らも進発論に反対であることを知り、大いに意を強くした。すぐさま一緒に帰国して来島らを説得することになったが、脱藩した身で大手を振って歩けない、いわばお尋ね者の晋作の境遇からみて、簡単に帰国できるはずもなく、いかに出処進退すべきかについて悩んでいる。たまたま土佐藩士中岡慎太郎らが謀議していた島津久光暗殺計画に加わり、事態を一挙に打開しようとしたふしもあるが、結局これも未然に潰《つぶ》れ、止むなく帰国することになった。この間、世子の名で、帰国を促す文書が何度も発せられたことも無関係ではなかろう。

三月一二日、久坂らと海路帰国の途についたが、天候に恵まれず、倍近い日数を要している。途中より陸行、先に山口へ戻った久坂は、藩主父子に会い、出兵の延期を説くことに成功している。船便で五、六日遅れて帰国した晋作は、そのまま親類預けとなり、三月二九日、萩の野山獄に繋《つな》がれた。罪状を記した「宣告書」に、「一昨年脱走、又候《またぞろ》此度とて御法再枉《さいおう》之儀に候得ハ、乍御心外御常典通り御仕置難被差控」「君命を不待妄意ニ脱走候段、全以我儘《わがまま》之所行、大ニ人臣之礼を失ひ」(「史料」上、二四七頁)などとあるように、二年前の江戸出府のさい、脱走して不問に付された件が蒸し返され、再度同じ過ちを犯したこと、しかも今回の藩命を放棄した振舞いは言語道断であるとして、厳しく咎められている。近年、脱藩者が増え規律が弛《ゆる》んできたので、これを引き締める方針を決めた当事者の一人にもかかわらず、脱走した不心得は到底許しがたいとも言われた。下獄に伴い、新知の家禄は没収、名前や御紋を付した衣服の召し上げなどの処分も、併せて行われた。

野山獄跡（萩市今古萩町）

野山獄に繫がれる

「獄中手記」の自叙に、野山獄北局第二舎南窓の下で記したとあるように、晋作は亡師松陰が再度繫《つな》がれた野山獄の住人となった。「寅が居る所は北が輪《わ》なり、故に南窓常に日影を受く」（『吉田松陰全集』岩波版、第八巻、三五三頁）というように、最初の獄中生活で松陰は、南北に各六室並んでいた独房のうち、北側の第一舎、左隅にいたが、ときどき部屋替えが行われたらしく、隣室の第二舎にいたこともある。晋作がいた北局第二舎がまさにそれであり、師弟が奇しくも一〇年近い歳月を挟んで、同じ獄舎で暮らしたことになる。この偶然の符合を、晋作は知らなかったようだが、下獄初日の手記に、「既往を悔い、将来を思い、茫然として黙坐し、身を省み心を責む」（『全集』下、二三四頁、以下同）と記しながら、「先生を慕うて漸《ようや》く野山獄」と、さすがに村塾で学んだ頃を偲《しの》ぶ感傷的な一句を書きつけている。

俗世界から遮断された獄中生活は、一日中何もすることがなく、限りなく時間があったが、「自ら悟りて曰く、朝に道を聞かば夕べに死すとも可なりと。これ、聖賢の道、何ぞ区々たる禅僧の所為を倣わん。よって書を獄吏に借り、かつ読み、かつ感ず」と言うように、晋作は、このせっかくの機会を利用して、読書三昧《ざんまい》の生活を始めようとした。「読書七十葉余」「読書五十葉余」などのコトバが、連日のように記されたのは、そのためである。本を広げていないときは、詩作に熱中しているが、下獄後五〇日余を経た五月二〇日頃からは、松陰の兄、杉梅太郎から頼まれ、先師松陰の文書の校閲や筆写を始めた。「随って誌し、随って録す。一日の間、謄写その半ばを居る、しかれども読書もとより前日を下らず、ただ少し吟詠を廃するのみ」（同前書、二五〇頁）というから、一時は詩作を廃するぐらい、そうした作業に没頭し、結構忙しい毎日を過ごしている。

晋作自身が、獄に来てから一日として読書しないことはない、黙読沈思、あるいは高吟長嘯《ちょうしょう》、脇目もふらず勉強に打ち込んでいるというように、この間、獄中の日課は極めて真面目なものであった。日頃、本などあまり広げたことのない武人肌の晋作にしては、大きな変わりようであるが、この生活態度は、同囚の人びとにもいささか理解しにくかったらしい。いつ出獄するか分からない罪人の身でいくら勉強しても役には立たない、死罪になればすべてが水の泡ではないかという問い掛けに、晋作は、先師松陰の教えに忠実に従っているまでだと答えている。かつて松陰先生が、何をなすべきか迷う今は、嫁を貰い職に就き、両親を安心させるのが宜しい。将来、藩政に関わるときは、周囲がどう言おうと正論を唱え実行すべきだが、そうすれば必ず貶《おとし》められ職や地位を奪われることになる。そのような場合、決して失望落胆せず、一〇年後を信じてさらに勉学に励むべきであると言ったが、これは現在の自分の境遇そのものである。進発論が沸騰しているさ中、自らが正しいと信じることを堂々と主張し、また真正直に行動したら、たちまち罪を問われ獄舎に繋《つな》がれてしまったが、これこそかつて先師が予言した最悪の事態である。しかし、正義はいつか必ず認められるときが来る、そのことを信じて、自分はひたすら読書勉強に励んでいる。先生のコトバを獄舎の壁に書いて、毎日眺め、戒めとしているというから、その教えが、あくまで晋作の生活の指針であったことが分かる。

下獄後一カ月余を経た五月五日、単調な獄中生活を驚かせる事件が起こった。酒に酔った麻田公輔が、馬で野山獄に乗り付け、刀を振り回して獄卒を脅し、獄舎前に乱入したのである。大声を張り上げ晋作を獄窓に呼び出した麻田は、貴様が自らの才を誇り、君上《くんじょう》を軽んじ、日頃から目上の者を軽蔑するからこの有様となった。よく反省してもっと修養を積め。牢中で三年間は学問に励め。この程度のことに耐えられぬぐらいでは、防長の政治はできぬぞ、しっかり読書せよ、などと放言したというが、藩重役の身で白昼いきなり獄舎へ押し掛け、乱暴狼藉に及んだこの行為は大いに問題視され、麻田は間もなく免職、逼塞の処分となった。一見単なる酒の上の乱行のようであるが、実は、晋作の激しい気性からみて、獄中で何時までも我慢できるとは思えない。憂悶のあまり自殺するかもしれず、これを何とか防がなくてはならない。このさい、元気づけるのが何よりだと考えたというが、自らの主張する割拠論がまったく容れられず、藩内挙げて進発論へ雪崩《なだれ》を打ちつつある現状を苦々しく思う麻田が、酒の勢いも借りて、突然獄中の晋作を思い出し駆け付けたのであり、彼自身の精神状況も尋常ではなかったようだ。

ところで、晋作自身は、獄舎に繋《つな》がれた今の境遇をどのように受けとめたのであろうか。入獄三カ月目を迎えた六月中旬、後人への遺言のつもりで、これまで取り組んできた政治的活動を詳しく説明しているが、その最後で、「余の性すこぶる頑愚、故に一身の所行は直言直行、傍若無人」(『全集』下、二六〇頁、以下同)の観があるが、実はすべて国家のために深謀深慮しているのである。「この一挙のみならず、亡命、金沢暴発、馬関防禦、断髪遁世《とんせい》、皆しかり」。周囲の人びとは皆、単なる暴挙のように見ているが、そうではない。そもそも「直言直行傍如無人身命を軽んずるの気魄《きはく》があればこそ、国のため深謀深慮の忠もつく」すことができる。国家に累を及ぼさず、また君公の心を安んずるため、日夜、苦心しているのであり、その結果、吾が身が嫌疑を蒙り、非難を受けるのは一向に構わないと、事ここに至った理由や今の心境を分かりやすくまとめている。

2　四国連合艦隊の馬関来襲

出獄、座敷牢に謹慎する

半永久的に続くかと思われた獄中生活は、四国連合艦隊の馬関来襲という事件で、突然終わりを告げることになった。

これに先立つ六月二〇日、晋作は、父小忠太のお預けとなり、翌二一日、野山獄を出て帰宅、座敷牢で謹慎することになった。罪状宣告の厳しい内容からみて、晋作や周囲の人びとも数年間の獄中生活を予想していただけに、僅か三カ月足らずで出獄したのは、いささか意外の感がある。沙汰書がいう、この暑さで持病の療養に差し支える云々とは、むろん口実であり、おそらく近い将来、晋作の再登用を期待した藩要路が、その第一段階として、こうした寛大な取り扱いをしたのであろう。

自宅謹慎が始まって一カ月後の七月二一日、晋作は、井上聞多と会った。四国連合艦隊の馬関襲来の報を知り英国から急遽伊藤俊助と共に帰国した井上が、謹慎中の晋作を強引に訪ねて来たものである。父小忠太は、親類預けの身を理由に一度は面会を断ったようだが、結局外出して不在を装う形で、この出会いを黙認している。最新の海外情勢を伝え、攘夷の不可、開国の必要性を説く井上に、晋作は一々うなずき、馬関海峡に集結した四国連合艦隊との衝突を回避するための方策を案じている。攘夷戦を強行すれば亡国は必至であり、止戦講和は是非とも実現しなければならない。そのために一命を落とすことになっても悔いはない。共に死所を同じくする機会があれば本望であるという井上に、晋作は大いに賛同し、しばらく相対して歎息したというが、攘夷論沸騰の藩内情勢からすれば、二人のめざすところは、ほとんど孤立無援の厳しいものであった。

攘夷か開国か

四国連合艦隊との衝突を避けようとする動きは、それ以前、藩内になかったのであろうか。六月中旬に帰国してすぐ、井上聞多と伊藤俊助の二人は、英国公使に会い、進発猶予を乞う一方で、藩主父子や藩要路に海外情勢を説明し、攘夷戦の無謀さ、不可なる所以を熱心に説いたが、この時点ではまだ、攘夷熱に浮かされた人びとを動かすことができなかった。事実、六月二七日の御前会議に出席した井上は、開国論を唱えたが、一顧《いっこ》だにされていない。このとき、藩政府が企てたのは、京都での開戦を予想し、前後に敵を受ける不利を避けるため井上らを姫島沖にいた英国軍艦へ派遣し、一連の攘夷は朝旨を遵奉《じゅんぽう》したものであり、その意思をもう一度確かめるので、三カ月間ほど猶予の期間が欲しいというものであったが、このような勝手な理屈が通用するはずもなく、英国側は拒否して去った。

相次ぐ敗報に慌てる

事態が急変したのは、七月二三日、京都における敗戦の一報が入ってからである。御前会議で、止戦講和を早急に実現するように求められた井上は、防長二国を焦土にしても断固攘夷を行うとした先の会議での決定が、いとも簡単に覆《くつがえ》されたことを責めたが、結局、応接掛を命じられ、和議の交渉に当たることになった。一方、攘夷論で沸騰する諸隊の人びとに対しては、八月三日、攘夷の主旨に変更はないが、兵略上の便法を用いる、つまり緊急避難的な立場から一時講和を行うという布告が出された。

八月五日の朝、馬関に現われた井上らは、海峡の自由通行を認めるという条件で和平交渉を行おうとしたが、外国船に照準を合わせた長州藩兵に攻撃中止を説得して回っている間に、連合艦隊側の攻撃が始まった。

晋作が阻止しようとした進発論は、六月中旬、長州藩兵の大挙上洛、七月一九日、禁門の変の敗走という悲惨な結果を招いたが、これに追い打ちを掛けるように、八月五日、馬関海峡に集結した四国連合艦隊十七隻の大小の砲二八八門が一斉に火を噴いたから、長州藩陣地は壊滅状態となった。海峡

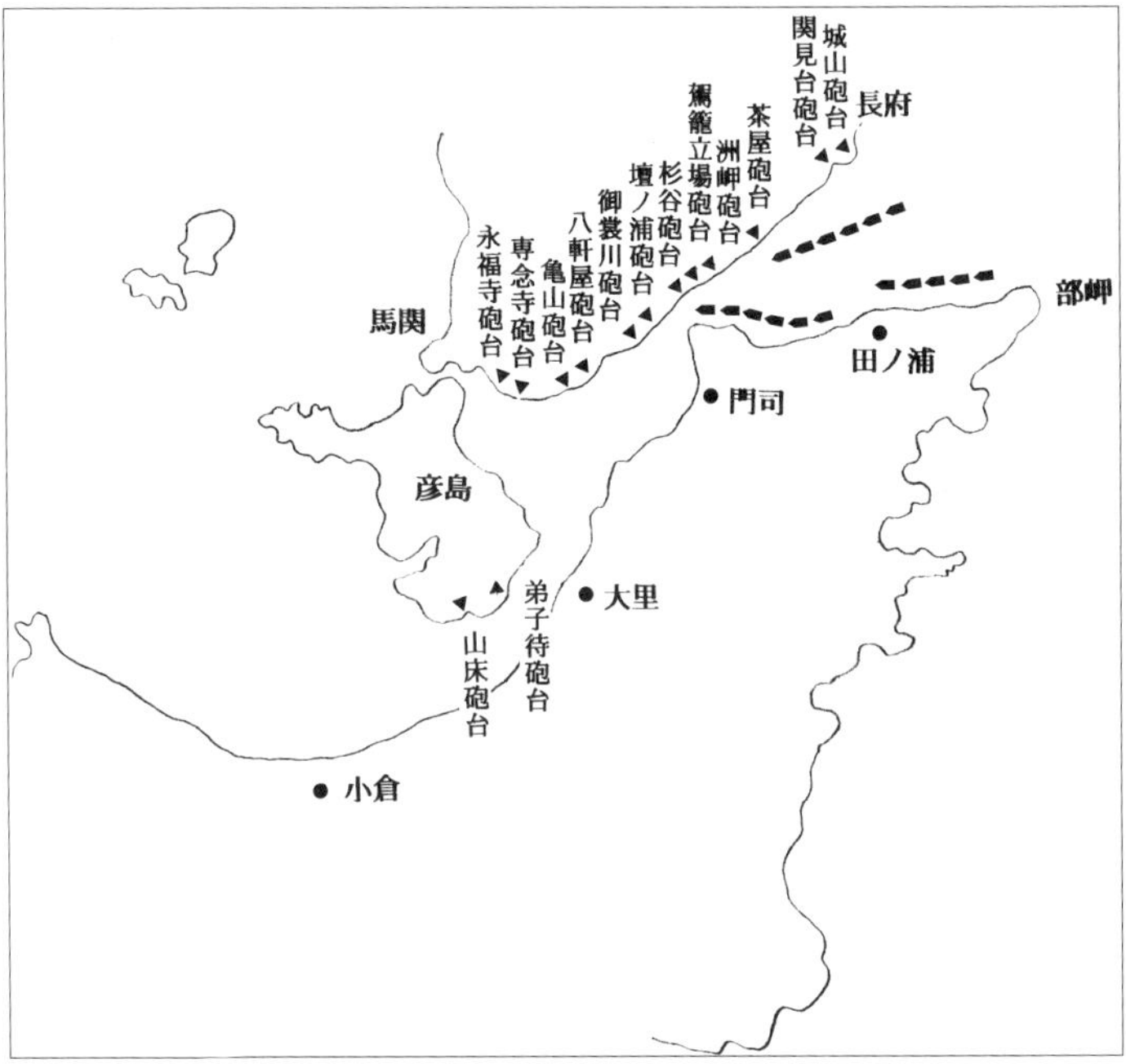

四国連合艦隊の来襲（『高杉晋作』学研，所収図により作成）

を守る十余の砲台はほとんど破壊され、上陸した陸戦隊は各地で長州藩兵を破った。相次ぐ敗報に接した藩政府は、攘夷戦の即時停止を決めた。七月二四日に発令された長州征伐の大軍、西国諸藩を中心に動員された総計十数万の兵が、ほどなく四方から襲来することが予想されただけに、馬関海峡に浮かぶ眼前の敵と直ちに止戦講和を行う必要があったからである。

晋作の登用、講和正使となる

交渉を成功させるため、初め井上は世子毛利定広（元徳）の出馬を要請したが、反対意見が強く、結局代表として家老一人を正使に選び、これに参政員数名を副使として付けることにした。停戦交渉とはいえ、圧倒的に優勢な敵軍に対して和議を乞う、ほとんど白旗を掲げるような難しい役割であり、候補者に擬せられた重役連はいずれも尻込みした。自宅謹慎中の晋作が急遽呼び出されたのは、そのためである。今この難局にさいし、一身を投げ出して事態を解決するのは、藩内広しといえども晋作以外にいないと考えた井上の提案である。まず八月三日、御雇の格で御手当御用掛に任ずる沙汰があり、次いで五日、馬関出張を命じられ、さらに六日には、御手廻組に属し政務座役に挙げられた。もっとも、このままではまだ資格に欠けるため、首席家老宍戸備前の養子、刑馬とした。正使の座に据えるための一時の便法であるが、これもおそらく、井上が苦しまぎれに考え出したものであろう。

停戦交渉は前後三回行われた。八月八日の第一回交渉には、正使宍戸刑馬《ししどぎょうま》、実は晋作と二人の副使、杉孫七郎と長嶺内蔵太の三名が通訳伊藤俊助を伴って現われた。英国側の通訳官であったアーネスト・サトウは、烏帽子《えぼし》を被《かぶ》り、袍衣《ほうい》に威儀を正した晋作の様子を、「家老は、黄色の地に大きな淡青色の紋章（桐の葉と花）のついた大紋と称する礼服をきて、絹の帽子をかぶっていたが、中部甲板を通るときそれを脱いだ。すると、チョン髷《まげ》が房《ふさ》のように頭の後方にゆるくたれているのが見えた。白絹の下着は、目がさめるように純白だった」（『史料』三、二八七〜八頁、以下同）と伝えている。「艦上に足を踏み入れた時は悪魔のように傲然《ごうぜん》としていたのだが、だんだん態度がやわらぎ、すべての提案を何の反対もなく承認してしまった」ともいうから、最初は、大変な緊張感のせいか、恐ろしく居丈《いたけ》高《だか》な様子で登場したものと見える。

四国連合艦隊側の要求は、外国船へ発砲した重大な非行を認め、和睦を申し込むという藩主自らが署名捺印した文書を提出した上で、現在行っている大砲の撤去と砲台の破壊の続行、双方の攻撃中止、捕虜になったオランダ兵やボートの引渡し、新鮮な野菜や鶏の提供を認めよなどというものであり、謝罪文の作成を除けば、大筋で長州側に異存はなかった。外国船砲撃の正当性については、攘夷に関する朝廷と幕府の命令書の写しを提出しており、相手側のいわゆる非行、長州側の誤りを認めることには同意していない。

八月一〇日、第二回目の交渉には、晋作らは欠席し、正使に家老毛利出雲（実は登人）や副使山田宇右衛門ら数名が現われたが、この交替は、停戦交渉に反対する諸隊や君側の激派が晋作や井上らの暗殺をいい、しばらく身を隠し潜伏する必要があったためである。

晋作らが世子を唆《そそのか》して停戦交渉を始めた、君命をねじ曲げるけしからぬ行為であるという非難は、実は御前会議に出席した要人たちも後で盛んに口にしたが、これに怒った井上は、世子の前に関係者

彦島遠景（下関市彦島）

すべてを召集し、和議を進めるというこれまでの方針に変更はなく、また和議成立後に攘夷論へ変ずることもしないと、改めて決定を求めている。

第三回の停戦交渉は、八月一四日に行われた。宍戸備前や毛利出雲らの家老連も代表に加わっているが、正使には晋作がなり、難しい交渉をまとめた。連合艦隊側の最大の要求であった彦島の租借と賠償金については、断然拒否した。租借問題は、上海で見た外国人租界の実情から論外であったが、防長二国の藩主にその権限がないとして拒否した。四カ国のどこが租借するか、必ずしも合意されておらず、互いに牽制し合ったことも、長州側に好都合であったようだ。賠償金は、戦費と馬関の町を焼き払わなかった代償として計数百万ドルを支払えというものであるが、晋作は、三六万石のわが藩にそうした支払能力はない。もしこれを強行すれば、藩は潰《つぶ》れる。またもともと今回の攘夷は、中央の命に従ったものであり、賠償金もとうぜん幕府側へ要求すべきものであるとしてつっぱねている。

交渉の経過を記したサトウが、「驚いたことには、彼らの唯一の目的は長州人の士気が未だ沮喪《そそう》し切っていないことを私たちに知らせるにあったのだ。そして、わが方の要求があまり過大である場合には、屈服よりも、むしろ戦うことを望んでいたのである」（同前書、二九二頁）というように、正使の晋作らは、和戦両様の断固たる態度で、主張すべきことをはっきりと述べた。相手側の要求を可能なかぎり認めはするが、譲れない一線はあくまで頑張った。どうしても合意に達せず、もし交渉決裂となれば、防長二国は焦土と化しても構わない、老若男女すべての人びとが命懸けで戦うつもりであると、強い姿勢で臨んだことが、交渉相手に敏感に伝わり、事態を成功に導いたようである。

俗論派政権の成立

止戦講和の成立によって対外戦争はなくなったが、もう一つ、藩境に迫りつつあった幕府の大軍にどう対処するかという問題があった。相次ぐ敗北の責任追及の声は、藩政要路から正論派の人びとを排除し、代わって俗論派勢力の台頭となったが、彼らは、絶対恭順の姿勢を貫くべきであると主張した。すでに囁《ささや》かれていた防長二国を召し上げ、高一〇万石の大名にして東北方面へ移封することを甘んじて受ける。最悪の場合には藩主父子の切腹も止むを得ない。このさい、社稷《しゃしょく》を護るためならばいかなる犠牲も我慢するしかないという立場である。これに対し、晋作らは武備恭順を唱えた。誠意をもって恭順し、条理を尽くしてこの間の経緯を弁明するが、どうしても容《い》れられなければ戦端を開くことも止むをえない。万一敗北して藩が消滅しても義名だけは残る、社稷にこだわり侮辱の汚名を受けるより、ずっと立派な進退ではないかという主張である。

九月二五日の御前会議では、井上の活躍が効を奏して武備恭順の藩是が一旦決まったが、絶対恭順をいう勢力は依然として強力であり、前途はいかにも不透明、暗澹《あんたん》たる情勢であった。そのことを裏書きするように、この夜、政事堂から帰宅途中、井上は俗論派の暴漢に襲われ、瀕死の重傷を負った。たまたま同じ日の夜半、麻田公輔は、藩政の中枢で正論派の代表として活躍した一連の政治的責任をとるかたちで自刃した。正論派の領袖《りょうしゅう》を相次いで失った情勢下、俗論派の勢いはますます盛んになったが、彼らの狙いは、晋作へも向けられた。奇兵隊初代総管として、正論派の牙城である諸隊の勢力に今なお絶大な影響力を有していた晋作が、俗論派にとってもっとも邪魔になる存在であったからである。

萩城下を脱走、九州へ逃れる

これに先立つ八月三〇日、晋作は石州口軍政掛に任じられた。講和条約の成立後、辞表を出し萩城下に帰っていた晋作を再登用しようとしたものである。政務座役のポストはそのままであったから、形式上は軍務役と兼任となったが、俗論派勢力が藩政の中枢を占めつつあり、仕事らしい仕事は何もしていない。事実、この時期、晋作が山口政事堂へ顔を見せることはほとんどなく、萩の自宅に閑居していた。

一〇月一七日、晋作は政務座役を免職となった。一〇月二一日には、諸隊解散令が出された。正論派の軍事的拠点を一挙に解体するのが狙いであったが、藩内各地に駐屯する奇兵隊以下の諸隊は、この命令を無視して復権の機会をうかがっていた。一〇月二四日、藩政府の要職にあった佐久間左兵衛ら正論派の領袖が獄に繋《つな》がれたことを知り、身の危険を感じた晋作は、萩城下から脱走を決意した。この判断は正しく、晋作が姿を消して間もなく俗論派の命を受けた追っ手が高杉家に現われたという。

一〇月二四日、晋作は萩城下を脱走した。伊藤俊助は、夜中の二時頃に宅を逃げ出すと四時頃には捕手が来たと伝えるが、三浦梧楼は、夜間の脱走はかえって警戒が厳しいと、昼間、便所に行ったついでに、そのまま手ぬぐいで頬被《ほほかぶ》りして家を出た。刀も何も持たず、着流しの汚い格好をした晋作は、そこいらの百姓か町人にしか見えなかったらしく、途中、何度か俗論派の藩士と出会ったが、その都《つ》度《ど》、うまく誤魔化し山口へ逃れたなどという。脱出の時間はともかく、どちらもありそうな話である。真相は分からないが、要するに、周囲の誰も気がつかないぐらい、突然の脱走劇であったということであろう。

二五日の夜、湯田に現われた晋作は、自宅で療養していた井上を見舞い、藩論回復の計画を語っている。二七日、神主姿に身をやつした晋作は、山口を脱出、三田尻を経て奇兵隊や膺懲隊が駐屯していた徳地《とくぢ》に向かった。軍監山県狂介らは、このまま隊内に留まるように勧めたらしいが、九州諸藩を遊説し、各地の同志を募ることを考えていた晋作はこれを断り、二八日、富海《とのみ》から舟で馬関へ発った。松門の同窓で奇兵隊士の伊藤伝之助らが随行したのは、山県の計らいである。二九日、馬関に上陸し、奇兵隊創設時からの最大のパトロンであった白石正一郎宅に潜伏した。筑前藩浪士の中村円太や久留米藩浪士の淵上郁太郎らと会い、九州行きの謀議を重ねた。白石の弟で長府藩士の大庭《おおば》伝七《でんしち》が参会したのは、同行を希望したためである。九州から帰ったばかりの淵上は、禁門の変の敗走後、九州諸藩でも俗論派が急速に勢力を伸ばしつつあり、今この状況下で遊説がうまく行くとは思えないと言ったらしいが、意気軒昂《けんこう》の晋作らには通じていない。

一一月二日、晋作は、中村円太や大庭伝七らと九州に上陸、四日夜には博多に入った。谷梅之助を名乗ったのは、執拗に彼の行方を追っていた萩の俗論派の目を誤魔化すためもあるが、幕府や諸藩の間で、長州藩激派の首領として、晋作の名前がよく知られていたからである。先の東一や和助などへの改名と同じ理由であるが、今回は高杉という姓も含めたフルネームを変えており、それだけ晋作の知名度が上がっていたということであろう。

平尾山荘に潜む

同行した中村の紹介で、筑前藩の勤王派月形潜蔵らに会った。筑前、肥前、対馬三藩の勤王派の連合を策して、まず対馬藩領の肥前田代に向かったが、淵上が現状分析したように、いずれの藩でも、佐幕派が勢力を盛り返しつつあり、晋作らの呼び掛けに対する反応はいま一つなく、遊説はうまく行かなかった。このため、一〇日頃には博多へ帰り、しばらく住吉村（現・福岡市博多区住吉）の絵師村田某の家に潜伏したが、探索の目が厳しく、月形の世話で城下から一里余離れた平尾村（現・中央区平尾）の野村望東尼《ぼうとうに》の山荘に隠れ住むことになった。六年前、平野国臣《くにおみ》の紹介で薩摩へ逃れる清水寺の僧月照が一時潜伏したことのある家である。筑前藩勤王派の集会所のような役割を果たしており、月形や中村らも早くから出入りしていた。

平尾山荘跡（福岡市中央区平尾）

野村望東尼は、筑前藩士野村新三郎の妻であるが、夫の死後剃髪して尼となっていたものである。大隈言道《おおくまことみち》に歌を学び、平野国臣らとは歌の道を通じて親しく、勤王派歌人の一人として知られていた。文化三（一八〇六）年生まれというから、晋作に出会ったときは、すでに五九歳の年配であった。

平尾山荘に住むようになってまだ半月余、一一月二〇日頃には、早くも晋作は、帰国を決意した。直接の動機は、征長の大軍に恐れ入った長州藩が、正論派の三大夫、諸参謀を斬刑に処してひたすら恭順の意を表したことである。この報せを聞いた晋作は、直ちに国元へ立ち戻り、俗論派政府の転覆を図ろうとしたのである。

そうはいうものの、四方を夥《おびただ》しい幕軍に囲まれている長州への帰国は、容易ではなかった。筑前藩の同志らは、かねて往来のあった岩国藩への使者を装い、その一行に晋作を潜り込ませて、征長の兵で充満している街道を通り抜けようとした。筑前藩家老の矢野梅庵（相模）が月形らに密かに心を寄せ、晋作の帰国に暗黙の了解を与えていたというが、計画そのものは、あくまで月形らの独断専行であり、すべて隠密裏《おんみつり》に進められた。

いずれにせよ、サムライ姿で出立することはできず、町人の姿格好をさせるため、望東尼は急いで町人風の着物の準備を始めた。羽織、襦袢《じゅばん》、股引《ももひき》きなどに至るすべてを揃えるのに、夜明けまで針仕事をした。望東尼の詠んだ、「真心をつくしのきぬは国のため、たちかへるべき衣手にせよ」の歌は、出発の朝、この着物に添えられたものである。

同行の人びととは、博多東方の入り口にあった若藤屋という茶屋で待ち合わせをしたが、捕吏に嗅ぎ付けられて危なくなったため、とっさに晋作は、博多の町へ遊びにいくと称して五歳ばかりの女の子と一緒に勝手口から抜け出した。小さな女の子を背負い手拭いを被《かぶ》った町人姿の彼は、お尋ね者とは気づかれず、易々《やすやす》と番所の前を通りすぎた。そのまま柳町の遊廓に繰り込み、どんちゃん騒ぎをして、月形らが来るのを待ったという。臨機応変、いかにも機転の利いた晋作らしい行動である。ここから海浜伝いに対馬藩邸へ向かい、旅装を整えた。対馬藩は、萩の本藩と縁戚のため、互いに情報を交換し便宜を図り合う関係にあり、晋作らお尋ね者が集まるのに絶好の隠れ場所だったからである。

博多から小倉をめざした道中は、当初の計画どおり岩国藩への使者を称したが、むろん正式の一行ではなく、いつ身元が露見するか分からない不安な旅であった。途中で小倉方面から来た、対馬藩の早飛脚を称する長府藩士野々村勘九郎（泉十郎）らに出会っており、同じようなやり方で、厳戒中の街道を往来していた長州人が、結構いたことが分かる。馬関へは、この野々村らに合流し、一緒に帰ったようだ。一一月二五日のことである。

第九章　回天の義挙

1　馬関クーデターを企てる

諸隊の暴発を止める

元治元（一八六四）年冬、晋作が九州から馬関に帰った頃、諸隊の幹部たちの間では、藩内各地で登用され、勢いを増しつつある俗論派の代官を血祭りに挙げようという計画が、密かに進められていた。解散令に抗して長府方面に駐屯する諸隊の勢力はおよそ一〇〇〇人と号したが、実際には六、七〇〇人程度にすぎず、しかも、俗論派政府の絶えざる干渉や介入で、必ずしも気勢が上がらず、しだいに意気沮喪の観があった。

とはいうものの、奇兵隊以下の諸隊は、藩政府にとって、相変わらず頭の痛い厄介な軍事的パワーであり、何とかしてその勢力の分散・減退を図ろうとしていた。この頃、御楯隊《みたてたい》にいた冷泉雅次郎《れいぜんまさじろう》（天野御民《あまのみたみ》）が、「萩及ヒ其他ヨリ親戚或ハ知人密カニ長府ニ来リテ或ハ利害ヲ説キ、或ハ父母兄弟妻子憂苦ノ情態ヲ述ヘ、又ハ恐嚇《きょうかく》シテ諸隊ニ在ル者ヲ誘イ帰レル者多ク、人々相互ニ疑懼《ぎく》ヲ懐ク」（「史料」三、二八二頁）と回想するように、藩政府が親類や家族に圧力をかけて、さまざまなやり方で隊を止め帰郷するように促したのは、そのためである。のみならず、諸藩から来た脱藩浪士たちの中には、外国との講和条約、すなわち攘夷の放棄に釈然とせず、またその後の俗論派台頭の情況をみて失望落胆し、脱隊して藩外へ去る動きもあったから、もはや一刻も猶予はできなかった。

藩内各地にはびこる俗論派の代官を一挙に粛清すれば、諸隊の仕業《しわざ》であることは歴然としており、とうぜん藩政府軍との武力衝突になるが、「一度戦ニ至レハ諸隊ノ人心忽チ固結シ、而《しか》シテ賊軍ヲ敗ルハ易々ノミト」（同前書、二八三頁）と言われるように、諸隊の側は、この機会を捉えて一気に決戦に持ち込み、俗論派政権の転覆をめざそうとしたのである。遊撃隊総督の石川小五郎や御楯隊士の渡辺与八郎、田村甚之丞、玉木彦助、駒井政五郎、寺島秀之助、河北義次郎、冷泉雅次郎らがそうした謀議の中心であり、奇兵隊など諸隊の賛同を得るため精力的に画策しつつあった。

帰国してすぐこの計画を聞いた晋作は、こうしたやり方では一部の有志の決起のみに終わり、諸隊全体の一致団結した挙兵になりにくい。強大な兵力を有する藩政府軍との決戦に、勝利は覚束《おぼつか》ないという観点から反対した。晋作の考えは、暴発で事はならない。今はじっくりと議論を重ねて全兵力を結集した上で俗論派政府と戦うべきだというのである。個人を対象にした斬奸《ざんかん》、すなわち暗殺といった姑息な手段でなく、「諸隊の一致合体」に最大の力を注ぐべきだというのだが、実際に晋作がそうした主張を掲げ、諸隊に説いて回ればまわるほど、意気消沈して一向に気勢が上がらない、つまり諸隊頼むに足らずの現状をはっきりと知ることになった。そればかりでなく、晋作の呼び掛けにいま一つ諸隊の人びとが反応しなかったのは、奇兵隊三代目総管の赤禰武人が、藩境に幕府の大軍を控えたこの時期に、藩内で対立・抗争する愚をいい、藩政府と交渉して、野山獄に繋がれている正論派要人の釈放を求めるなど、妥協の可能性を探りつつあったからであるが、俗論派政府をまったく信用していない晋作は、こうした政治工作そのものに反対であった。

赤禰武人ら諸隊士との論争

諸隊の実情をつぶさに知った晋作は、このさい、何か大きな事件を起こして一気に態勢を挽回する以外に道はないと考えるようになった。遊撃隊の軍監高橋熊太郎や御楯隊の総督太田市之進（御堀耕助）らに説いて、馬関新地の会所を襲撃する、反政府のクーデターを企てたのは、そのためである。太田は一旦この計画に賛成して、武器弾薬や兵糧の準備を始めたが、奇兵隊以下の諸隊の幹部はすべて反対した。あくまで決起を主張する晋作は、「頻《しき》リニ杯ヲ傾ケ暴吟放歌、傍若無人ナリ、偶《たまた》マ南園隊ノ総督佐々木男也《おなり》来ル、東行《とうぎょう》之《こ》レヲ愚弄シテ止マス」（「史料」三、一八四頁）と言われるように、軽挙妄動を戒める諸隊の人びとを、酒の勢いも借りて片端から罵倒した。村塾で机を並べた御楯隊の書記品川弥二郎や野村靖（和作）らは、君のいう単独の企ては、いたずらに勢力を分散し力を殺《そ》ぐことにしかならない。今は一刻も早く衆議を尽くし、諸隊の一致団結を図るべきである、どうか暴挙は思い止まってくれと懇願した。先に晋作が斬奸に反対したときとまったく同じ理由であるが、諸隊幹部の優柔不断ぶりを知った今となっては、品川らの主張は単なる言い訳であり、日和見《ひよりみ》主義的な姿勢にしか思われなかった。

口々に制止する諸隊の人びとを見て、怒り心頭に発した晋作は、一座を見回しながら有名な演説をした。君らは赤禰武人に騙《だま》されているのだ。そもそも武人は何者であるのか。大島郡の土百姓の子ではないか。そのような男に、国家の大事は分からない。君公父子の危急を救うこともできない。君らは一体この晋作を何だと思っているのか。毛利家三百年来の世臣であり、武人のような一土民と比べること自体が間違いである。君らがいかに止めようがわが決心を変えることはできない。もし、まだ少しでも友情が残っているならば、「予《よ》ニ一匹ノ馬ヲ借セ、予ハ之レニ騎《の》ッテ君公ノ急ニ赴クヘシ、一里行テ斃《たお》ルニモ国家ニ殉《じゅんず》ルナリ、十里行テ死ルモ毛利家ニ尽スナリ」（同前）と、怒髪《どはつ》天を衝き、眦《まなじり》も裂けんばかりの勢いで迫ったというが、参会した人びとはいずれも沈黙して答えなかった。

晋作のあまりの剣幕に辟易《へきえき》したこともあるが、その場の雰囲気を一気に白けさせてしまったのは、奇兵隊初代総管にしては、いささか的外れ、というよりお粗末な発言である。俗論派政府に接近しすぎ、懐柔されたのではないかという批判があるにせよ、現奇兵隊トップの総管赤禰武人をさして、土百姓呼ばわりは、尊攘の大義の下に士庶の別を問わず、有志の士が集まっていた諸隊の人びとの神経を逆撫《さかな》でした。三百年来の譜代の臣というのも、自らの氏素性の正しさを誇るエリート意識を露骨に示したもので、軽輩出身の軍監山県らにしてみれば、限りなく差別的な言辞にしか聞こえなかったはずである。晋作が怒り狂ったように大声を発すればするほど、ますますその場の空気が冷えびえとし、誰もが黙り込んでしまったのも、分からないではない。

功山寺挙兵

　自らが手塩にかけて育てた奇兵隊の協力を得られなかった晋作は、伊藤俊助がたまたま指揮していた力士隊と遊撃隊の有志を募って一隊とした。伊藤は、講和条約締結以来、一貫して行動を共にしてきた同志であり、また遊撃隊は、総督石川小五郎や軍監高橋熊太郎（水戸浪士）、所郁太郎《いくたろう》（美濃の医師）らが賛成したことが大きい。もともとこの隊には、他藩からの脱藩者が多く、藩政府や毛利家への忠誠心はそれほどなかったから、比較的参同を得やすかったこともある。なお、一旦挙兵に賛成した御楯隊総督の太田市之進は、書記の品川弥二郎らに止められ翻意した。違約を恥じて断髪したが、晋作の怒りは治まらず、激論のあげく一時は興奮した太田が晋作を斬る、あるいは切腹して決着を付けるなどと口走ったようだ。松門の同窓、野村靖が間に入って和解し、出陣にさいして、太田より酒大樽一箇と魚数尾を贈って励ましているが、彼自身の参加はない。

功山寺（下関市長府町）

　挙兵は、この演説が行われた数日後の元治元（一八六四）年一二月一五日夜半に決行された。長府功山寺にいた三条実美ら五卿のもとに、暇乞《いとまご》いの挨拶にやってきた晋作は、紺糸威《こんいとおどし》の小具足を着け桃形の兜《かぶと》を首に掛け、自慢の太刀を手にしていたというが、寝所から出てきた三条卿の振る舞う

着用した鎧・兜（萩博物館蔵）

晋作出陣の像（功山寺境内）

出陣の冷酒を一気に飲み干しながら、これから長州男児のお手並みをご覧に入れますと豪語して立ち上がった。遊撃隊が本拠を置く江月庵で戦備を整えたにもかかわらず、一旦わざわざ功山寺に集結し、気勢を挙げたのは、今回の出陣を私兵とするのでなく、あくまで五卿の意を体した義挙にするためであろう。

朝から降り積もった雪で真っ白になった功山寺の境内に参集したのは、力士隊十数人と遊撃隊の有志、それに奇兵隊などから馳せ参じた若干名であり、計八〇余人を数えたようだ。鎧・兜に身を固め、いざ出陣と采配を揮う晋作の馬前に、急を聞いて駆け付けた奇兵隊軍監の福田侠平が、行く手を阻むように雪中に坐り込み、「東行、君はあの獄中の苦しみを忘れたのか」と叫んだ。要するに、この少人数では到底成功を期しがたいから、しばらく全軍が決起するまで待てというのだが、勇み立つ晋作らに通ずるはずもなかった。大砲を引っ張る森重健蔵が、後から声を励まし、「総督御進みになったら宜《よろし》かろう」と叫んだのを機に、全軍発進となった。暁七ツ時というから、厳冬の朝四時、まだ真っ暗な中を雪明かりを便《たよ》りに門外へ押し出したことが分かる。

馬関へは、すべて長府藩領を進むことになるが、萩本藩への遠慮から、長府藩では家老某を急派して挙兵を思い止まるようにいい、もし聞かなければ、通行を認めないと伝えたが、激怒した晋作は邪魔立てするならば、実力で突破するのみと答えている。ただ、長府藩の微妙な立場も考え、表向きは海路を船で行くといったらしいが、実際は功山寺門前から西へ通ずる野久留米《のぐるめ》街道を真っすぐ馬関をめざした。武力衝突はなく、長府藩領を堂々と通過した。雪はすっかり止み、たまたま雲間から出た月の光に照らされながら、一面銀世界の中を粛々と軍勢を進めたという。

新地会所跡（下関市上新地町）

一六日の早暁、馬関へ入った晋作の軍は、伊崎新地（下関市上新地町）の会所を急襲し、駐在の役人をすべて萩城下へ追放して奪取を成功させた。俗論派の奸吏の罪状を書き記した高札を市中の各所に立て、挙兵の正当性を人心に訴えることに努めているが、そのさい、大いに困ったのは、晋作が率いる一〇〇名近い軍勢を養うに足る金も兵糧も何一つ持たず、ほとんど手ぶらの状態であったことである。幕府側のこの件に関する報告書には、会所の占領で晋作らは五〇〇両ほどの金穀を奪ったとあるが、これは事実ではない。踏み込んでみると、会所に貯えられた金穀はほんの僅かしかなく、軍資金獲得の目論見《もくろみ》は完全に外れた。長府藩からの情報と思われるが、晋作らの不穏な動きを察知した会所側が、予《あらかじ》め金穀を他へ移していたためらしい。

大坪町の了円寺を本営とした晋作らは、とりあえず会所を支配する馬関総奉行の家老根来上総《ねごろかずさ》と交渉して札銀一六貫をかき集めているが、これだけでは到底足らず、伊藤があちこち駆け回って、馬関の豪商で町年寄の入江和作から二〇〇〇両を借り出してきたという。挙兵の成否はまったく未知数であり、いわば反乱軍への肩入れに等しい危険極まりない行為であるが、入江本人が早くから晋作と親しく、奇兵隊のパトロン的存在として数々の支援を惜しまなかっただけに、このさい一か八か、晋作に賭ける気持ちが強かったのであろう。

軍艦奪取、海上砲台化

伊崎会所の奪取が成功したすぐ後、晋作は一群の死士と呼ばれた人びとを募り、一路三田尻へ急行した。一八人とも二〇人ともいう僅かな兵力であるが、沖合に停泊していた三隻の軍艦の奪取をめざしたものである。伊藤の回想では、六人ずつ三手に分かれて、小舟でいきなり軍艦に乗り付け、俗論派政府を打倒するための決起を告げ、もし反対ならここで刺し違えようと迫ったという。三艦奪取は一度に成功したのかどうかはっきりしないが、二六日朝には、まず癸亥《きがい》丸《まる》が馬関海峡に現われ、少し遅れて庚申丸と丙辰丸の二艦もこれに続いた。長州藩が有した洋式軍艦の三隻すべてが、晋作らにつき、馬関の市街を望む海上に勢揃いし、いわば海上砲台として藩政府軍を迎え討つことになったわけであり、これによりクーデター軍側の戦力は、飛躍的にアップした。

馬関再挙兵

晋作の功山寺挙兵の報を聞いた俗論派政府は、一二月一六日付で藩内全域に奇兵隊や諸隊に対して人馬の継立や米銀、食物の提供を一切禁ずる布達をした。一八日には、前田孫右衛門ら正論派の要人を野山獄に投じ、翌日早くも斬罪に処した。ここに至り晋作の挙兵を傍観していた奇兵隊以下の諸隊も、ようやく決起に踏み切り、萩城下への進軍のため、長府を発し、吉田を経て伊佐《いさ》方面に集結した。諸隊追討のため萩城下を出発、絵堂《えどう》周辺に布陣していた藩政府軍との決戦前夜のことである。諸隊はまだ反旗を鮮明にしておらず、陳情のため萩城下へ赴くというのみであったが、藩政府軍は、諸隊に対し武器を置き、速やかに退去せよという命令を発した。表向きこれに従う姿勢を示した諸隊は、兵器の収集や隊士の鎮撫に時間を要すると答えながら、実は盛んに戦闘準備をしていた。元治二（一八六五）年は、こうした緊迫した情勢の中で新しい年を迎えたのである。

正月二日、晋作は兵三〇余人を率いてもう一度伊崎の会所を襲撃し、その貯えていた金穀を奪った。討奸の檄《げき》と称する一文で俗論派が、藩公父子の「御趣意に相背き名は御恭順に托し其実は畏縮偸安《ゆあん》之心より名義をも不顧四境之敵に媚びほしいままに関門をこ《こ》ほち（破壊し）御屋形を破り剰《あまつさ》へ正義の士を幽殺し」「御両殿様の御正義を天下万世に輝し奉り御国民を安撫せしむる者也」（『防長回天史』第五編上、一六頁）などと述べるように、正論派の旗揚げを高らかに宣言したが、これが絵堂で藩政府軍と対峙《たいじ》している諸隊への強烈なメッセージであったことは言うまでもない。

赤禰の脱走

「奇兵隊日記」元治二年乙丑《いっちゅう》正月二日の項に、赤禰武人馬関より脱走とあるように、晋作の再度の挙兵後すぐ、奇兵隊総管赤禰武人が、馬関から脱走した。九州筑前の地をめざしたものであり、諸隊に加わっていた豊後日田の長三洲や久留米藩浪人の淵上郁太郎らが一緒であった。赤禰が馬関に現われたのは、前年一二月の半ば頃というから、この間、しばらく市中の各所に出没して、あれこれと画策していたことが分かる。

これより早く、赤禰は、奇兵隊や諸隊幹部の意を体し、萩城下に乗り込み、諸隊と藩政府との斡旋に奔走していた。太田市之進や野村靖が、晋作の挙兵に参加しなかったのは、赤禰の政治工作の邪魔をしないためであり、少なくとも馬関挙兵の頃までは、彼らがその路線を支持していたことは間違いない。四境の幕軍に対するには、まず国内の対立・抗争を解消すべしと考える赤禰は、武備恭順のための様々な建白をした。(1)三大夫の処分を寛大にする、(2)武器を充実して奸賊を防ぐ、(3)政府役人を厳選して邪悪な讒言《ざんげん》を拒ぐ、(4)岩国の周旋を止め、五卿の九州転座を撤回する、(5)藩主は萩から山口へ帰り人心を安定させる、などである。要するに、諸隊が軽挙妄動せず平静を保つことを条件に、野山獄に繋《つな》がれた正論派要人の釈放を求め、藩主が一刻も早く山口の地へ戻る。つまり俗論派の影響から脱して正論派政府の速やかな回復をめざしたのである。むろん、これは赤禰の個人プレイなどではなく、奇兵隊参謀時山直八ら数名を従え、藩政府と交渉しており、事実上、彼らは奇兵隊以下の諸隊を代表する立場にあったが、晋作が再度にわたり暴発したため、赤禰らの画策は、すべて水泡に帰してしまった。諸隊鎮圧の方針を決めた直後、早くも前田孫右衛門ら七名の投獄、および処刑は、そのマイナスの結果であろう。

事態の一挙挽回を図ろうとした赤禰は、一二月一六日の伊崎会所の襲撃後も馬関市内に留まり、諸隊の幹部たちを熱心に説いて回った。ある日、料亭に伊藤を呼び出し、高杉という男は事を共にする男ではないと、しきりに晋作と手を切るように説いた。赤禰の策略を詳しく知ろうとした伊藤は、コトバ巧みに話を合わせ、喋《しゃべ》りたいだけ全部喋らせたらしいが、事態はすでに急変し、奇兵隊以下、諸隊の側も挙兵を支持する人びとが圧倒的に増えていた。万事慎重でなかなか動かなかった奇兵隊軍監の山県も、すでに晋作に加担する覚悟を決めていた。おまけに、伊藤はこの話をすべてそのまま晋作に告げたため、この期に及んでまだ俗論派政府を信ずる赤禰斬るべしの声が一斉に上がった。窮地に陥った彼は、「才子に一杯食わされた」と書き残して、馬関から忽然《こつぜん》と姿を消してしまった。

2　藩内訌戦、萩城下へ進軍

鴻城軍の結成
豪農・商の支持を得た

馬関挙兵が成功して間もなく、晋作は吉敷郡矢原村の大庄屋吉富藤兵衛へ金四、五〇〇〇両の借用と湯田の生家に幽閉され身動きがとれない井上聞多（馨）の救出を依頼した。藩政府軍との決戦を目前に控え、諸方から軍資金を可能なかぎりかき集める必要があり、また年来の同志井上は、このまま放置すれば俗論派の手で暗殺される恐れがあったからである。絵堂での決戦は正月七日と伝えており、吉富を正論派の同志として遇していたことが分かるが、この手紙を托した密使某に、もし彼が俗論派に通じているような形跡があれば、直ちに刺殺せよとも命じており、緊迫した情勢下での判断であったことが分かる。なお、吉富の裏切りはなく、挙兵を支持する晋作宛手紙とともに軍資金二〇〇両余を提供している。

ところで、井上の救出は、長府より進軍してきた太田市之進が率いる御楯隊の手で行われた。小郡代官所を襲撃して金穀を奪った太田らは兵を進め、吉富と協力して監禁状態にあった井上を解放し、山口方面の有志を集めて編成した一隊の総督に推した。絵堂の戦いが始まって数日を経た正月一〇日のことである。鴻城軍と称したこの隊の規模は、発足後間もない二月現在、早くも三七〇名を数えたというから、急速に勢力を拡大しつつあったことが分かる。いずれにせよ、全兵力を合しても、せいぜい一〇〇〇名程度しかいなかった諸隊にとって、この新しい軍団の登場は、大いなる朗報であった。

内訌戦の勝利

正月七日に始まった絵堂の戦いは、戦書を投ずると同時に火蓋《ひぶた》を切った、いわば奇襲攻撃であり、諸隊の一方的な勝利に終わったが、なお兵員・武器ともに藩政府軍が圧倒的に優勢であり、勝敗の帰趨《きすう》は予断を許さなかった。現に萩城下から進発した政府軍は、粟屋《あわや》帯刀《たてわき》が率いる前軍が絵堂から赤《あか》村に展開し、次いで総奉行毛利宣次郎の中軍が明木《あきらぎ》村に陣を布《し》き、さらに児玉若狭の一軍が後詰として三隅《みすみ》村に控えていた。彼我《ひが》の戦力について、遊撃隊を除く大田《おおだ》方面の諸隊を一千七百余人とし、政府軍を前軍一千二百人、中軍一千四百人、後軍一千二百余人、計三千八百余人だったとする記録があるが、いささか誇張に過ぎる数字であり、実際には遊撃隊を合わせた諸隊は七、八百人程度であり、政府軍はその倍数の一千五、六百人から、せいぜい二千人ほどであったらしい。

絵堂から大田周辺に及び、南北に分かれて対峙する兵力は、いずれの戦場においても二倍を超える大差であり、数字上の優劣は明らかであったが、兵士の戦う意志や気力の面では、むしろ諸隊の側に軍配が上がった。というのは、萩城下から繰り出した政府軍は、世禄の武士としての誇りや使命感を有していたものの、この戦いに一身を賭ける大義名分を必ずしも持たなかった。一方、諸隊士には、正論回復を実現して四境にひしめく幕軍と戦うのだという、はっきりとした自覚があったからである。戦場で相まみえる兵士として、どちらが強かったのかは、改めて述べるまでもなかろう。戦意高揚を狙う藩政府が、戦死者を遇する香花料《こうげりょう》、実は報償金を定めるさい、諸士は金一〇両、足軽以下陪臣は金五両、中間小者は銀一五〇目などと、相変わらず露骨な身分差別を温存していたのも時代錯誤であり、やる気を失わせる一因であったかもしれない。奇兵隊のように百姓や軽輩出身がトップとなり采配を揮う諸隊に、そうした上下関係はもはや通用しなかったからである。

絵堂戦場跡（山口県美祢郡美東町）

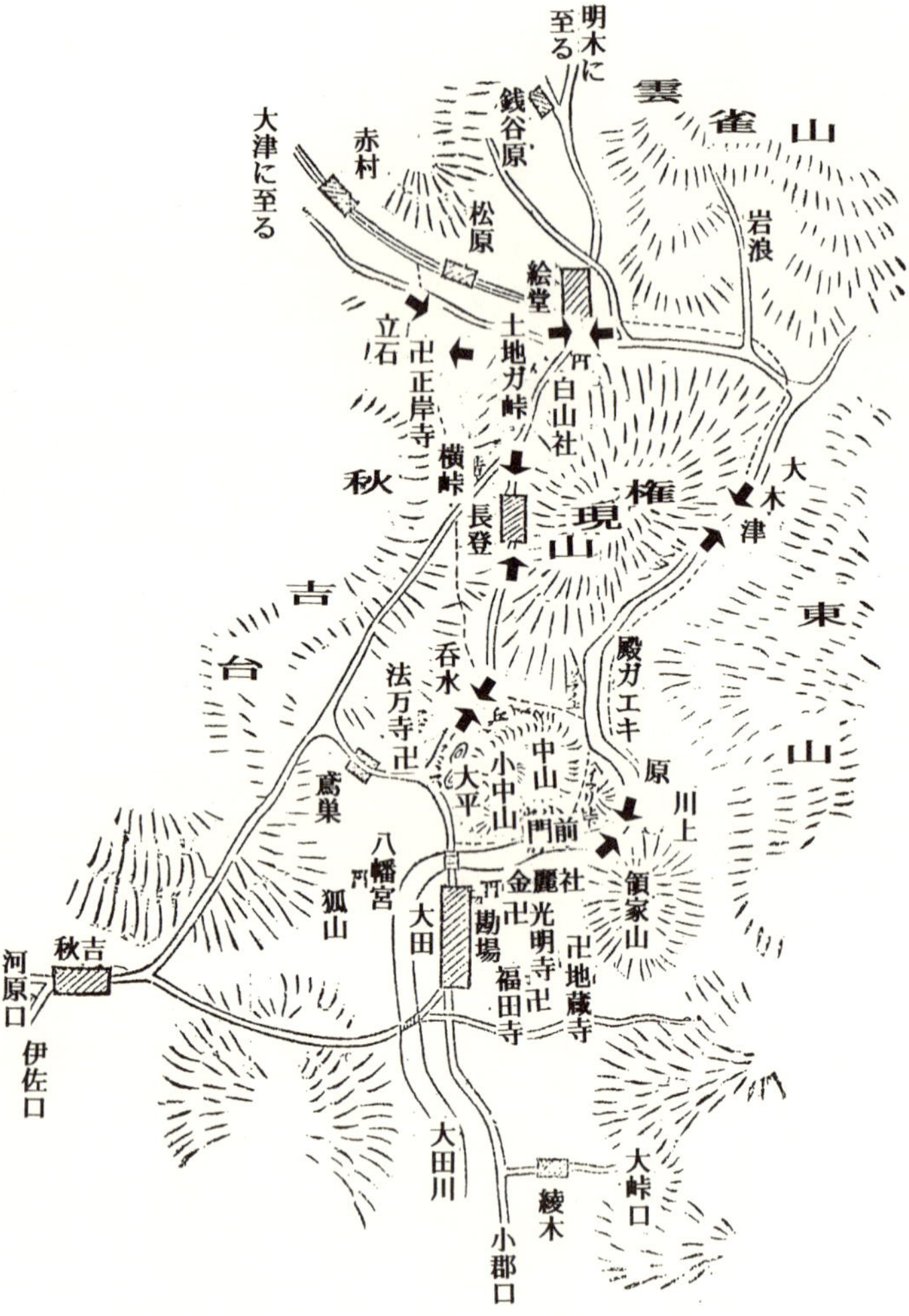

絵堂・大田戦争略図（『修訂防長回天史』第五編上，所収図により作成）

　ところで、絵堂の敗北を挽回するために、一転して政府軍は攻勢に出た。正月一〇日、赤村を発した政府軍は、兵力を二分し、主力を間道伝いの川上口へ向け、また別働隊を本街道沿いに長登《ながのぼり》口へ派し、盛んに陽動作戦を行った。これに対する諸隊は、川上口に奇兵隊の主力を向け、長登口には膺《よう》懲《ちょう》、南園、八幡隊や奇兵隊の一部などを配した。長登口の戦いは午前一〇時から一二時頃まで続き、敵軍を圧倒したが、政府軍の主力が集中した川上口では、奇兵隊が押し寄せる数倍の敵兵を支え切れず、一時は大田の本陣近くまで攻め込まれた。山県ら総大将自ら手兵を率いて敵陣へ切り込み獅子奮迅《ししふんじん》の働きで、ようやく勝利を収めている。敵の進路のあちこちに仕掛けた地雷火がいずれも不発で、戦術的退却が敗走になってしまったことも、苦戦を強いられた一因のようだ。

諸隊本陣・金麗社（美祢郡美東町）

　正月一四日、政府軍は、大田の金麗社《きんれいしゃ》を本陣とする諸隊を一斉に攻撃した。「是日赤村に陣せる粟屋帯刀は荻野隊を以て先鋒と為し絵堂より兵を分ちて味爽《まいそう》（未明）風雨を衝き鋭を悉《つく》して回復を謀る南軍八幡隊御楯隊膺懲隊奇兵隊南園隊之れが呑水《のみず》に逆《むか》へ太平堤に拠《よっ》て防禦し激戦巳牌《しはい》より未牌《みはい》に至る、今十時より二時まで」（『防長回天史』第五編上、三六頁）というから、実に延々四時間に及ぶ激しい戦闘が繰り広げられた。

互いに地形を利用した攻撃をしかけ、一時は諸隊が敗走する光景もあったらしいが、戦い半ばに間道伝いに来た奇兵隊の別働隊が、敵兵の側面を衝くことで何とか劣勢を挽回し、勝利を収めることができた。交戦中、雨が激しく降り始め、政府軍の火縄銃を使用不可にしたことも敗北の一因というが、当日先鋒をつとめた主力の萩野隊は、兵制改革に消極的で古い火縄銃を沢山有していたから、これが命取りになったようである。

ところで、藩内訌戦への晋作の参加は、少し遅れた。彼我《ひが》の衝突を馬関で知った晋作は、石川小五郎らと共に遊撃隊を率い、船で海路を埴生《はぶ》浦まで進み、ここから一旦吉田の地に集結し、正月一四日に大田方面の急を聞いて伊佐へ出撃、諸隊と合流したものである。

絵堂に始まった数次の戦いで何とか勝利を収めていたものの、政府軍の中枢はまだ健在であり、諸隊の優に倍する兵力を有していた。「加之北軍（政府軍）亦《また》勇敢善く戦ふ是《これ》を以て諸隊は一見成功の算なきもの如くなりし」（同前書、三八頁）といわれる状況に変わりはなく、このまま戦闘が続けば、やがてジリ貧となり、力負けせざるを得ないという見方が支配的であったが、この切羽《せっぱ》詰まった状況を一挙に打開するために、晋作は山県らの諸隊幹部と謀り、動員可能な兵力をすべて集中して赤村の敵本営を奇襲することにした。正月一六日夜半、闇に紛れて出陣した諸隊は松原、横野峠、立石の三カ所から一斉に正岸寺《しょうがんじ》に駐屯する萩野隊を攻撃した。主力となった遊撃隊は、戦線に到着したばかりの精鋭であり、晋作の陣頭指揮で猛烈に戦った。不意を衝かれた政府軍もよく戦い、交戦二時間に及んだが、ついに多くの死者を残して敗走した。

同じ日、山口から進撃してきた鴻城軍は、暁に乗じて佐々並《ささなみ》村に布陣する政府軍の一部を攻撃した。明木村の中軍から応援が駆けつけ激戦となったが、赤村方面の前軍が崩れたため、敵兵は陣地を捨て明木へ退いた。俄《にわか》仕立ての有志隊である鴻城軍に、軍隊としての熟練度は大してなく、政府軍と対等に渡り合ったこと自体不思議であるが、結果は鴻城軍の勝利となった。おそらく戦闘能力の不足を旺盛な戦意で補ったものであろう。

政府軍本陣・正岸寺（美祢郡美東町）

ところで、鴻城軍の進発に先立ち、一つの出来事があった。開戦の準備中に、萩城下から世子が出馬するのではないかという情報が齎《もたら》されたが、これを聞いた総督井上は、君臣の分を乱すことはどうしてもできない、自分は君前で義挙の次第を述べ、諫争して割腹するつもりだと言い張ったようだが、もう一人のリーダー吉富藤兵衛が、われわれの企ては君側の奸を除くためであり、君公父子が出馬したらたちまち武器を捨て切腹するなど、まったく理屈に合わない。それならば、最初から挙兵などしない方が宜しいと抗弁した。意見を求められた諸隊本陣の高杉や山県らも、まったく吉富と同じ意見であり、ようやく井上も納得し佐々並への進軍となったものである。世子小姓役に長く任じた日頃から血の気の多い井上らしい、いかにも情緒的な反応であるが、同じ小姓経験者の晋作は、まったく異なる冷静な割り切り方をしており、この辺は二人の考え方や性格の違いであろう。

清光寺党と鎮静会議員の対立

相次ぐ敗報を聞いた萩政府は、長府、清末《きよすえ》、徳山、岩国などの支藩や分家へ急使を送り、諸隊討伐のための援軍の派遣を要請しているが、正論派の勢力が強く、諸隊に同情的な藩も少なくなかったから、いま一つ反応ははかばかしくなかった。そのような時期、萩城下で大きな動きがあった。世禄の家臣団に属する年配者や選鋒隊に馳せ参じた人びとは、かねて奇兵隊や諸隊の過激な言動を苦々しく思い、これを断固取り締まるべきだと主張していたが、藩内訌戦の進展にともない、ますますその傾向を強くした。「清光寺に集り頗る勢力を得て政府の諸人と気脈を通じ諸隊と殆《ほと》んど不倶戴天《ふぐたいてん》の態度を以て時事に容喙《ようかい》せり」（『防長回天史』第五編上、四四頁）と言われた俗論派士人の集団であり、城下西田町にあった真宗本願寺派の清光寺に集結し、謀議を重ねたところから、清光寺党と呼ばれた。

やはり世禄の家臣団に属するが、ほぼ同じ時期、俗論派の専横が著しく政情悪化が進み、しかも藩内相争い国力が空しく疲弊することを憂い、これを何とか止めさせようと考える人びとが、城下瓦町の旅宿三笠屋に会した。いわゆる三笠屋組である。初め杉梅太郎、飯田吉次郎、正木退蔵ら村塾関係者を含む四〇人ほどであったが、しだいにその数を増やし、土原《ひじはら》の弘法寺に本拠を移した頃には総勢二〇〇余人となり、鎮静会議員と称した。正・俗いずれにも与《くみ》しない中立的立場から戦を止め、事態の鎮静化をめざす、つまり諸隊討伐の兵を速やかに止め、諸隊と政府軍の別なく挙藩一致体制を図るべきであるという意味を込めた名称である。

正月一六日、藩主への建白で杉梅太郎らは、「諸隊の勢日々強勢に相成諸郡諸士幷《ならびに》百姓迄も帰服仕容易誅滅難致且小民共奔命に労《つか》れ一揆を相企候者有之様評判仕候実以御大事之時と奉存日夜憂苦不安寝食罷在候」（同前書、四六頁）というように、数千人の政府軍が進発して一カ月にもなるが、討伐どころか、藩内各地の諸士や百姓たちの支持がむしろしだいに諸隊の側に集まり、日々の生活に苦しむ村々では、百姓一揆が起こりそうな険悪な状況となりつつある。武力鎮圧が一向に効を奏さないとすれば、義理で諭示する、コトバをもって条理を尽くし、人心一和の基《もとい》を開く以外に道はないのであるが、そのためには、一刻も早く討伐の兵を撤収するとともに、政府要路の交替、すなわち俗論派役人の一斉排除を行う必要があると主張した。

正月二五日、鎮静会議員の建白を入れた藩主父子は、晋作らに近い清末藩主毛利元純《もとずみ》を派遣して諸隊との和平に当たらせようとしたが、あくまで諸隊の討伐をいう清光寺党は、数十人が大挙して停戦交渉の命を受けた一行に迫り、これを何とか阻止しようとした。清末侯だけでなく、従者となった鎮静会議員にさまざまな圧力を掛け、暗殺を企てたりしたのは、そのためである。この日、政府軍の中軍総奉行毛利宣次郎は兵を率いて萩に帰った。玖珂《くが》駅まで出兵していた吉川監物も、清末侯が出馬したことを聞き、岩国へ戻った。

この間、晋作の意をうけた軍艦癸亥丸が萩沖に現われ、盛んに空砲を発して城下を威嚇するなどのことがあったが、ようやく正月三〇日、藩政府は諸隊討伐の兵を止める布達を、藩内全域に発した。

諸隊の側は、二月二日、停戦に応ずる一書を呈している。

正論派政府の成立

停戦交渉を進める一方で、政府要路の更迭も活発に行われた。正月二八日、山田宇右衛門を手当掛に登用、二九日には、兼重譲蔵《かねしげじょうぞう》と中村誠一を用所右筆役とした。翌三〇日までに、大納戸《おおなんど》役の椋梨藤太《むくなしとうた》ら俗論派の役人はすべて免職となっており、杉梅太郎ら鎮静会議員が主張していた政府要路の交替は、ほぼ要求どおり実現した。萩城下へ向けて進軍していた奇兵隊以下の諸隊が、この事実を知ったのは二月一日であり、生雲《いくも》村（現・阿武郡阿東町）で藩主の使者、山田宇右衛門や柏村数馬らと会い、停戦を受け入れたものである。

停戦成立により一時的な平和は回復したが、清光寺党に属する選鋒隊士の中には、この事態に納得のいかない人びとが沢山いた。萩往還の明木権現原で諸隊への使者となった香川半助ら鎮静会議員四名が刺客に襲われたのは、そうした時であり、諸隊と鎮静会議員との離間を策する狙いがあったらしいが、旧政府党の仕業《しわざ》であることは明白であり、大して成功していない。鎮静会議員の要請を受けた諸隊は、関係者の断固たる処罰を求めて萩城下へ進軍した。椋梨藤太ら一二人が海路、萩城下を脱走したのは、こうした追及を逃れるためである。初め岩国城下をめざしたらしいが、結局石州津和野領内で捕らえられた。解散したもと清光寺党への配慮もあり、他家預けのまま、なかなか処分が決まらなかったが、諸隊の強い要求で、結局、閏五月晦日《みそか》、野山獄で斬られた。幕府の大軍との開戦必至の情勢からみて、藩内外へ断固たる決意のほどを示す、戦意高揚の意味もあったのだろう。

干城隊の編成

藩内訌戦で何度も血を流して戦った諸隊と政府軍の憎悪の念は極めて強く、両者を和解・融和させ、挙藩一致体制を確立するのは容易ではなかったが、晋作や鎮静会議員の人びとは、これを干城隊《かんじょうたい》の結成で何とか実現させようとした。もともと干城隊は、世禄の家臣団、なかんずく鎮静会議員の中から精鋭の士を選んで編成されたが、そのさい、晋作自身が、「諸隊の規律法度《はっと》も干城隊より初マリ、諸隊之指揮号令も干城隊総督政府より請け、会議処江諸隊の総管を呼出し申合様相成云々」(『史料』一、二八〇〜一頁)などと言うように、藩内各地に展開する諸隊をその支配下に置きながら、しかも、「総御家来中の模範」(『萩市史』第一巻、九六二頁)となり、やがて押し寄せて来る四境の敵に当たろうとしたものである。総督に家老福原駒之進、頭取に松門の大組士佐世八十郎が任じられたように、いわば藩ぐるみで発足した新しい軍隊であり、付属の諸隊として衝撃隊(岡部富太郎ら大組士)、浩武隊(浩武塾入校の少壮者)、精鋭隊(清光寺党の有志)、集義隊(小郡宰判の郷勇)、鐘秀隊《しょうしゅうたい》(無給通の有志)、酬恩隊(徒士以下)などがあった。この他、足軽以下の有志の隊も幾つかあり、指揮官を送り込んだ郷勇隊(農兵)や市勇隊(町兵)などの数隊まで含めると、支配下の諸隊は総計二〇近くに達し、それ自体が、干城隊を頂点にした強大かつ組織的な軍事体制として機能した。結成の計画そのものは、二月上旬、「止戦鎮静」の成立直後からあったが、藩許を得た正式の発足は三月一五日である。なお、藩内訌戦で政府軍と戦った奇兵隊以下の諸隊は、これとは別に定員を決められ、それぞれ独立の隊として存続した。

3　馬関開港論

馬関の本藩直轄化を唱える

馬関開港の計画は、四国連合艦隊との講和交渉の頃から晋作や伊藤らの間で密かに議されていたが、肝心の馬関の地そのものが、本藩領は市街地の西端の一部しかなく、大部分は長府・清末藩の所有に属したから、この時点では、単なるアイデアでしかなく、具体的な替地云々の話もなかった。この問題が表面化したのは、諸隊と政府軍の停戦後間もなく、晋作が長崎へ情報収集や武器調達のために出掛けたときである。長崎へは当初、イギリス遊学をめざす晋作が、渡航の伝手《つて》を得るため出掛けたものであり、遊学を誘われた伊藤が一緒であったが、接触を試みた英国商人グラバーや函館英国領事のラウダーらに、今は悠長にイギリス遊学などしている場合ではない。鎖国はもはや時代遅れであり、むしろ率先して馬関開港を行い、長州藩の独立を実質化したらどうかと勧められた。馬関を開港し、英国ルートの貿易で利益を挙げれば、藩の経済力は飛躍的に増大し、防長二国の割拠は、その実を収めることも夢ではないというわけである。

周防大島（屋代島）への出入り口を確保するため、かつて岩国領の遠崎村を本藩領へ移したように、似たような事例がなかったわけではなく、旧領に見合う適当な替地を提供すれば、領地の交換そのものに、さしたるトラブルは起こらない。もっとも、馬関の場合は、交通の要衝を占める港町であり、商業地としての経済的効用性が莫大であり、現に長府藩のドル箱的な存在であったから、単なる換地のみで済むような話ではない。もし本藩領へ移されるならば、その代償として三万石の地と貢税収入一〇年分を欲しい、公称五万石の長府藩の表高と同程度の見返りを求めたのは、そのためである。晋作らは、それぐらいの補償をしても、このさい、馬関の支配を本藩領へ一本化し、開港に踏みきるべきだと考えたらしいが、藩政府は、あまりに補償額が大きすぎることに難色を示した。

三万石云々という具体的な要求は、晋作の亡命騒動後のことであるが、初めこの話を伝え聞いた長府藩士たちが、本藩の都合で、自藩の貴重な財源を一方的に奪われるのは承服できない。おまけに馬関開港で、外国人が自由に出入りするようになるのは、なおさら許しがたいと考えたのも、分からないではない。断然反対の声が沸騰する中で、計画の中心人物が晋作であり、井上聞多や伊藤俊助らが強力にバックアップしているのを知ると、激昂した人びとは、三人を刺殺して問題の一挙解決を図ろうとした。血気に逸《はや》る報国隊士の泉十郎らが馬関の町に出没し、晋作らの身辺を探り始め、いつ襲撃されるか分からない、極めて危険な状態となった。本藩政府がこの件について確たる方針を示さず、いたずらに議論を重ねていたことも、問題をますます複雑にした。

暗殺を逃れ亡命する

長府藩士に命を付け狙われた三人は、馬関から一旦姿を消すことにした。三人一緒の逃亡は、目立ちすぎるから、それぞれ別行動をとることにしたが、井上は九州別府へ去り、また晋作は初め伊予松山、一時大坂、のち讃岐の金毘羅《こんぴら》、さらに福山鞆《とも》ノ浦などを転々とした。伊藤は長州藩と因縁の深い対馬へ渡り、そこから朝鮮へ逃れようとしたようだが、脱出の機会を得ないまま市中に潜伏した。

晋作の脱出劇は、相変わらず迅速かつ巧妙であり、身近にいた人びとも気付かない、あっという間に姿を隠している。しかも、この逃避行には、おうのという愛人ともう一人馬関の商人紅屋木助《べにやきすけ》（喜助）が同行していた。旅費は井上の分も含めて、白石正一郎が負担したという説もあるが、讃岐から晋作が出した五月一四日付の入江和作宛手紙に、路銀はあるが、不足すれば報せるので宜しくと書いており、彼が用立てたものらしい。「出足のみぎりは色々御厄害に相成り、御厚情幾久敷しく忘却仕らず候」（『全集』上、三九五頁）ともいうから、今回の亡命行は、すべて入江がお膳立てしたと考えるのが自然であろう。

愛人おうのを伴ったのは、筑前福岡で捕吏の眼を誤魔化すために、童女を背中に負《お》ぶって逃げたのと同じやり方であり、商家の若旦那が女連れで物見遊山に出掛けるふりをしようとしたものらしい。頭を町人髷《まげ》に結い、身にまとう着物もすべて町人風に仕立てた。高杉晋作の本名は使わず、備後屋三介、助一郎、助次郎などの変名を称したのも、従者を装った同行の商人紅屋木助に合わせたものであろう。

入江への手紙は、馬関を出てすぐ松山の道後温泉に七日ばかりいて、讃岐に来たようにいうが、その前にごく短い間だが、松山から一旦船で大坂へ出たようだ。長州人の上方潜入にはとりわけ厳しい詮議のただ中に、最大の有名人とも言えるもと奇兵隊総管の晋作が姿を見せるのだから、これ以上ない大胆不敵な行動であるが、晋作の狙いは、但馬出石《いずし》に潜伏中の桂小五郎に何とか接触し、帰国を促すことにあった。「その内ちょっと但馬城崎湯にまかり越したく存じ居り候」（同前書、三九六頁）というのは、湯治を名目にしながら、なお但馬行の機会をうかがっていたことを示すものであろう。ようやく大坂に上陸したものの、街道筋の警戒が厳しく、身動きがとれなかったからである。早くから巷の遊里に出入りし、町人風には随分慣れていた晋作であるが、その身のこなしや口の利き方まで変えることは難しく、案の定、大坂市中心斎橋の古本屋で兼好法師の「徒然草」を求めるなど、町人らしくない突飛な行動に出て、早くも身元を怪しまれている。その場は何とか言いつくろい、突然の旅立ちに驚く愛人おうのを急《せ》き立て、すぐさま船に逃げ込み、四国をめざしている。

日柳燕石旧宅・呑象楼跡（香川県仲多度郡琴平町）

多度津《たどつ》へ上陸したのは、金毘羅一帯に勢力を張る博徒、榎《え》井《ない》村（現・香川県仲多度郡琴平町）の侠客日柳燕石《くさなぎえんせき》（長次郎）を頼ったものであり、おそらく予定の行動であろう。早くから水戸学や国学を学び、尊王の志の篤い風変わりな侠客として知られていた燕石といつどこで知り合ったのか、その接点ははっきりしないが、奇兵隊時代に馬関の侠客船木屋某と交際があり、その紹介ではないかといわれる。九州別府へ逃れた井上が、やはりこの地の侠客灘亀の元に匿《かくま》われており、同じルートならば、ヤクザ仲間の仁義をそれぞれ頼ったことになる。ただ、彼らの旅費は、いずれも入江の懐から出たと思われるから、逃亡経路や潜伏先に至るまで、すべて彼が手配した可能性も依然として否定できない。馬関を代表する商人の入江は、商売柄、各地の俠客といろんな形で付き合いがあり、晋作らの庇護を依頼するぐらい、朝飯前の仕事だったはずだからである。同行した紅屋某は、その道案内であったのかもしれない。

丁半いずれか、サイの目を争う博打《ばくち》のかたわら、森田節斎《せっさい》に師事するなど、早くから勤王の勉学に打ち込んだ燕石は、自ら歌を詠み詩文に巧みであるだけでなく、この地を訪ねる幕末の志士たちのパトロン的存在でもあったが、勤王博徒の異名に背かず、突然現われた一面識もない、天下のお尋ね者の晋作を大いに歓迎した。手厚くもてなされた晋作は、入江への手紙で、「日柳氏博徒の頭、子分千人ばかりもこれあり、学文詩賦も腐儒迂生の及ぶところにこれなく、実に関西の一大俠客にござ候」(同前書、三九五頁)などと、最上級の賛辞を呈している。

金毘羅は、全国から来る大勢の参詣客で賑わう門前町であり、もともとお尋ね者が潜伏したり、諸国の情報収集をするのにまことに好都合の場所であった。晋作の場合もその例外ではないが、桂小五郎と並ぶ長州藩きっての大物として全国各地に人相書が出回っていた晋作への探索の眼はとくに厳しく、燕石の勢力をもってしても、いつまでも晋作を匿《かくま》うことは難しく、やがて彼の存在は高松藩当局に嗅ぎ付けられることになった。馬関新地の芸者上がりの愛人おうのと一緒で、とかくに派手な言動の多かったことも、人目に立った一因であろう。酒楼で遊興中、捕吏に踏み込まれた晋作は、とっさに機転を利かして懐の金銀を座敷中に撒《ま》き散らし、辛うじて燕石宅まで逃げ帰ったという。自宅もすぐに追っ手に囲まれることを知った燕石は、晋作を出来るだけ遠くへ逃がす時間稼ぎをするため、部屋一杯に紙を拡げて、絵筆を揮《ふる》い春画の制作に熱中しているふりをしたというエピソードが伝えられているが、真偽はともかく、日頃から周囲の意表をつく、数々の奇行で知られた粋狂人の彼ならば、ありそうな光景ではある。

なお、燕石は晋作を匿《かくま》った罪で捕らえられたが、獄中で「皇国千字文」を著すなど、相変わらず意気軒昂であった。のち許されて出獄、戊辰戦争に志願したが、慶応四（一八六八）年、北陸に従軍中に病死した。享年五二歳であった。

ところで、金毘羅を逃れた晋作らは、追手をかわしながら陸路を伊予川之江（現・愛媛県四国中央市）へ辿り着き、ここから船で備後鞆《とも》ノ浦（現・福山市鞆町）へ渡り、しばらくこの地に潜んだ。馬関へ帰ったのは、五月下旬か六月初めの頃らしい。替地問題はまだ解決していなかったが、但馬から戻ったばかりの桂の説得工作が効を奏し、晋作らに対する暗殺の危険はすでになかった。この頃、萩の父宛手紙で、「私事は下の関町人大年寄を相勤め候入江和作と申し候者の家に寄食仕り居り候」（同前書、三九八頁）と書いており、しばらく入江家に居候したようだ。ついでに言えば、桂は晋作の金毘羅行と入れ違いに帰国しており、この情報をおそらく彼は鞆ノ浦で知ったものと思われる。

4　薩長連合への道

藩政の要職に抜擢される

九月二六日、晋作は御手廻格に加えられ、御用所御国政方に任じられた。亡命行の前、講和条約以来の外国応接掛を辞職して無役であったが、この新しい職務は、行相府の財政をはじめ、国政の主要問題に関わるポストであり、藩政府がそれだけ彼に大きな期待を掛けていたということであろう。同日付で高杉和助を谷潜蔵に改めるように命じられたのは、晋作の名前が幕府側に知れ渡っていたためであり、この頃、藩命で要職にある人びとが次々に改名した、たとえば桂小五郎が木戸貫治（孝允）、村田蔵六が大村益次郎と改めたのと、同じタイプである。この他、桂小五郎とともに海軍興隆御用掛を兼任した。一一月一七日には、桂と並んで御米銀惣括引請・馬関越荷方頭人座勤務を兼任し、また一二月三日には赤間関伊崎新地都合役となり、応接場を指揮した。

禁門の変後、一〇カ月に及ぶ逃亡生活に終止符を打ち、但馬出石《いずし》より帰国、正論派政府の首相格となった桂が、新しく登用された晋作らと取り組んだ緊急の施策は、(1)岩国吉川家との融和・提携、(2)藩軍制の近代化、(3)薩長連合などである。

関ケ原の役以来、本家と分家の間柄にありながら、必ずしも親密でなかった吉川家との関係は、文久三（一八六三）年、萩本藩より支藩並みに遇され、岩国藩と称した頃から、随分と改善され、いわゆる長州藩を構成する四支藩の一として歩調を合わせるようになっていたが、これまでのしがらみをすべて清算し、挙藩一致体制を確立するには、なお一層の強固な関係修復が必要であった。慶応元年閏五月、吉川経幹《つねもと》が山口に出府したのはそのためであり、本藩主の前で長府、徳山、清末の三支藩主と共に、四境の敵に一致団結して当たることを決めている。

藩軍制の近代化、すなわち洋式兵制への全面再編は、軍政担当の用所役、事実上陸海軍のトップに挙げられた大村益次郎の指導で、着実に進められつつあったが、そのさい、新式の銃砲や艦船の購入が大問題であった。というのは、長崎表での外国商人たちを相手にした武器買い付けは、第一次征長役の後、幕府の妨害が甚だしく、うまくいかなかったからである。大村の命を受けた通訳官の青木群平は、長崎を駆け回るだけでなく、軍艦壬戌丸で上海へ出掛けたりして武器調達に奔走したが、入手したのはせいぜい数百挺にすぎず、長州藩が求める万余の新式銃や甲鉄艦の購入にはほど遠かった。

坂本龍馬の登場

桂や晋作らが兼任した海軍興隆用掛は、そうした武器購入をもっぱら担当する職務であったが、長州藩の名義でこれを行うことは事実上出来なかった。つまり何らかの仕掛けや工夫が必要であったが、土佐藩浪士の坂本や中岡慎太郎らが提案したのは、薩長両藩がこれまでの対立・抗争に終止符を打ち、改めて対幕戦争を想定した協力関係を結ぶことである。いわゆる薩長連合であるが、むろん、その実現までには、幾つかの段階があった。坂本が考えたのは、さしあたりまず長州側が薩摩藩の名義を借りて武器を購入し、その見返りに薩摩の艦船の馬関海峡の通行を保証し、必要な薪水食料などを供給するというものである。幕府の監視の眼を逃れるため、薩摩藩の名義を借りることはあくまで秘密にされ、公には対馬藩との交易を装い、「対州物産」と称した。

「薩賊会奸」の四文字を下駄に印して日夜踏み鳴らしていた長州藩の人びとにとって、薩摩藩との和解、やがて連合などほとんど論外であったが、桂に代表される新政府の中枢は、早くからその必要性を感じ、実現の可能性を探っていた。禁門の変の敗北で味わった激しい怒りや悲しみは、彼らとて例外ではなく、薩摩藩への強い不信感はあった。ただ、そうした彼らが薩長の連合を考えたのは、強大な幕府権力を打倒するには、長州一藩の力では到底不可能であり、互いの連携なくしてあり得ない。政治の中枢にいればいるほど、そのことを日々実感していたからである。しかも四境に押し寄せる幕軍と対決するには、大量の銃器や軍艦が今すぐに必要であり、手段を選ぶような余裕はまったくなかった。この切羽詰まった事態を打開するために、坂本の提案は、まさしく渡りに舟であった。

慶応元（一八六五）年七月、井上や伊藤が長崎へ派遣されたのは、その交渉に当たるためである。坂本が創めた亀山社中、のちの海援隊が武器の購入や運搬に活躍しているが、最新のミニエー銃四三〇〇挺と旧式のゲベール銃三〇〇〇挺、それに英国製の木造蒸気船ユニオン号（三〇〇トン）の獲得に成功した。なお、計一三万一五〇〇両の代金は、すべて藩の特別会計として永年、営々と貯えられてきた撫育金（幕府お手伝いや飢饉時の非常用金）が当てられた。この時点でなお二〇〇万両を藩庫に残していたというから、戦争準備の軍資金として不足はない。

禁門の変で桂が戦火を潜っていた頃、晋作は野山獄におり、また井上や伊藤らはロンドン遊学中であったから、三人とも薩摩兵と直接刃を交えて戦った経験はない。つまり薩賊意識はそれほどなかったはずであるが、意外にも晋作は、薩摩藩にあまりよい感情を持っていなかった。薩長連合の話は、晋作がまだ讃岐の金毘羅に滞在中、水戸の浪士斎藤某らが西郷の意を体して来たというが、当初はほとんど興味を示していない。薩摩藩の公的な使者でなく、単なる浪人の打診である上に、自らは亡命中ということを考えると、はかばかしい反応をしなかったのも当然であるが、もともと晋作は、薩摩藩士を理よりも情の勝った得体のしれない存在、しかも利によってどう動くか分からず信用しがたい人びとであると見ていたようだ。早くから、長州藩と並ぶ尊王攘夷の担い手として奔走していた薩摩藩が、ある日突然方針を一八〇度転換し、会津藩と組んで堺町御門の政変を演出したという一事だけでも、晋作を疑心暗鬼にさせる理由は十分あった。幕末志士の誰もが英雄視した、人望一世を覆う西郷隆盛についてほとんど何も語らず、また積極的に会おうとした形跡がないのも、薩摩の人間にさほど興味を持たなかったからであろう。

憎悪感がより強かった桂が、むしろ薩長連合に積極的であったのは、早くから中央で公武周旋に関係し、薩摩藩の実力を晋作よりずっと理解していたからであろう。防長二国が消滅するかもしれないこの難局も、薩摩藩の力を借りれば、何とか乗り切ることができるのではないか。そのように考えた桂が、年来の怨念《おんねん》を捨て、このさい討幕戦争のための連携をめざしたのは、政治の中枢にある人物としては、極めて当然の姿勢といえる。

薩摩藩人に一線を画した晋作ではあるが、桂が進める薩長連合そのものには反対しなかった。現に井上や伊藤らの武器調達に賛成し、これを強力にバックアップしたが、藩内には、薩摩藩経由のこうした作業を喜ばない、それどころか激しく反発する人びとが沢山いた。ユニオン号が甲鉄艦でなく木造船であることに難色を示し、また銃器の値段が高すぎるなどという理由で一時契約をキャンセルしようとしたのも、本音は、薩摩藩の名義借りに釈然としなかったからである。

武器購入を仲介した見返りとして、薩摩藩から上洛の兵士を養う兵糧米の提供を求めてきた。九月二一日に出た長州再征の勅許を有名無実化するため、西郷が急遽兵を率いて上洛するのに要する食糧であった。申し出を受けた長州藩は、これを承諾し、藩内から大量の米を集めた。このとき提供した米は五〇〇石とも一二〇〇石ともいうが、その半ばをとっても、一〇〇〇人の兵を半年近く養えるだけの量であった。しかも、長州藩はこれを、無償で薩摩藩へ提供した。この頃、米一石が金六両余の相場であり、少なく見積もっても金三〇〇〇両を負担したことになる。

乙丑丸《いっちゅうまる》事件

薩摩藩名義で購入する武器は、すべて亀山社中が仲介の労をとりながら、長州藩へ引渡される複雑な経路を辿ったから、相互に誤解やモメ事がなかったわけではない。

初めユニオン号と称した木造の蒸気船は、薩摩藩では桜島丸といい、また長州藩では乙丑丸《いっちゅうまる》と命名したが、この船の所有や運用をめぐって、それぞれの解釈が異なり、紛糾した。長崎で井上や伊藤らが交渉した段階では、船籍は薩摩藩とするが、船の代価は長州藩が支払う。ただし船の運用については亀山社中に任せるという複雑なものであったが、この亀山社中の関与に長州藩の海軍局が異議を唱えた。当初の交渉条件が必ずしもはっきりせず、薩摩、長州、亀山社中誰のものでもない、いわば三者共有の船のように受け取られていたことが、紛糾の原因であった。薩摩藩は名義貸しの権利をいい、海軍局は長州の金で購入した自藩の船をなぜ運用できぬのか、早急に引き渡すべきだと主張したが、亀山社中に言わせれば、単なる船の売買や受け渡しだけなら、われわれは一体何のために汗を流したのか分からぬと大いに不満であった。

交渉条件の改変は難航し、この間、亀山社中の上杉宋次郎が責任の一端を問われて自殺するなどがあり、ようやく慶応二（一八六六）年六月、船を長州藩へ引渡すことが正式に決まった。これに先立つ二月二七日、藩政府は薩摩藩との交渉のため、接薩使を鹿児島城下へ派遣することにしたが、その正使に晋作、副使に伊藤俊助が選ばれた。事件そのものに不快感を隠さず、薩摩藩へも不信感を募らせていた晋作が薩摩行きを命じられたのは、たまたま薩英会盟の情報が伝えられ、晋作がその場に同席したいと望んだからである。

晋作らの交渉は長崎の薩摩藩邸ですべて済み、鹿児島行きはなかったが、これは薩摩側が成立したばかりの薩長連合に必ずしも賛成しない城下の微妙な雰囲気を伝え、今この時期に長州藩士の来訪は好ましくないと、晋作らの鹿児島訪問を断って来たためである。

薩長連合の盟約

ところで、薩摩と長州両藩の連合を正式に成立させるための桂と西郷のトップ会談は、なかなか実現しなかった。慶応元年閏五月五日、坂本らが提案した馬関で両者が会う話は、西郷が結局来関せず、桂に待ちぼうけを喰わしただけで終わったが、この非礼に怒った桂は、坂本の熱心な周旋を断り、なかなか会談に応じようとしなかった。奇兵隊以下の諸隊の人びとが、なお薩賊意識を強く有しており、その対応に追われていたことも一因であるが、説得工作には主として晋作が当たり、桂の上洛を強く勧めた。

慶応二（一八六六）年正月八日、薩摩藩の要請でようやく上洛した桂と西郷の会談もいたずらに宴会を重ねるだけで、実に十数日を無駄に費やしている。桂の側は、立場的に弱い長州藩が交渉を切り出すような屈辱的なことはできないと考えた。西郷が積極的でなかった理由ははっきりしないが、薩摩藩としては、おそらく桂と会えただけで十分実を得たわけであり、明文化した盟約を交わして何かと拘束されることを避けたいと思っていたようだ。

このいわば延々と続くお見合い状態には、遅れて参加した仲介者の坂本が怒り出し、ついに薩摩側が折れて交渉開始を承諾し、正月二一日に六カ条に及ぶ薩長連合が成立した。盟約の趣旨は、長幕開戦の場合には、薩摩藩は京坂方面に出兵して王城の地を制圧し、後顧の憂いを断つ。また長州藩の冤罪解除に尽力し、これが実現した後には、両藩が誠心をもって皇威回復のために周旋する。幕府がこれを拒むようなときは、薩摩藩は軍事行動に出るなどである。万一、長州藩が敗色濃厚な場合でも、半年や一年の間は、薩摩藩が援助の手を差し伸べ、戦争の継続を図ることも付け加えられた。

5　海外遊学を企てる

ロンドン密航を支援する

文久三（一八六三）年五月一二日、長州藩は志道聞多《しじぶんた》（井上馨）ら五名の留学生を横浜港から送り出したが、この時点ではまだ、諸藩レベルの海外渡航は許されておらず、藩ぐるみの立派な密出国であった。かねて海外事情を直接学ぶ必要性を強く感じていた周布政之助ら藩政府首脳が決断したものである。英国商人ガワーと組んで密出国を周旋した藩御用達の大黒屋は、周布から長州藩では一の器械、人間の器械を求めたい。今こそ尊王攘夷が世論であるが、これは一旦日本の武威や実力を外国に示すためであり、やがて必ず各国交通の日がやって来る。そのさい、西洋事情を熟知していないとわが国に一大不利益となる。そうした新しい時代に役立つ器械として、われわれは留学生を派遣するのだと聞いた。謀議の席には、周布だけでなく桂小五郎や久坂玄瑞らも顔を見せたというから、藩内激派をも巻き込んだ本格的な計画であったことが分かる。

夷狄《いてき》討つべしを叫び、藩上下を挙げて攘夷運動に取り組んでいるまさしくその時期に、一方で海外へ留学生派遣を企てるのは、大いなる矛盾であるが、周布ら長州藩正論派の人びとは、攘夷戦争の向こうに早くも開国、万国が自由に往来する時代が来ることを見越していた。その辺は、九年前に下田踏海を企てた吉田松陰の場合と変わらない。とはいえ、攘夷論を唱える口の下で、開国の日に備えようとする複雑怪奇の進退であり、もしこの計画が公になれば、藩の信用は一挙に潰《つい》え、また周布らは忽ち殺される危険性があった。さすが剛腹の大黒屋も、事の重大さに驚き蒼褪《あおざ》めたという。なお、周布は派遣する留学生として、すでに野村弥吉（井上勝）と山尾庸三を選んでいると告げたが、後でこれに志道聞多、遠藤謹介、長嶺内蔵太（のち伊藤俊助と交代）らが加わり、計五名となった。

ところで、この企てに晋作は、どのように反応したのであろうか。文久二（一八六二）年一〇月一九日付の長嶺内蔵太宛手紙で、「しかるに老兄・志道兄はすでに外国行思《おぼ》し召《め》しこれあり候えども、外国行の儀は、弟死地に入り候事につき、諸君に代り弟仕り候てもよろしくござ候」（『全集』上、二三〇頁）と、イギリス行を交代してもよいと申し出ている。この年七月半ばに上海から帰ったばかりの晋作は、もはや単純な攘夷論者でなくなっており、上海で実見した列強の軍事力に驚き、その実態をより一層詳しく知るために、海外遊学の必要性を強く感じつつあった。死地云々は、閏八月末に決行した脱藩亡命が必ずしもうまくいかず、江戸藩邸に戻って鬱々《うつうつ》として楽しまない世捨て人的な状態にあることを指しており、これを何とか脱脚するため命を懸けても構わない、つまり世子小姓役の長嶺や志道らに代わろうとしたものである。いずれにせよ、情報をキャッチしてすぐに自ら手を挙げており、海外留学生の派遣には、まったく異論のなかったことが分かる。なお、志道以下の三名はこの話を聞き付け、後から強引に割り込んだ自薦組である。また最初候補者となっていた長嶺は結局辞退し、伊藤俊助がこれに代わった。

アメリカ行を企てる

元治元（一八六四）年八月、たまたま米国軍艦が馬関に来泊したが、晋作は、幕閣の要求どおり三条実美ら五卿をこのまま引き渡すに忍びず、このさい、思い切って海外遊学をめざしたらどうか、自らがその随員となって共に学ぶつもりであると提案した。最初、三条公はこの計画に大いに乗り気で、また相談に与《あずか》った伊藤俊助、山県狂介、野村和作らも双手を挙げて賛成した。すぐに野村は馬関で米艦乗り込みの工作を始めたが、途中で、肝心の三条自身が心変わりをしたため、止むなく中止となった。都を追われ無位無官となったが、もと公卿の立場を考えると、「苟《いやしく》モ天下ノ模範トナリ万世ノ標準トナルヘキ身ヲ以テ、脱走シテ外国ニ到ルハ太《はなは》ダ其宜《よろし》キヲ得ルモノニアラズ」（『史料』三、三七〇頁）というのが表向きの理由であるが、おそらく本音は、よく考えて見ると、まったく何の情報も持たない外国行がにわかに不安になったのであろう。話の出所が、朝敵となった長州藩であり、藩そのものがいつ潰れるか分からないことも、十分懸念材料であった。密出国はしたが、そのまま根無し草となって帰国できなくなる恐れが無いとはいえなかったからである。

「洋行ノ間十年ヲ経ルモ天下ノ事を謀ルハ未ダ必スシモ遅シトナサズ」（同前書、三六九頁）ともいうから、晋作自身は少なくとも数年間は海外生活を経験し、勉学に励むつもりであった。なお攘夷論沸騰のさ中であり、奇兵隊以下の諸隊の人びとには秘したまま、ごく少数の関係者だけで謀議された。時期的には、八月一六日、四国連合艦隊との講和談判が完了したばかりであり、互いに友好関係にあったから、来泊した米国軍艦と交渉して、アメリカ行の機会を得ることは、それほど難しい企てではなかった。

英国行を熱望する

元治二（一八六五）年二月、藩内訌戦が終わってすぐ、晋作は突然隠退の決意を洩らした。もともと自分は、粗暴の性質であり、これまでしばしば過激な行動に出て周囲に迷惑を及ぼしてきたが、今回これを深く反省し、「一先ず沈滅の人」（『全集』上、三八〇頁）となって第一線から退きたいというのである。馬関決起以来の一連の反政府的な軍事行動が、晋作の意図とはうらはらに、藩主父子に対してややもすれば不忠、武士道にもとる、怪しからぬ振舞いであったという想いは常にあり、これに一応のけじめを付けたいと考えたようだが、おそらく一番の理由は、このままいけば、正論派政府を成立させた最大の功労者として廟堂に迎えられ、藩の舵取りを委ねられるということであろう。これまでの経験から、政治家的センスは自分にはない。そうかといって、行政官としても到底失格であると考えた彼は、そうした煩わしい仕事をすべて回避したいと考え、あえて隠退宣言をしたのである。相談に与《あずか》った村塾の同窓、佐世八十郎《させやそろう》は、このまま晋作が野に隠れることを惜しみ、何とか決心を翻《ひるがえ》してしばらく海外に遊ぶ、つまりかねて希望していた英国遊学の話を持ち出したらしい。

三月五日付の佐世宛手紙で、「この度の英行も弟には大任なれども、これまでの罪をつぐなう一端とも相成らんかと相考え候。馬関もいずれ開港に相成らん、その節は御国の御為めに相成り候事も外より尽力出来ぬとも申されず候」(「全集」上、三八一頁)と言うように、遊学の目的は、先の五名の英国留学生派遣の場合と変わらない。英国行が駄目ならば墨染衣になりたい、頭を丸めて出家したいとも言っているが、これは必ずしも本意ではなく、旅費の工面も含めて、佐世の周旋を懇願する、つまり英国行をぜとも実現したいがためのコトバのあやであろう。

ところで、晋作は、二年前ロンドンに遊学したことのある伊藤俊助に同行を持ちかけている。しばらく海外で一緒に勉強しないかというものである。英国行の理由として、晋作は伊藤に、およそ人間というものは苦難を共にすることができるが、富貴を分け合うことは難しいと述べたというが、戦後の論功行賞で必ずモメ事が起こることを予感し、このさい潔《いさぎよ》く海外へ出たいという趣旨であろう。幕軍の長州攻めはしばらくない、つまり国内問題より対外関係が重要であるとも考えたようだ。

元治二年三月二四日、藩政府より高杉和作と伊藤春輔(俊助)の両名について、「英学修業、時情探索傍横浜被差越候事」（『史料』一、二八四頁）の沙汰があった。海外遊学についてはむろん極秘事項であり、また事情探索のための横浜行も、藩内激派に配慮した文言であり、実際にはまったく逆の長崎へ向かった。先述したように、いま長州を離れて遊学するのは得策でない、むしろ馬関開港に専念すべきという英国商人グラバーや函館領事ラウダーらの意見を容れ、一旦帰国したが、英国遊学の夢を捨てたわけではなく、この話は一年後に再度浮上する。

南貞助らの英国派遣

晋作らが英国行を諦めた直後、四月一七日付で藩政府は、山崎小三郎、南貞助、竹田庸次郎ら藩士三名に、「兵学修業 幷《ならびに》 時情探索の為め横浜に」（『防長回天史』第五編上、一二六頁）派遣を命じた。晋作らの場合と同じく、横浜行は単なる名目にすぎず、実は長崎から英国行をめざすものであった。慶応三年、帰国の途中に貞助は、香港で晋作の訃報《ふほう》を聞いており、イギリス遊学は二年程度であった。この間、山崎はロンドンで客死した。

なお、貞助は母方の親戚南家の次男であり、晋作より八歳年下の従弟になる。晋作が亡命騒ぎを起こした頃、高杉家の養子に迎えられ、百合三郎と称した。元治元年冬、萩城下を脱走して馬関挙兵に参加、藩内訌戦にも従軍した。むろん高杉家は離縁となり、一時義兄晋作に倣い、谷松助と名乗っていたものである。英国行は、旧姓に戻り南貞助として出発した。遊学の志を抱いたのは、馬関での停戦交渉の頃、「万国地誌略」を読んだのがきっかけのようだ。義兄の勧めで井上について英語の手ほどきを受けたというから、晋作らが英国行を考えた頃と大して変わらない。再三、英国行を熱望した晋作が、意外にあっさりと諦めたのは、その志を託する貞助の存在があったからであろう。現に伊藤は、高杉が自らの洋行の念を断ち、義弟の南貞助を代わりに行かせたものであると回想しているが、これを裏書きするように、晋作自身の「送義弟谷松助游学英国」と題する送別の詩にも、「汝吾志を継ぐを喜ぶ。我心汝と同じ。弟兄各地に離るるも、国の為に功を成すべし」(『全集』下、四八四頁)とある。兄弟の活躍する地は遠く離れていても志は同じ、互いに国のため頑張ろうというものである。

再び英国行をめざす

慶応二年二月二七日、晋作は接薩使として鹿児島城下へ派遣されることになったが、この任務は、もともと晋作が藩政府に申し出たものである。前年一〇月、薩摩藩名義で購入したユニオン号の取り扱いで紛糾していた、いわゆる乙丑丸《いっちゅうまる》事件について交渉するための鹿児島行であるが、この後、晋作は伊藤と二人で英国遊学を試みようとしていた。正使高杉晋作、副使林宇一(伊藤俊助)という人選がいかにもわざとらしいが、二月二六日付の桂宛手紙で、「この度春輔(俊助)同伴、薩人の末席に相加り候わば、外国人への都合至ってよろしく」(『全集』上、四六九頁)と言うように、薩英会盟立ち会いは単なる口実であり、この機会を利用して、英国行の便船を何とか得ようとする狙いがあったようだ。そう考えると、薩摩藩に必ずしも好感を持っていない晋作が、突然鹿児島行を希望した理由も、十分納得がいく。

前年春、英国行を認めたさい、藩政府は晋作に金一〇〇〇両、伊藤に金五〇〇両、計一五〇〇両の支度金を下付したが、この金は、長崎での諸雑費に当てられ、随分目減りしていたらしい。手元にある金を調べてみると、船賃と英国で二、三カ月間生活する額しかなかったというから、遊学費用には到底足らない。そこで二人は改めて、藩政府へ旅費の増額を願い出ており、四月二二日、金一五〇〇両の支給が決まった。『伊藤博文伝』上巻が、英国行の遊学費三〇〇〇両というのは、この再度の支給を合わせたものであろう。

なお、鹿児島行は、薩摩側の事情で実現せず、したがって海外渡航の機会も得られなかった。伊藤は接薩使の報告と金策のために一旦帰国、晋作はそのまましばらく長崎に滞在していたが、その間に二人の英国行を妨げるような事態が起こった。一つは、幕閣より四月二一日までに長州藩主父子や三支藩主、岩国の吉川経幹らに広島へ出頭せよと通告してきたことである。この幕命を拒めば直ちに長州再征の軍を進めるという一項があり、長州藩側がこれを最後通告と受け取ったのは当然であろう。この情報を長崎で聞いた晋作は、英国行を中止し、馬関へ戻ることにした。四月末の頃らしい。これに先立つ四月五日、第二奇兵隊が暴発し、一三日未明、立石孫一郎らの率いる百数十人が天領倉敷代官所を襲撃する事件が起こったことも無関係ではない。すでに幕府領で戦火が挙がった以上、早晩四境に押し寄せる幕軍との決戦を避けがたいのは誰の目にも明らかであったからである。

英国行は結局立ち消えとなったが、晋作ら二人に支給された総計金三〇〇〇両の旅費はどうなったのだろうか。新しく支給された分は手つかずであり、そのまま藩庫へ戻されたようだが、問題は、一年前に支給された金一五〇〇両である。先の願書のとおりならば、二人の船賃と英国での当座の生活費を合わせ、まだ半分ぐらいは残っていたはずであるが、晋作らは金の使途をはっきりさせないまま、言を左右にして返還を渋ったようだ。

旅費の追加を周旋した井上が、返還交渉にも関係しているが、借金をするか諸道具を売り払ってでも返還せよと迫る蔵元役に、金七〇〇両は薩摩名義の船の買入れの雑費に要したものであり、残り八〇〇両は彼らの借金としてもよいが、馬関決起以来の晋作の功績を思えば、一〇〇〇両くらいの金は褒美にしてもおかしくないと大いに弁じた。晋作は、松門の同窓、久保松太郎（清太郎）へ借金の工面をし、耳を揃えて返上するから五、六日間猶予して欲しいと述べており、一応返還の姿勢を見せたが、結局、これは実行されないままうやむやとなった。おそらく井上の説明が効を奏したのであろう。

英国行を止め、武器購入に奔走する

長幕の開戦必至と見た晋作は、一転して長崎中を駆け回って武器購入に当たったが、一番大きな買物は、英国商人グラバーから鉄張製の蒸気船オテント丸、のち丙寅丸《へいいんまる》を独断で購入したことである。「底込ライフル大砲三挺相備候」（「史料」一、三五八頁）というから、一応軍艦の体をなしているが、長さ一二二尺九寸（三七メートル余）、排水量九四トンのまことに小さな船であった。

晋作が勝手に契約し、自ら乗り込んで馬関に持ち帰ったオテント丸の必要性については、誰一人異論はなかったが、問題はその代金三万九二〇五両の支払いをどうするかということである。財政担当の山田宇右衛門らが、「御蔵元座御撫育共殆大困窮之至り」（同前書、三五五頁）、一般会計、特別会計ともにまったく余裕がなく、お手挙げであると嘆いたのは当然であろう。海軍局には何の相談もなく、個人の判断で軍艦を一隻買うなどという破天荒な行動に非難が集まり、一時は契約破棄も議されたが、開戦間際の緊急事態を考え、結局は撫育金で支払われた。

6 四境の役

海軍用掛、海軍総督となる

オテント丸の購入問題がようやく解決し、晴れて長州海軍の一艦、丙寅丸になった頃、藩政府より矢継ぎ早の辞令が出た。五月二七日、晋作は海軍御用掛に任じられたが、その後すぐ、六月六日には海軍総督に挙げられた。海軍局の並いる船将たちを差し置いた異例の抜擢であるが、奇兵隊初代総管以来の華やかな彼のキャリアを考えると、必ずしも納得しがたい人事ではない。

それはともかく、事の発端は、晋作本人が海軍関係の仕事をしてみたいと志願したことにある。同月五日付の木戸宛手紙に、「弟等中々海軍総括などハ却て迷惑仕候共、何トカ名を附ケ、海軍々務之差図被致候様御周旋奉頼候」（『史料』一、三六三頁）とあるように、今回の海軍入りは、晋作の希望をそのまま容《い》れたものである。おそらく長崎で購入したオテント丸が装備する最新式のアームストロング砲の威力を知り、これを駆使して存分に暴れ回ってみたいと思ったのであろう。もっとも、海軍のトップ、総督就任についてはまったく予定外であったらしく、これを報せる前原彦太郎（佐世八十郎）宛手紙で、思惑違《おもわく》いで大いに迷惑しているとぼやきながら、今度の戦いは陸軍よりむしろ海軍が主となる情勢であり、今はただ全力を尽くす覚悟であると述べている。

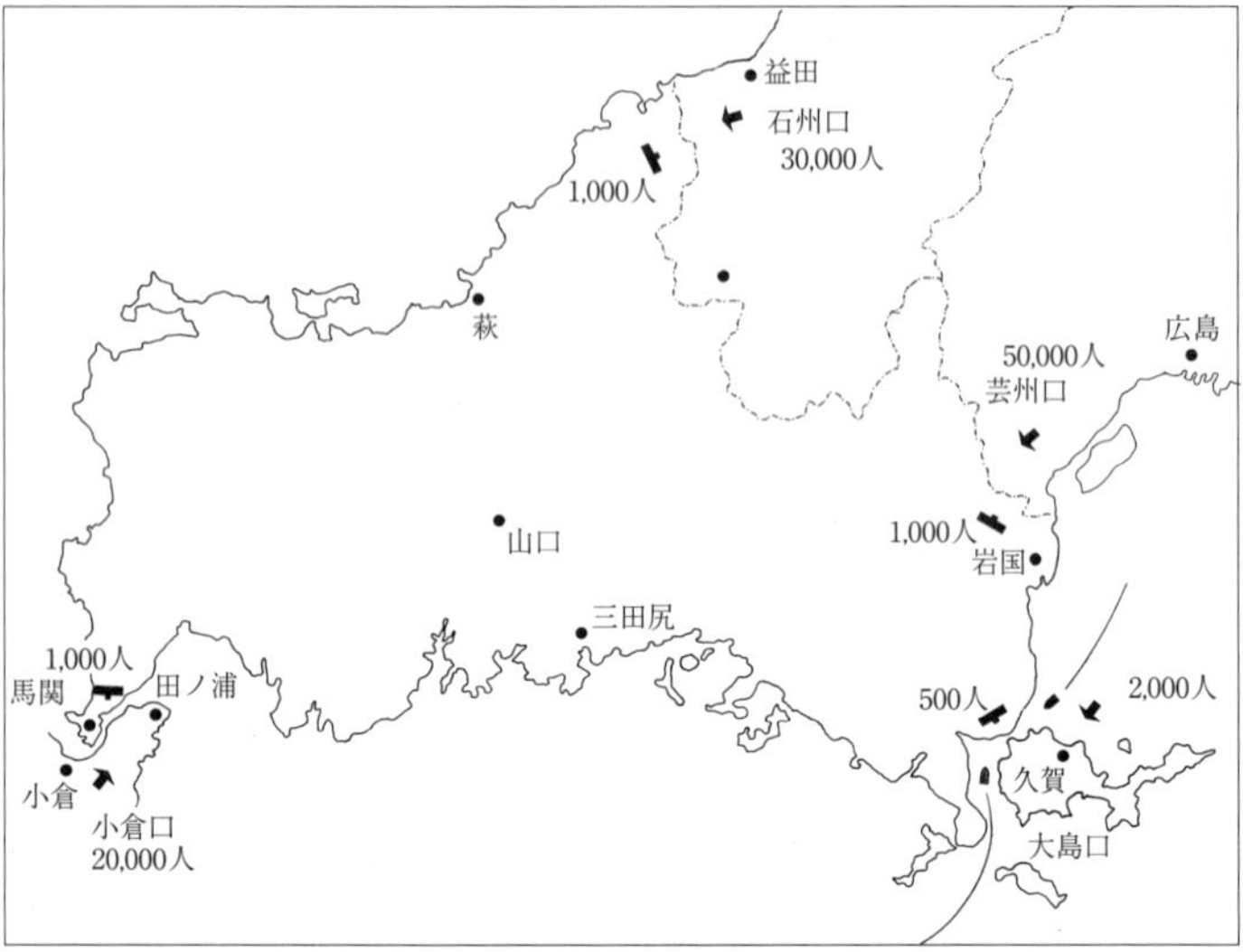

四境戦争略図

陸海両面にわたる極端な兵力差

長州再征令で動員された幕軍は、直参の旗本・御家人以下の幕府陸軍に、全国三二の藩兵を合わせ十万余人を数えたというが、これを迎え討つ長州軍は、藩の正規兵に諸隊士や農商兵を根こそぎ動員しても、せいぜい一万人ほどであり、兵力面の劣勢は覆うべくもなかった。攻防の拠点となった四境、すなわち大島口、芸州口（小瀬川口）、石州口、小倉口のうち、晋作が総大将となり指揮したのは、馬関海峡を挟んだ小倉口であるが、ここでも情勢はまったく変わらず、小倉・柳川・肥後・久留米・唐津藩兵などの計二万人に対し、馬関に展開した奇兵隊や報国隊などの長州藩兵は、僅か一〇〇〇人程度にすぎない。実に二〇分の一の兵力であるが、制海権をめぐる彼我《ひが》の海軍力は、それ以上に極端な格差があった。

事実、征長役に出陣した幕府海軍の旗艦富士山丸は、この年アメリカで完成したばかりの最新鋭艦である。全長六八メートル、幅一〇メートル、排水量一〇〇〇トン、三五〇馬力の巨艦であり、砲一二門を有した。この時期、長州藩海軍は五隻の軍艦を擁したが、そのうち実戦の用に立つ堅艦といえば、僅かに乙丑丸《いっちゅうまる》（木造蒸気船三〇〇トン）と丙寅丸《へいいんまる》（鉄張製蒸気船九四トン）の二艦にすぎず、癸亥丸《きがいまる》（一八三トン）、丙辰丸《へいしんまる》（四七トン）、庚申丸《こうしんまる》（トン数不明）の三艦は、大小の砲こそ備えていたが、いずれも木造帆船であり、戦闘艦というより、むしろ兵員輸送や補給ルートの護衛艦に近い。

大島口（大島大橋からの遠景）

周防大島の沖合には、この旗艦富士山丸を中心に旭日丸（七五〇トン）、翔鶴丸《しょうかくまる》（三五〇トン）、大江丸（トン数不明、一五〇馬力）などが和船十数隻を従えて展開しており、艦の大きさや性能、火力など、そのいずれをとっても長州藩海軍を圧倒していた。もともと互角に戦える相手ではなかったことが分かる。

丙寅丸の出撃、久賀沖の海戦

四境の戦いは、六月七日、大島口に現われた幕府海軍の艦砲射撃で始まり、翌日から一一日にかけ松山藩兵を中心とした幕軍数百人が上陸、全島を占領した。一〇日にこの報告を聞いた晋作は、直ちに丙寅丸に乗り

久賀沖を望む

込み出航を命じた。海軍の船将たちを集めた作戦会議も何もない、まさしく突然の出撃である。しかも、総督自らが陣頭指揮する丙寅丸たった一隻による、いわば特攻的な行動であり、無謀といえばこれ以上のものはない。

六月一二日、三田尻港に現われた晋作は、土地の豪商貞永久右衛門の家でしばらく休み、夜を待って大畠瀬戸から久賀沖へ向かった。星明かりにすかして見ると、敵艦は火を消して深い眠りについていた。居並ぶ幕艦の間にこっそりと潜入した丙寅丸は、突然左右の砲門を開いて射撃を始めた。慌てた幕艦は、急いで機関に火を入れたものの、なかなか蒸気が上がらず、まったく身動きができなかった。その間、晋作は縦横無尽に船を操作して撃ちまくった。至近距離とはいえ、照準も何もない暗闇での射撃であり、旭日丸その他の船腹を多少破壊した程度の戦果しかなかったが、夜陰に乗じたこの攻撃が、幕府海軍に与えた心理的効果は大きい。現に長州海軍のさらなる攻撃を避けるため、幕艦は急いで抜錨《ばつびょう》し、大島沖から去った。なお、旗艦富士山丸はたまたま伊予方面の海域に出動しておらず、晋作らが攻撃したのは、旭日丸などの三艦である。

ところで、今回の出撃は、幕艦現われるの報に接した突然の出来事で乗組員の数が足らず、船のエンジンなど一度も触ったことのない土佐浪士の田中顕助（光顕）が、急遽呼ばれて機関夫となり、また村塾の同窓、山田市之允（顕義）が砲手を務めるなど、指揮を執る晋作をはじめ、多くは馬関でにわかにかき集めた、海軍にはほとんど経験のない人びとである。田中は、攻撃開始を命じた晋作が、甲板の床几《しょうぎ》にどっかと坐ったまま軍扇を振りかざしながら勇ましく指揮した様子を伝えているが、総大将の彼のみは、なぜか馬関で乗り込んだ時の服装のまま、つまり海軍の制服を着ていなかった。どうして軍服を着ないのかと問うと、「鼠賊《そぞく》の船を撃破するには、此の扇骨一本で十分だ」（『史料』三、三五八頁）と豪語したという。田中はこれをいかにも晋作らしい元気、彼一流の洒落気《しゃれけ》と見たが、晋作にしてみれば、生死を懸けた戦いであればあるほど、どこまで平常心を保つことができるのか、指揮官として冷静沈着な態度を失わないために、あえて普段どおりの格好にこだわったのかもしれない。

幕艦がすべて去ったため、大島に上陸した幕軍は孤立したが、これを第二奇兵隊を中心とする長州軍が三方から逆上陸して攻勢をかけ、六月一九日には、早くも幕兵を敗走させ、全島を奪回した。敵の後背地に大兵を置いて芸州口の戦いを有利に導き、機会を見て一気に山口城下へ攻め込むというのは、征長軍にしばしば助言したフランス公使ロッシュの作戦らしいが、これ以後幕軍の大島攻略はなく、計画は失敗した。

小倉口の攻防

晋作が指揮する小倉口での戦いは、六月一七日、田ノ浦の上陸作戦で始まった。この日の未明、長州側は丙寅、癸亥、丙辰丸の三艦で田ノ浦に艦砲射撃を加え、港内の船や人家を焼いた。また乙丑、庚申丸の二艦を門司浦に派して艦砲射撃を行い、上陸した長州兵を

小倉口の攻防（『修訂防長回天史』第五編中，所収図により作成）

大里遠景（北九州市門司区大里）

側面から援護した。不意を衝かれた小倉藩兵は敗走し、長州軍は易々《やすやす》と敵の陣地に突入、砲台を破壊し多数の戦利品を得た。田ノ浦を制圧した長州軍は、海浜沿いに門司浦へ進撃した。海戦に参加した乙丑丸からこの攻防戦を見た坂本龍馬は、小倉藩の兵は戦闘技術が未熟で、その進退はいかにも見苦しいなどと報じているが、甲冑《かっちゅう》に身を固め弓矢や槍を担ぎ、足軽の鉄砲も大半は旧い火縄銃でしかない、関ケ原以来の古色蒼然たる小倉藩兵と最新のミニエー銃を装備した長州兵のダンブクロ姿の勝敗は、もはや誰の目にも明らかであった。事実、三〇〇余人の上陸部隊は、千余の小倉藩兵を各所で破った。

七月三日の早朝七ツ、午前四時を期し、長州軍は門司浦に上陸、大里《だいり》をめざして進軍、激しく戦った。大里の陣地や家を焼き、大砲を奪うなどの戦果を挙げたが、夕方には馬関へ戻った。幕府海軍の襲撃を避けるためである。海峡の周辺には、巨艦富士山丸をはじめ、順動、翔鶴丸などの幕艦だけでなく、小倉藩や肥後藩の軍艦数隻もいたから、背後を襲われると一挙に壊滅状態になる恐れが常にあった。敵陣地を攻略すると、すぐさま引き上げたのはそのためである。

幕艦の出現を嫌った晋作は、これを牽制するため上陸作戦の前、すなわち二日の夜半、和船に海軍や報国隊から選抜した五、六人を乗せ、小倉沖にいた富士山丸を奇襲させている。夜陰にまぎれて密かに忍び寄り、十数メートルの至近距離からいきなり船腹めがけて、予《あらかじ》め装塡した大砲三発を射ち掛け、蒸気釜を破壊しようとしたものである。攻撃を終えた彼らは、海へ飛込み泳いで帰ったというから、文字通り命懸けの特攻隊である。久賀沖の丙寅丸による夜襲と同じく、確たる戦果はなかったらしいが、この攻撃で富士山丸は海峡から一時退去、これが結果的に長州軍の上陸作戦を成功させたことは間違いない。

七月二七日、兵八〇〇人を率いて大里に上陸した晋作は、ここに本陣を構え、小倉城への進撃を命じた。大里口を海岸沿いに進撃するのは下策、正々堂々曾根口より進むのを中策、ひよどり越の古智に習い霧ケ岳から逆《さか》落としに突撃するのを上策などと作戦を立て、主力を霧ケ岳へ向けたが、この方面に布陣していたのは、長岡監物《けんもつ》が率いる肥後藩兵である。九州最強の兵として知られるだけでなく、最新式のアームストロング砲を装備しており、兵力、装備共に劣る長州軍は大苦戦となった。加うるにまた、援軍に駆け付けた幕府軍艦に背後から猛烈に砲撃されたため、一部の守備兵を残して馬関へ撤退した。戦いは朝六ツ時（午前六時）から日没まで延々と続き、多数の死傷者を出しただけでなく、全軍の疲労が甚だしく、これ以上の戦闘に堪えられなかったからである。

三回に及ぶ上陸作戦を立案したのは、小倉口の総指揮官の晋作であり、これを奇兵隊軍監の山県狂介らが助けた。開戦直後の六月二〇日に作成された「小倉戦争差図書」（「全集」上所収）によれば、征長令に応じて出兵した九州諸藩へ使者を送り、今回の戦いは、これまでの幕府政治の不条理、広島に出頭した藩主名代の不当な拘留、大島侵攻時の幕兵の暴虐などに対して、止むを得ず立ち上がったいわば義兵であり、領土的野心などかけらもなく、武力衝突も本意ではないと強調した。諸藩の戦意を殺《そ》ぎ、非協力的な態度をとらせようとする狙いがあったが、これがもともと出兵に乗り気でなかった諸藩に与えた影響は小さくない。兵力面で圧倒的に優勢な征長軍が随所で敗れたのは、自藩領を守る小倉藩やこれを一時熱心に支援した肥後藩のほか、ほとんどの藩が傍観者を決め込み、攻防戦に最後まで参加しなかったからである。おそらく一連の外交戦略の成果であろう。

征長軍側の足並みの乱れが幸いしたわけであるが、七月二九日、大坂城に本陣を構えていた将軍家《いえ》茂《もち》の死が伝えられると、事態は一層悪化した。小倉口の総大将であった老中小笠原長行は、幕僚以下を連れて富士山丸に移り、翌日長崎へ去った。二九日には肥後藩も前線から兵を撤収しはじめ、順次帰国した。おそらく将軍死去の情報を得て、一挙に戦意を喪失したのであろう。今や小倉城を守るのは、小倉藩兵のみとなり、どこからも一兵の援助も得られなくなった。万策つきた小倉藩は、八月一日、城を焼いて退去した。

落城に至る経緯は意外にスムーズであり、長州軍の猛攻というより、小倉藩側の一方的な敗戦処理、すなわち自壊作用の結果、落城となったが、これは晋作が、前出の「戦争差図書」で言うように、ここで力攻めをすれば、最後の抵抗に遭い、わが方の被害も少なくない。これを避けるには、むしろ時間をかけて四方からじっくり圧力を加え、敵が弱るのを待ちながら、箸を一本ずつ折るという戦法をとったためである。もっとも、落城はしたが、小倉藩そのものが白旗を掲げたわけではなく、現に田川郡香春《かわら》に本拠を移した残兵は、領内各地に出没しながら、地の利を生かした抵抗を根強く続けた。

なお、薩摩藩らの仲介で小倉藩と和議成立となったのは、これより五カ月後の一二月二八日のことである。

7　晋作の死

肺疾患の発症

小倉口の攻防が始まった頃、すでに晋作は時おり体調不良を訴えるようになっていた。しばしば発熱して身体がだるい、咳も止まらないという一見夏風邪のような症状を呈しているが、実は年来の持病であった肺疾患が、しだいに取り返しがつかないような状態になりつつあった。「白石正一郎日記」に、「谷氏不快」「高杉不快」などの記事が見えるのが、七月下旬の頃からである。七月二二日には、たまたま来関していた藩医長野昌英の来診を乞うており、生半可《なまはんか》な症状ではなかったようだ。誰の見舞いかはっきりしないが、この日、料理屋の紅喜よりウナギと氷砂糖が届けられた。夏の厳しい暑さも加わり、晋作の食欲がすっかり落ちたのを心配し、何とか精力のつく物を食べさせたいと思ったのであろう。翌日には、奇兵隊から立派な鯉一尾が届けられた。見舞い客も連日のように現われており、一時はかなり悪かったらしい。

ところで、七月二七日の上陸作戦のさいには、晋作も参加し、大里の本陣で采配を振るい、また小倉落城後も、たびたび前線へ出てあれこれと指図しており、その後一旦は、病状が落ち着き、何とか日常生活ができるぐらい体調を取り戻していたようである。ただ、病気がよくなったわけではなく、こうした無茶な行動の繰り返しが、弱った身体にいよいよダメージを与えた。事実、九月四日には、宿舎にしていた白石家で喀血をした。すぐに出入りの医師が呼ばれているが、宮田町の勝応寺にあった軍事病院からも医師が駆け付けており、周囲は晋作の突然の病変に大いに驚いたことが分かる。

幼い頃、天然痘を患ったほかは大病らしいものはなく、比較的元気に育っている。十代の頃は、学問よりむしろ武術が好きで、一時は剣で身を立てたいと思ったぐらいだから、健康面でとくに問題はない。ごく普通の元気一杯の若いサムライであった。もっとも、残された写真を見ると、筋骨隆々という雰囲気はまるでなく、むしろやせ形のほっそりした体型であり、その意味では、いかにも肺疾患に侵されそうなタイプである。いつ頃肺病に罹ったのか、正確な時期は分からないが、二十代に入ると、よく風邪を引き、また熱を出して何日も寝込むことが珍しくなかった。日記や手紙のあちこちに、そうした記述があるが、あるいはこの頃、すでに発症していたのかもしれない。

晋作本人は、何度も海峡を往復して風邪を引いたのが原因で肺をやられたといい、また愛人のおうのは、医師から酒の飲みすぎで肺病になったと告げられているが、小倉口の攻防の時期は、作戦会議のたびに必ず宴会となり、議論白熱して飲み明かすことも珍しくなかった。戦場へ出ると、指揮官の立場から兵士たちを励まし前線へ送り出すために、酒樽を沢山並べ率先して気炎《きえん》を挙げたというから、身体によいはずはない。もともと肺病を患っていたところに、無理に無理を重ねた結果が一気に病状を悪化させることになった。

桜山招魂社（下関市上新地町）

一進一退の病状

九月一二日、晋作はおうのを連れて、これまで世話になっていた白石家を出て入江和作宅へ移った。喀血して病床に伏すことが多くなった晋作が、愛人連れで居座るにはいささか遠慮があったのだろう。白石家の老人が重病で、家人が看病に忙しく、これ以上迷惑を掛けたくないということもあったらしい。九月二二日付の白石宛手紙で、「日増しに全快に相成り候間、御懸念御無用に存じ奉り候」（『全集』上、五五六頁）などと書いており、それほど体調は悪くなかったようであるが、病人であることに変わりはない。そのことを裏書きするように、一〇月二〇日、藩政府より病気中はお役御免の沙汰があった。同じ頃、木戸貫治（孝允）へ、「四十日余も病臥実に垢《あか》まぶれにござ候」（同前書、五六七頁）と報じている。九月初めの喀血以来、医師から入浴を止められ、寝たり起きたり半病人の状態であることを伝えたものであろう。

一〇月二七日には、桜山の招魂場下に建てていた小さな家が完成し、おうのと一緒に移った。もともと筑前姫島の獄舎から救出し、白石家に託していた野村望東尼のための家であったようだが、晋作の病状が進んだため、急遽療養の場所としたものである。人の嫌がる伝染性の病気であるから、いくら広いとはいえ、他家の厄介のままでは、何かと居心地が悪かったはずである。望東尼が加わり三人で暮らし始めるのは、もう少し後、晋作の病状が悪化して、看病に手がかかるようになってからである。小さな二階建の家だったらしく、おうのは、詩や歌が出来るたびに一階に寝ている晋作と二階に住む望東尼の間を忙しく往復した思い出を語っているが、おそらく年も押し迫った頃のことであろう。

高杉東行療養の地（下関市上新地町）

肺病患者にはかくべつ珍しくないが、喀血を繰り返すような症状のときも、発熱さえなければ気分爽快で、ごく普通の生活をすることができる。快方に向かっていると錯覚して無理をするのは、このような場合であるが、晋作も似たような状況であったらしく、一二月一四日付の福田俠平宛手紙に、「小生病気日々快《よ》き方ニ御座候」（『史料』一、四〇八頁）、また一六日付大庭一平宛手紙に、「小生の病気日増しに全快に相向い候」（『全集』上、五七三頁）などと書いている。必ずしも強がりや社交辞令などではなく、本当にそのように思っていたふしがある。一二月二四日付父宛手紙に、「病人は出来不出来もこれあり候」（同前書、五七八頁）と言いながら、ここしばらくは快方に向かいつつあり、あまり心配しないで欲しいといったのも、まんざら親向けの作り話ではなかろう。

気分がよく体調もさほど変化がなければ、つい油断して不摂生するのは、よくある病人のパターンであるが、晋作もその例外ではない。二六日付前原彦太郎宛手紙で、「小生も先日酒楼罷越候日より少々発熱之気相鎮り候処、又々胸を痛み、昨夜ハ少々たんへ血もまちり候位の事御座候」(「史料」一、四一二頁)という。前原らと酒楼に会し、小倉藩との和議の条件について夜半まで論じ痛飲したのが応えたというのである。しばらく途絶えていた喀血が、またあったというから、病状は一段と悪くなりつつあったことが分かる。

年が明けた正月一七日付の父宛手紙には、病床生活も百余日となり、気力もすっかり衰えた様子を伝えながら、もう少し暖かくなったら、船便を探して一度萩の自宅へ戻りたいと述べている。陸路を駕籠で行けば、すぐに帰ることができるが、駕籠の揺れが胸に応えてとても無理だとも言うから、相当に体力を消耗していたようだ。数カ月にも及ぶ長患いで、さすがの晋作もいささか気弱となり、里心がついていたのであろう。

晋作の病気が芳《かんば》しくないという情報は藩政府にも達したらしく、これより早い正月六日には、五人扶持壱歩引き下付の沙汰があり、また同日、療養費として金二〇両が下げ渡された。父宛手紙で、この朗報を伝えながら、一歩引きとは具体的に何かと質問しているが、この頃、萩藩で行われていた高直し一人扶持四石五斗でいうと、五人扶持は二二石五斗であり、その一〇パーセント引きならば、二〇石余の禄高を得たことになる。

一番近くにいた愛人のおうのは、「向地《むかいぢ》の戦争が済みまして間もなく旦那は御病気にかかられました。別に何処がお悪いといふほどもございませんなれど、一体に御気分がお勝《すぐ》れなさらないで」（「史料」三、三三七頁）と言うように、晋作の病気についてさほど深刻には考えなかった。もともと呑気《のんき》なのか、それとも無神経なのか、彼女の性格は、長患いで気短になり、絶えずいらいらしていた晋作の世話をするには最適の人物であった。症状が悪くなり医者から不治の病と宣告されても、案外平然と受けとめ、それなりにうまく対処している。養生法は適度な運動と滋養物の摂取しかなく、酒は控えるように言われると、早速葡萄酒を手に入れて飲ませたり、また天気のよい日は、それでも瓢箪《ひょうたん》に酒を入れて一緒に散歩に出掛け、招魂場の松陰先生の墓前で静かな一時を過ごすなど、看病人としても十分役立っている。

高杉東行終焉の地
（林算九郎宅跡・下関市新地町）

臨終の頃

三月二四日、晋作は桜山の家から新地の大年寄林算九郎宅の離れに移る。おうのや望東尼らも一緒であった。正月以来、晋作の病状が一段と深刻さを増し、もはや予断を許さない状態になりつつあったからである。林家の方が、医師その他の出入りに便利がよく、藩会所にも近いということもあるが、周囲の人びとにすれば、余命幾許《いくばく》もないのならば、町中に晋作を連れ戻し、常時見守っていたいと思ったようである。

　これより先、二月一五日、世子毛利定広（元徳）より見舞状が届いた。三月に入ると、藩主毛利敬親の名前で金三両、また世子定広からは金二両の薬料が下賜された。さらに三月二九日には、藩庁より新しく谷家を創立し、大組士の一員に加え、高一〇〇石を与える沙汰があった。数カ月間も病床にある、いわば休職中の家臣に対する矢継ぎ早の恩典であるが、それだけ晋作の重態が伝えられ、臨終間近と考えられたためであろう。

　晋作の病状は、高杉家にも報じられた。林家の離れに移った三月二四日に、父小忠太が見舞いに来たが、おそらく母道、それに妻のまさも一緒であったと思われる。遠く萩城下の家族へ報せが来るぐらいだから、ただならぬ状況であることは想像に難くない。とるものもとりあえず一家総出で馬関に出て来たものである。新地の林家に寝ていた晋作を見舞ったまさは、「もう大ぶ悪くなつた時で沢山吐血をいたしました。お飯もおもゆ位しかいただけませんので、もうすつかり弱つてしまつてゐました」（同前書、三二九頁、以下同）と述べており、目の前で何度も喀血をしたようである。「〈しつかりやつて呉れろ〉といふのが遺言といへば遺言でございませう」ともいうが、臨終の席に彼女がいた形跡はなく、数日間滞在して去ったようだ。夫は愛人と一緒に住んでおり、しかも周囲には、望東尼らの看病人が大勢詰めている。妻である彼女が入り込む余地などまったくなかった。どこにも居場所がなく、何もすることもなければ、両親ともども萩へ戻るほかはなかったからである。なお、この時期には、以前晋作の世話になったという萩の僧侶桧《ひのき》龍眼《りゅうがん》（了厳）が来て、徹夜の看病に加わっており、おうのと望東尼を合わせて三人が付ききりで枕元にいたから、ますます彼女の出る幕はなかった。

まさも見たように、この頃になると晋作は、おうのが作る芋粥《いもがゆ》すら受け付けなくなった。熱のためか、しばしば喉の渇きを訴えて水を欲しがった。医者の指示らしいが、水は身体に悪いとして、おうのは梨を切って口に含ませたというが、この季節に梨があるはずはなく、何か別の果物、おそらく夏蜜柑のような柑橘類を剝いて与えたのであろう。

臨終間近になると、終日うつらうつらした状態が続くようになるが、ある時、突然目覚めた晋作は、傍らにいた田中顕助（光顕）らの友人に対し、「林亀《りんかめ》へ行かう」（「史料」三、三六二頁、以下同）と言い出した。病人の言うとおりにさせよという医師の言葉に従い、おうのがそっと抱き起こし、着きましたというと、「芸者を呼べ、陽気にやれ」と晋作がいう。おうのが機転を利かして芸者の振りをして挨拶をする。「さあ弾け、誰か踊れ」というから、居合わせた幇間《ほうかん》が三味線に合わせて踊った。一座の人びとは皆涙を呑んで賑やかに演じたという。

晋作の最期

白石正一郎は、四月一三日の夜八ツ時分と日記に書いているが、正確には翌一四日の朝、午前二時に晋作は死んだ。享年満二七歳八カ月である。この日、臨終の席に詰めていた人びとの記憶では、今まで寝返りもできなかった晋作が、突然起き上がって龍眼の名を呼び、「おれは今から山口の政治堂へ行くからお伴をせい、そして駕籠を雇うて来よ」（「史料」三、三四一頁、以下同）と命じた。畏《かしこ》まりましたと龍眼が駕籠を座敷に担ぎ込むと、「おい龍眼、お前は一足先きに大坂屋（対帆楼）に行つて、酒肴を命じておけ、其家で愉快に出立ちをして、それから政治堂に乗り込まう」とさらに求めた。意識朦朧《もうろう》の晋作には、ここがどこかよく分からなかったらしく、駕籠に乗せ二、三度座敷をくるくる回るとすっかり満足し、「アアもうよしよし、これで安心した」と、そのまま寝床へ戻った。しばらくすると、今度は山県狂介（有明）はまだ来ないかと声を上げ、今日は彼の婚礼であると聞くと、宜しく伝えてくれとにっこり笑いながら、そのまま寝入るがごとく絶命したという。真夜中のことでもあり、枕元にいたのは、おうの、望東尼、龍眼の三人のみであったらしい。

辞世の歌として人口に膾炙《かいしゃ》した作品、晋作がまず、「面白き事もなき世におもしろく」と上の句を綴り、これに望東尼が、「住みなすものは心なりけり」と続けて完成した歌は、二、三の先行研究が言うように、同居が始まった慶応二年暮頃の作らしく、臨終の席で慌《あわただ》しく作られたものではない。

かくべつ面白くもない人生を自分は結構面白く過ごしたと満足気にいうのか、それとも本当に面白く生きたのだろうかと問いかけているのか解釈の分かれるところだが、望東尼は仏門に帰依《きえ》した宗教者であり、しかも年輪を重ねた人生の達人らしく、人の一生を意義深いものにするか否かは、その人の心の持ち方如何《いかん》にあり、少しも思い煩う必要などないと諭すように応えているが、僅か二七歳余の若さで世を去っていく晋作の身をいかにも哀れと思い、愛惜の念が強ければ強いほど、思わず自分も人も納得させるような、いささか教訓調の言葉になったのであろう。

ところで、晋作の葬儀は白石正一郎や山県狂介らが中心となり、奇兵隊の手で神式で行われることになった。四月一六日夜、馬関を発った遺骸は、厚狭郡吉田村（現・下関市吉田）へ運ばれ、清水山中腹の一角に埋葬された。なぜ、わざわざこの地が選ばれたのか。山陽道要衝の宿場町でもある吉田は、萩藩吉田宰判の勘場があり、慶応元年以後は、奇兵隊の陣屋が置かれていた。つまり奇兵隊開闢《かいびゃく》総督の晋作に数々ゆかりの地であり、臨終間近になると、晋作本人がこの地に墓を作って欲しいと言っていたようだ。死の床で最後に、「吉田へ……」とつぶやいたという説は、これを裏書きする史料がないが、早くから馬関に近いこの地に居を移し、海峡の備えを見守りたいと洩らしていた晋作にとって、吉田はまさに自らが永遠に眠る格好の地であったのだろう。

清水山の東行墓（下関市吉田町）

団子岩の東行墓（萩市椿東）

なお、晋作が死んだ四月一四日付で、嫡子梅之進の家督相続が認められ、また一九日付で藩主より香花料金一〇両が下賜された。

第十章　高杉晋作とはどのような人間か

1　家庭人としての晋作

保守的な親たちの存在

晋作の少年時代、高杉家では、父小忠太が公用で長期間不在のことが多かったが、そのようなとき、父親代わりになったのは、祖父又兵衛（春豊）である。晋作二〇歳の安政五（一八五八）年四月まで、この祖父が健在であり、何ごとにつけ厳しく躾《しつ》けられた。譜代高杉家の跡取り息子の教育であるから、当然といえば当然であるが、毛利の殿様へ忠義を尽くし、何事もお家大事に奉公を怠るなといった調子の、限りなく常識的な教訓を、毎日飽きもせず繰り返されたようである。サムライの家庭ならかくべつ珍しくもない光景であるが、高杉家の場合、いささかこれが極端であった。

江戸から来る手紙もそうであるが、何かにつけいつも説教調になる父小忠太（春樹）については、

父　小忠太（萩博物館蔵）

友人たちに、「僕、一つの愚父を持ち居り候故、日夜僕を呼びつけ俗論を申し聞かせ候。僕も俗論とは相考え候えども父の事故、如何んとも致し方ござなく候。恥じつ憂えつこれ迄諸君と御交り申し上げ候」（『全集』上、九六頁、以下同）とこぼしているが、祖父又兵衛もこれに輪を掛けたように、「何とぞ大なる事を致してくれぬな、父様の役にもかかわるから」などと言うのだから、いよいよ始末が悪い。要するに、父と祖父がいつも二人がかりで監視の目を光らせ、少し甘い顔をすると何をしでかすか分からない、いささか脱線気味の晋作に干渉し、ブレーキを掛けることを怠らなかった。もっとも、晋作の側は、松陰先生との接触はもちろん、村塾への出入りをひた隠しにしたように、そうした締め付けがあればあるほど、かえって反抗的になり、期待を裏切るような行動をした。真面目一方の親たちから見れば、ほとんど非行少年と異ならない。

　もともと教育をする側の親たちが、晋作とはまるで異なる性格であり、万事に保守的で事勿《ことなか》れ主義に徹した。何ごとも前例を忠実に守り、そこから逸脱することを厳しく戒めるのだから、これを強制される晋作にしてみれば、まったく面白くもおかしくもない。息の詰まるような毎日であり、何とかこの閉塞状況を突破して外へ羽ばたきたい、一刻も早く家から出たい、萩城下からも脱出したいと考えたのは、しごく当たり前の反応であろう。

　二七年余の短い生涯を通じ、親たちの言い付けを頭から無視し、事々に反発したかに見える晋作であるが、四度の脱藩行のように何か大きな問題を起こすたびに、必ず謝罪の言葉を列ね、親不幸を詫びている。反省しているのかと言えばそうでもなく、すぐに同じような騒動を繰り返した。その意味では、親への謝罪は、単なる言葉のあやであり、言い訳でしかない。悪戯《いたずら》をした子供がよく口にするご免なさい、もう二度としませんからという類いであり、一向に効果があったようには見えない。親たちとの関係でいえば、言行不一致がこれぐらいはっきりしていた人物も珍しい。親だから許される、何とか分かってもらえると考えたようだが、身内への甘えというだけでは理解しにくい構図であろう。ともかく晋作は一所懸命謝りながら、いつも親の顔に泥を塗ることを敢えてした。よく言われる孝子晋作とはまるで無縁であり、その意味では、むしろ徹底して親不孝者であった。

晋作が死んだ時、父小忠太は、まだ五三歳の男盛りであり、老け込むような年齢ではない。バランス感覚のとれた能吏として、維新後も藩政府の要職に就き、萩藩大監察や山口藩権大参事などを歴任した。明治二四（一八九一）年一月二七日没、享年七八歳。病没した息子の晋作は別として、この時代の男性としては、長寿を全うした。

母道（みち）について、晋作はあまり多くを語っていない。母宛の手紙は三通残されているが、出府中の父に代わり、家内を仕切っていた、いわば主人役の母と往復したものであり、父の消息や自分の勤務状況を報せながら、嫁のまさ（政・雅）が高杉家の家風に慣れるようにきちんと教育してくれ、衣服を送るから洗濯し仕立て直しをして欲しいなど、しごく在りきたりの内容でしかない。

ところで、母道はこの時代の女性にしては珍しく活発であり、時おり萩城下から足を延ばす小旅行

母　道（萩博物館蔵）

を試みている。文久三（一八六三）年九月、政務座役に抜擢された晋作は、政治堂に勤務する関係でしばらく山口城下に住んだが、ごく短期間、萩から妻まさを呼び寄せ一緒に暮らした。その様子を見るため、母道が単身訪ねて来た。一〇月二日付の両親宛手紙に、「お母様にも近々御来輿《ごらいよ》の由仰せ越され喜悦し奉り候。山口は強いて見物ござなく候とも、少々は御まぎれに相成候事もござ候につき、何とぞ早々御出での程、待ち奉り候。湯田辺りへ御出で等の儀も諸雑用とも、ここもとにて私より弁じ候」（同前書、二九二～三頁）とあるのは、山口見物や近くの湯田温泉でしばらく保養をしてはどうかと勧めたものである。一〇月末には萩へ戻ったが、約一カ月近い滞在であり、それなりに晩秋の湯治場の雰囲気を楽しんだようである。

慶応二（一八六五）年二月、母道は馬関へ嫁のまさや孫の梅之進らを連れて乗り込んで来た。晋作が公務多忙を理由に萩の自宅にほとんど寄り付かなくなったため、一家総出で押し掛けて来たものである。白石正一郎の二三日付日記に、「谷梅之助家内出関此方へ当分滞在也母公嫡子井上某同道也」（『白石家文書』一三四頁）とあるように、白石家の一室を借りて住んだ。同行した井上某は、妻まさの実家井上家の人であろう。お城勤めの父小忠太を除けば、高杉家の関係者すべてが一堂に会した観があるが、むろんこの非常時に馬関見物に来たわけではない。白石家宛に大きな柳行李《やなぎごうり》四個を別送しており、しばらく馬関に腰を落ち着けるつもりであったようだ。旅行の目的について、母道は何も語っていないが、おそらく晋作が今一体何を考え、どう行動しようとしているのか、その真意を探るためであろう。前年春頃から、家族には何の相談もなくしきりに英国行を画策していたのも不可解極まりないが、もう一つ、愛人おうの存在を聞き付け、その真偽を確かめるためもあったに違いない。噂がもし本当ならば、このさい強引に別れさせてしまおうとしたのは、不肖の息子をもつ親ならばしごく当たり前の感情である。

ところで、一家総出の来訪は、晋作にとってまったく寝耳に水であったらしく、木戸貫治（孝允）へ、「弟も当節は妻子引越し、愚妾一件かれこれ、金にはつかえ、胸間雑踏困窮まかりあり候」（『全集』上、四六四頁）と、八方塞《ふさ》がりの様子をぼやいている。白石家の世話になったのは、突然のことで適当な借家も見つからなかったためであるが、当主の正一郎へ、「母親その外も程よく御示諭祈る所にござ候」（同前書、四七一頁）と書いたように、年配で練達の商売人白石に任せれば、愛人おうのに関する一件も含め、万事うまく解決してくれるのではと期待していたのかもしれない。

萩城下のれっきとした武家の女性たちが、見知らぬ土地の他家で不自由な暮らしをするのだから居心地は決してよくなかったと思われるが、母道が一家を引き連れ萩へ戻ったのは四月一日であり、実に一カ月余も白石家にいた。何とか頑張って晋作を説得し、馬関での新しい夫婦生活をスタートさせ、英国行きはもちろん、けしからぬ三角関係を解消したいと思ったようだが、肝心の晋作がすべてに逃げ腰であり、この企ては成功しなかった。親友の井上聞多へ、「南部妾の義、丸で御頼み申しあげ候」「家内共さぞさぞ御世話に相なる義と存じ奉り候、この上ながら何分よろしく御取なし願い奉り候」（同前書、五〇二頁）などと言ったのは、南部町《なんべ》にいた愛人おうのと別れることもできず、ほとほとお手上げの状態であったからであろう。いずれにせよ、息子の都合も何も聞かず、強引に押し掛けて来る、しかも一カ月余も居座って毎日迫るぐらいだから、温和《おとな》しく主人の言うことを聞く従順なタイプなどではなく、男勝りの大いに行動的な女性であったことが分かる。

文政二（一八一九）年生まれだから、晋作が死んだときは、まだ四八歳の若さであり、明治維新後も長く生きた。明治三〇（一八九七）年一月一三日没、享年七九歳である。

妻まさ（政・雅）との夫婦関係

安政七（一八六〇）年正月一八日、婚礼の式を挙げたとき、夫の晋作は二二歳、妻のまさは一六歳であるが、この年閏三月末には、夫晋作は軍艦丙辰丸《へいしんまる》に乗って江戸へ向かっており、新婚生活は僅か三カ月余で終わった。一〇月中頃には一旦萩へ戻ったが、翌年七月早々には、再び江戸へ上るなど、萩城下の自宅に落ち着いていたことはほとんどない。数え年でいえば二九歳、満二七歳八カ月で死去するまで、結婚期間は計七年余ということになるが、一緒に暮らした期間は、これよりずっと短く、おそらく二年そこそこではなかろうか。妻まさが、「高杉と一所にゐましたのは、ほんのわずかの間で、其間東行《とうぎょう》はいつもそとにばかり出てゐました」（「史料」三、三二八頁）「東行は廿九で逝《な》くなりましたが殆《ほとん》どオチオチ宅に居りませんでした」（同前書、三三三頁）というように、少なくとも妻の側に、まともな夫婦生活を経験した記憶はない。

新婚時の数カ月間を除けば、晋作夫婦が、もっとも長く一緒にいたのは、先述のように万延元年一〇月末に関東遊歴の旅から帰り、翌年七月一〇日、世子小姓役として江戸出府するまでの八カ月余であるが、後は長くて半年、多くは二、三カ月の短期間しか家にいたことがない。晋作とまさの二人だけ、夫婦水入らずの生活は、文久三（一八六三）年四月一〇日に帰国、六月初め頃まで約二カ月間、団子岩の小屋に隠棲したとき、もう一度は、同じ年の一〇月頃、公用で山口に住んでいたときである。もっとも翌年正月には、晋作は脱藩、上洛したため、この間ずっと一緒であったとしても、三カ月ほどでしかない。

すれ違い夫婦だから、万事によそよそしく、冷たい関係であったのかというと、そうでもない。外出中の夫晋作は、わりと筆まめに妻への手紙を書き、時おりは妻の喜びそうな品物を別送したりしている。手紙文も時候の挨拶に終始するような紋切調ではなく、細かく神経が行き届いた言葉を列ねており、むしろ愛情溢れる内容と言ってもよい。

妻　まさ（萩博物館蔵）

文久二年春、晋作は長崎で上海への船便を待っていたが、この頃、妻まさと手紙をやり取りしている。二月二三日付の手紙でまさは、先日受け取ったお年玉の品に礼を言いながら、「何とそ〳〵はや〳〵御帰り被成候やふニ、それのミ祈上まいらせ候」（『史料』一、一一八頁）と若妻らしい言葉を何度も繰り返している。出帆直前の四月一三日付手紙で晋作は、まさから頼まれた反物、「一、唐島　一反。一、ごろふく　帯地壱筋。一、緋唐金　二反」（同前書、一一九頁）を送ったが、留守番を頼んでいるため止むをえずこんな高価な買物をしたのであり、このことは親類縁者の誰にも話さないように言っている。唐島は唐桟《とうざん》、錦織物の一種。ごろふくは正しくは呉絽服連、羊毛製の織物。緋唐金は、緋衣の一種であろう。いずれも長崎でしか手に入らない舶来の高級品であり、まさからせがまれて購入したものらしい。「いろは文庫」を読んでいることを褒めながら、サムライの女房は縫物だけでなく、歌の一首も詠めなくてはならない、しっかり勉強するようにとも言う。まだ十代の幼い妻への教訓のつもりであろう。

文久三年六月二九日付の晋作宛手紙でまさは、萩菊ケ浜のお台場の土塁工事が大勢の人びとの勤労奉仕で着々と進められていることを報じているが、晋作は、サムライ身分の妻子まで加勢に出て賑々《にぎにぎ》しくやっているというが、お前は決してそのような真似はしてくれるな、「かねて申し聞かせの事相守りただしく御留守頼みまいらせ候。御母さまにも暑さの事故、御しゃくも相起こり候につき、御看病肝要と存じまいらせ候」(『全集』上、二八〇頁)と述べている。高杉家の嫁の立場を考え、百姓・町人の女房連と交わるような軽々しい行動をとるな、それより夏場になると胃腸を病む姑の面倒を見て欲しいというわけである。どこまで本心なのか、いささか疑わしいが、「尚々、御文下され候よう頼みまいらせ候、御文を見るのが楽しみに存じ候」(同前書、二八一頁)などと付け加えており、舅・姑に仕え何かと気苦労の多い妻へのリップサービスもちゃんと忘れていない。

文久四(一八六四)年正月二八日の脱藩は、家族の誰にも相談せず暴発したものであるが、両親へはさすがに遠慮があったのか、二月一八日付のまさ宛手紙で、いきなり出奔したことは申し訳ないと謝っている。もっとも、すぐ続けて、いろいろ心配しているだろうが、「武士という者はこれくらいの事は常にござ候間、腹を強う思い留守をたしかに致され候よう、万々頼みまいらせ候」（同前書、三三四頁、以下同）と半ば居直りながら、大坂から「曾我物語」や「いろは文庫」を送ったから、これらの本を読んで教養をしっかり身につけて欲しい。「武士の妻は町人や百姓の妻とは違うというところ忘れぬ事、専要にござ候」と、相変わらず説教調の言葉を並べている。両親への孝行は、主人の晋作を大切にするのと同じであり、「そもしにも短気をおこさずまめに留守番致さるべく候」とも言っており、藩命に抗して脱走中の人物の台詞《せりふ》とも思えない高飛車《たかびしゃ》な態度である。晋作本人に悪いことをしたという罪の意識はまったくなかったからであろう。

慶応二（一八六六）年の春、姑の道に連れられ、おそらく無理やり馬関に出て来たまさは、芸者上がりの妾おうのの存在を知り、いたたまれない思いをしたに違いない。夫晋作は、戯作と題する詩で、「細君は将《まさ》に我が閑居に到らんとす、妾女は胸間に患余りあり、是より両花艶美を争う、主人は拱手《こうしゅ》す意如何《いかん》」（『全集』下、五一四頁）と一応両手に花と洒落てはみせたが、心中大いに辟易《へきえき》していたことは想像に難くない。現に彼は、家族が世話になっていた白石家にほとんど寄り付かず、たまに帰ると料亭へまさを同伴して、芸者遊びをするなど傍若無人な態度であり、ますます居心地がよくなかった。一家が萩へ戻った後、晋作はさすがに寝覚めがよくなかったのか、まさへ宛て、「関にてははなはだ不人情の事ばかり致し今さら後悔、気苦千万、恥じ入りまいらせ候間、あしからず思し召し下され候よう頼みまいらせ候。我らとても鬼でもなし、妻児を思わぬ事はこれなく候えども、行きかかりあって彼是にて不あしらい致しおるように相なり候事故、御堪忍《かんにん》下され心かわりのなきよう頼みまいらせ候」（『全集』上、六三五〜六頁）と、謝罪とも弁解ともつかない言葉を綿々と列ねている。もっとも、すぐ続けて両親のことを日夜思わぬことはなく、ぜひとも自分に代わり孝行を尽くしてくれと、まことに身勝手な要求をしており、この辺はどこまでも我儘《わがまま》一杯の晋作らしい対応である。

父親としての晋作

元治元年一〇月五日に生まれた長男、梅之進との親子関係はどうであったのだろうか。馬関講和条約の成立後、辞表を出して萩に帰っていた頃であり、八月末には、政務座役兼石州境軍務管轄に任じたが、山口の政治堂へはあまり顔を出さず、萩の自宅にいることが多かった。このため、おそらく梅之進の誕生には立ち会うことができたと思われるが、同月二四日には、早くも萩城下を脱出して九州へ逃れ、そのまま帰らなかったから、父親の晋作は、まだ目もよく見えない新生児の梅之進しか知らない。

たしかに、成長の過程は、妻まさや両親との往復である程度承知していた。慶応元年五月頃の父宛手紙に、「梅之進事追々成長仕り候の由喜悦に堪えず候。何卒《なにとぞ》私に肖《に》ざる様御教諭追々御厄害ながら頼み上げ奉り候」（『全集』上、三九八頁）、また慶応二年一二月二四日付の父宛手紙で、「梅坊も日を追って成長、言語なども相わかり候の由。さぞさぞ御胆焼きの事と愚察致し居り候」（同前書、五七九頁）などと述べているが、再会したのは、一家が馬関へ出て来たときであり、梅之進はすでに数えの三歳になっていた。自分に似ないように育てて欲しいとは、これまでの親不孝への精一杯の謝罪の気持ちであろうが、可愛い盛りの息子を見て、自分と同じような修羅場《しゅらば》を経験させたくないという父親らしい感情もあったに違いない。妻まさは、父親としての晋作について、「至つて子煩悩で三つや四つの子供であつたが偉くなれ国の為めに尽す様になれなど申して居りました」(『史料』三、三三五頁)と回想しているが、誕生してから、ほとんど一緒に暮らしたことのない親子だから、たまに出会うと猫可愛がりしたのであろう。伝染性の肺病が進行し、それも喀血を繰り返すような重い症状になると、幼い子供を近付けることは危険であり、親子の対面は二度とないまま、永《なが》のお別れとなった。

高杉家嫡男として、あまりに有名すぎる父晋作の存在は、梅之進にとって一生重荷であったらしく、維新後、出世した松門の同窓生らが、忘れ形見の彼を何かと大事にし、贔屓《ひいき》にすればするほど、思わしくない結果になった。外交官となり、ヨーロッパに赴任したが、ごく平凡な仕事ぶりであり、これといった業績はない。

ところで、晋作死去の一カ月前、谷家の創立を認められたが、息子梅之進はこの家督を継ぎ、谷姓となり、名も東一と改めた。高杉姓にもどったのは、明治二〇(一八八七)年一一月三〇日である。大正二(一九一三)年七月一一日没。享年五〇歳である。

2 晋作をめぐる女性たち

遊里の女

師の松陰先生は、生涯不犯《ふぼん》といわれるように、謹厳実直そのものであり、遊里に出入りすることなど一度もなかったと思われるが、村塾の人びとは、まったく逆に、そうした遊びの世界に何の抵抗もなく頻繁に出入りした。この時代の若者らしく、何か事があるたびに、酒を酌み交わして気炎を挙げ、芸妓を呼んでどんちゃん騒ぎをするのが常であった。政治的謀議のさいもその例外ではなく、先述したように、文久二（一八六二）年一一月の外国公使襲撃の相談は、品川の妓楼土蔵相模に集まって行われた。派手に遊びすぎたのか、初め晋作らが用意した金では、妓楼の勘定が払えなくなった。一計を案じた晋作らは、父小忠太が非常用の金として藩吏に預けていた五〇両を貰い受けることを思い付き、使者となった井上聞多に、晋作がいま品川の妓楼で桶伏せの処分を受けているので、これを助け出さなければならないと言わせた。晋作は前非を悔いて僕らと一緒に英国遊学を考えているので、この危急を何とか救って欲しいと言葉巧みに迫ったというが、この辺は、遊ぶ金がなくなると、いろんな理由を考え出す道楽息子のやり口と変わらない。なお、不足する金五〇両は、藩邸の金庫番来島又兵衛に泣き付き、旅費の追加を言い募《つの》り何とか手に入れている。

一カ月後、晋作ら一一名が企てた英国公使館焼討事件も、同じ土蔵相模を集合場所にしたが、決行後は追っ手を逃れ諸方へ散らばった。井上は土蔵相模へ戻ったが、晋作や久坂らは、芝浦の海月楼で、また堀と白井らは、高輪《たかなわ》の引手茶屋の楼上から御殿山に火の手が上るのを見て快哉《かいさい》を叫んだという。

晋作らは、何かを計画し事を起こすたびに、酒席を設け、妓楼に繰り込んでおり、これでは遊ぶ金がいくらあっても足らなかった。慶応二（一八六六）年、長崎で英国遊学を企て、藩庫から伊藤の分を含め一五〇〇両もの旅費を支給されたにもかかわらず、いつの間にかその金の半分近くが消えてしまい、問題になったことがあるが、彼らの日頃の派手な遊興ぶりを見ると、かくべつ驚くには当たらないだろう。

松陰先生は、酒席に侍《はべ》る女性と会話を交わすのが苦手で、ましてー夜を共にするのを頑《がん》として拒否したが、晋作にそうしたたしおらしい感情はない。まさを嫁に迎えてからも、この姿勢は変わらず、ごく当たり前のように遊里に出入りしている。この時代の若サムライというより、男性一般の常として、そうした貞操観念がもともと存在しないのだから、晋作の不行跡を責めてみても仕方があるまい。

江戸遊学時代の晋作は、まだ書生気分が抜けず、遊びもそれほど経験していなかったから、酒の上での失敗もあまりない、ごく普通のお客であったらしい。長州藩士の溜り場であった新橋の武蔵屋の芸者で、いつも酒席に呼ばれていた晋作贔屓《ひいき》の小浜は、「一体高杉さんは、お武士としては至極温順なお方で、何にしろ三十やそこいらで御病死《おなくな》り成られた位ですから、お酒は召上つても余り浮た方ではありませんでした」（『史料』三、三二一頁）という。酒は飲むが女性にはあまり興味がないようであるが、同じ彼女が、「高杉さんには其頃別に大変に惚れた芸者衆があつたのです」（同前書、三二三頁）、伊豆屋の小三がその人だと名指しをしており、女嫌いどころではない。

京都で剃髪、一〇カ年の賜暇を得て東行と号した頃は、長州藩士が盛んに出入りした祇園のお茶屋遊びに熱中し、井筒屋の小里という美人芸者に惚れ込み、願掛けまでしたなどという話まで伝えられており、晋作の行く所、必ずそれらしい女性の影があった。

愛人おうのを囲う

奇兵隊総管時代はむろんであるが、馬関を舞台に活躍するようになった頃の晋作は、前後の見境がつかないぐらい派手に遊び回っている。酒席に沢山の芸妓

おうの（此の糸）（東行庵蔵）

を集め、幇間《ほうかん》を呼んで一座を盛り上げる宴会を三日にあげず繰り返しており、鳴物入りのどんちゃん騒ぎは半端ではない。そうした酒席で出会ったのが、稲荷町の妓楼堺屋で芸者に出ていた源氏名此の糸、本名うのである。身請けの金八〇両は、白石正一郎が出したらしいが、その時期などは分からない。慶応元（一八六五）年四月から六月へかけて、伊予や讃岐方面に潜伏したときは、愛人おうのを伴っており、二人の出会いがそれ以前であることは間違いない。晋作が馬関に腰を落ち着けた時期から見て、藩内訌戦後すぐの出来事であろう。萩の本妻まさより二歳年上というから、まだ二〇代前半の若い女性であった。

四国から帰った後は、どこに住んだのか、しばらくおうのの消息が分からないが、晋作と一緒にいたことは、おそらく間違いない。翌年二月、母道が嫁や孫を引き連れて馬関の白石家に来た頃は、南《なん》部町《べちょう》にいた。妻妾同居の修羅場を避けるため、晋作が慌てて小さな借家を一軒探し、妾宅としたものらしい。

慶応二年六月、大島口の戦いが始まると、白石家に預けられたが、これは戦場へ出て不在がちの晋作が手配したものである。小倉口の戦いの頃は、晋作も馬関に戻り白石家に同居しているが、落城が報じられた九月初め、晋作と一緒に入江家へ移った。桜山招魂場下の家や林家の離れでは、ずっと晋作の側にいて病人の世話をした。

晋作からおうのへ宛てた手紙は、同年四月五日付の長崎から出した一通があるが、「しんぼうかんにょう（肝要）にござ候。人になぶられぬ事かんにょうにござ候」（『全集』上、四八九〜九〇頁、以下同）と繰り返し注意しながら、「たんぜん袷《あわせ》送り候間、せんたくをして御送り下さるべく候」と、衣類の洗濯や仕立直しを頼んでいる。芸者上がりのおうのではあるが、家事裁縫も一通りこなせる世話女房型のタイプであったようだ。同封した金一〇両は、当座の生活費と思われる。

残された何枚かの写真を見ると、おうのは丸顔のぽっちゃりした可愛らしい女性であるが、萩小町の評判をとった妻のまさのような美形ではない。大金を投じ身請けするぐらいだから、惚れたはれたの色恋沙汰もあったと思われるが、それ以上に、彼女の天性明るいあっけらかんとした性格が、骨身を削るような苛酷な日々を過ごしていた晋作に、いかにも愛らしく、好もしい感情を抱かせたのであろう。おうのが側にいるとほっと安らぐような気持ちになったのではなかろうか。遊びが本気になってしまった伊藤俊助と芸者お梅の場合とは異なり、萩の本妻まさを離縁するつもりなどまったくなかった。その意味では、あくまで遊びでしかないが、一緒にいるときは懸命に愛したことは間違いない。手紙の追って書きにわざわざ、「尚々、風邪を引かぬようにようじんかんにょうに存じまいらせ候」とあるのは、晋作の彼女への細やかな心情を伺わせるに十分であろう。

維新後、おうのは剃髪して尼となり、梅処尼《ばいしょに》と称した。臨終が近付く頃、晋作が冗談まじりに自分の死後は尼になり菩提《ぼだい》を弔ってくれと頼んだこともあるようだが、おうの自身は、もう一度芸者にな

梅処尼墓（下関市吉田町）

るつもりであった。晋作が死んだとき、まだ二五歳の若さであったのだから、長い人生を故人《こじん》の冥福を祈って抹香《まっこう》臭く過ごすなど、正気の沙汰ではないが、周囲の友人たちが迫って無理やり尼にしてしまった。長州藩切っての有名人高杉のもと愛人が妓楼で浮かれ騒いでいるのは、あまりに不謹慎であり世間体もはなはだ悪い。このさい剃髪させ、俗世間から隔離してしまうにしたことはないと考えたようだ。井上馨が音頭を取り、「梅処生活資金募金回状」なるものを回して、友人知己五一名から計七五〇円を集めたから、当分生活費に困ることはなく、また住居は、山県有朋が晋作の眠る清水山の下に有していた別宅を譲られた。後の東行庵である。梅処尼になってからも、派手で賑やかな性格は変わらず、時おり晋作の墓前で酒を酌み、三味線を弾いて供養したという。明治四二（一九〇九）年八月七日没、享年六七歳であった。

野村望東尼《ぼうとうに》の救出

晋作が馬関へ去った頃から、福岡藩佐幕派による取り締まりが厳しくなり、勤王派の志士が次々に捕えられた。早くから彼らと親しく交際のあった望東尼も無関係ではなく、慶応元（一八六五）年六月、自宅謹慎の処分となったが、間もなく親類預けとなり、さらに一一月には、「姫島流罪牢居」を命じられた。藩の政治犯として、玄海灘に浮かぶ孤島姫島の牢屋に繋《つな》がれたものである。罪状の一つ、身元不詳の旅人の潜伏を許したというのが、晋作らの一件を指しているのは間違いない。

望東尼の下獄、苛酷な環境については、かなり早くに知られていたが、たまたま四境戦争が始まり、何もすることができなかった。小倉口の戦いが一段落した頃、救出作戦が計画され、慶応二年九月一六日、晋作の意を体した福岡藩や対馬藩の有志ら六名の手で決行された。彼らは、武器を構え抵抗する島役人たちへ、いきなり朝廷の御用状なるもの――望東尼の歌道が叡聞（帝の聞くところ）に達し免罪となったことをいう一文、むろん偽書を掲げながら、居並ぶ役人たちを恐れ入らせたというが、僅か数人の志士たちによる、このほとんど牢破りにひとしい大胆不敵な行動が成功するなど、平時ではあり得ない。四境戦争そのものが幕軍の敗色濃厚で、朝旨の権威が格段に影響力を増しつつあったことが、やはり大きいだろう。

望東尼（東行庵蔵）

九月一七日の夜、馬関へ着いた望東尼は、ほぼ二年ぶりに晋作と再会した。一旦白石家に預けられたが、間もなく晋作が厄介になっていた入江家に移った。一一月七日、望東尼が故郷筑前の家族へ宛てた手紙に、「ここに来しはじめは白石正一郎が家に此頃までせわになり居申候」「愚痴なるかたも多くて、馴れすむには心やましげなりし」(「史料」三、一八三頁、以下同)などとあり、白石家は、必ずしも居心地がよくなかったようだ。福岡藩の政治犯、それも脱獄者を匿《かくま》うことに危惧《きぐ》の念を抱く家人がいたためらしいが、入江家では、至れり尽くせりの厚遇を受けており、「誠に極楽世界に生れしやうなり」と書いている。桜山下の家が出来上がると、晋作、おうのらの療養生活に合流した。望東尼は二階、病人の晋作らは階下に暮らしたという。病状が悪化し、晋作が林家の離れに移されると、おうのと交代で付き切りの看病をした。四月一四日未明、臨終の席に居合わし、愛人おうの、萩の僧侶桧龍眼らと晋作の最期を見届けている。

慶応三(一八六七)年七月八日付の谷梅之進・まさ宛手紙に、両殿様、すなわち藩主父子から褒美の品を頂いたとあるが、これは、「東行《とうぎょう》神れい(霊)の御かこ(加護)かと、ありかたきにもかなしさそへていたたき奉りける哉」(同前書、一八九頁)というように、臨終の枕元にいた望東尼の献身的な看病を賞されたものである。

晋作の死後間もなく望東尼は、松陰の義弟でもあり、この頃山口にいた小田村伊之助(楫取素彦《かとりもとひこ》)の家に引き取られ、しばらく住んだが、ここも安住の地でなく、たまたま歌会で知り合った三田尻村車塚(現・防府市車塚町)に住む未亡人荒瀬某の元に身を寄せた。九月二八日、討幕征東軍として上洛する山田市之允(顕義)らが率いる諸隊を見送った後、防府天満宮に七日間参籠、断食して懸命に戦勝祈願をした。これが長年無理を重ねてきた老齢の身体にこたえたのか、そのまま病床に伏す身となり、慶応三年一一月六日、急逝した。享年六二歳。晋作の死後僅か七カ月余のことである。

3　趣味人としての晋作

酒や煙草を愛する

村塾時代の晋作が、煙草嫌いの松陰先生に感化され、「煙管《きせる》を折るの記」を書いたのはよく知られた事実であるが、一六歳のときからすでに数年間の喫煙歴があり、しかもたまたま愛用の煙管を無くしたため、禁煙を思いついたというのだから、極めて安易な禁煙宣言である。生来物事にこだわらない、気楽な性格の彼から見て、禁欲的生活などまるで似付かわしくない。この宣言は間もなく解消され、またもとのヘビイスモーカーに逆戻りしたことは、おそらく間違いない。そのことを裏書きするように、文久三（一八六三）年の春、京都にいた頃の「煙管自賛」と題する作には、「詩酒愛すべし、美人憐むべし、時に喫煙して去り、一息天を過ぐ」（『全集』下、四一〇頁）とある。酒は飲むべし、女も愛すべし、また時に一服の煙草もよしとする心境であろう。

飲酒は、彼の短い生涯の至る処に出てくる。何かというと友人たちと酒杯を傾けているが、酒量についてはよく分からない。もともと酒はあまり強い方でなく、江戸遊学時代の友人のように、猪口《ちょこ》に三杯程度で顔を赤くしたという者もいるが、日記や手紙などの飲酒に関する記述を見ると、決して半端な酒量ではない。洛中で放蕩の限りを尽くしている晋作を、半ば力ずくで連れ戻した堀真五郎などは、何日も酒楼に入り浸《びた》って腰を上げようとしない晋作に、ほとほと手を焼いているが、馬関決起の

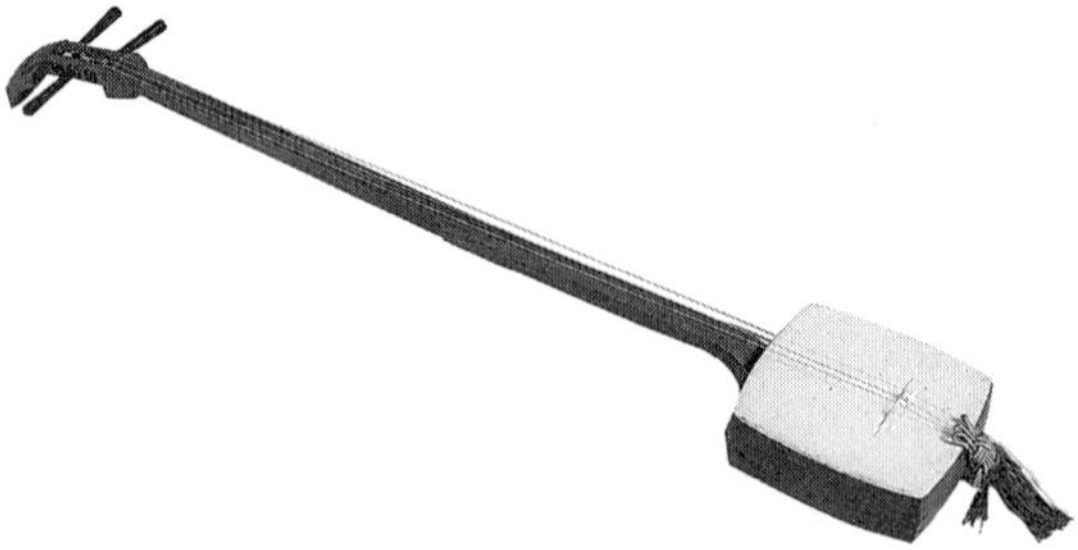

愛用の道中三味線（萩博物館蔵）

後は、命を削るような修羅場《しゅらば》の日々であり、よけいそうした機会が多くなった。肺病の原因は、大酒のせいだと医者に言われたのも、必ずしも見当外れではない。酒を題材にした詩作は無数にあるが、江戸出役中、藩重役の周布《すふ》政之助らと墨田川畔に遊んだときの、「欄干《らんかん》に酔臥す夢寐《むび》の間、櫓声《ろせい》鳥語満川に閑《しず》かなり、二州橋上日斜めなる処、満戸の屋頭に富山を看《み》る」（同前書、四〇六頁）、閑かな川面を愛《め》でながら杯を挙げているうちに、思わず酔を発し、うたた寝をしてしまった。束《つか》の間の夢から覚めると、すでに陽は橋上に傾き、遠く町の家並みの向うに富士山が見えたというのは、そうした酒席の情景を詠んだものの一つである。

三味線を持ち歩く

遊里で馴染んだ三味線をいつどこでも楽しむために、晋作は自前の三味線を持っていた。棹《さお》の部分を一二個に折って胴に収める携帯型の三味線であり、四国へ愛人おうのと逃避行のさいにも持参した。商家の道楽息子が女連れで旅をしている体を装うのに、この三味線は格好の小道具であったが、旅の途中、時おり晋作は民家の軒先に立って三味線を弾き、うろ覚えの清元節《きよもとぶし》を唄った。つまり門付《かどづ》けをし、銭を貰うこともあったというが、捕吏の目を誤魔化すには、またとない演出であろう。やや小振りの携帯用だから、持ち運びは至って簡単であり、奇兵隊を率いて戦場へ出たときにも手元に置き、時おり爪弾きをして無《ぶ》聊《りょう》を慰めた。陣中に茶器を持ち込み、煎茶を立てて楽しんだのも、これと同じ余裕綽々《しゃくしゃく》の境地であり、周囲の殺風景な雰囲気を和らげるのに役立ったという。

晋作の文芸的趣味

詩文や歌俳のジャンルでは、藩校明倫館の時代から学んだ漢詩がやはり圧倒的に多く、総計三七〇編を数えたが、花鳥風月を詠んだものは少なく、ほとんどは時事問題や人間関係に題材を求めたのが特徴的である。その意味で、命旦夕《たんせき》に迫った時期の作品には、やはり人の心をうつ秀逸のものが沢山ある。

俳句や和歌は晩年になって試みたものであり、質・量ともにさほど目立ったものではない。九州へ脱走の途中、三田尻の陣屋で夜遅くまで山県らと別杯を酌み交わしたとき詠んだ、「ともし火の影細く見る今宵かな」（『全集』下、五五二頁）は、先行き不透明、茫《ぼう》とした前途に思いを巡らせる、その場の暗澹たる雰囲気を映した一句として知られるが、馬関決起直後の心境を詠んだ、「うぬ惚《ぼ》れて世は済みにけり歳の晩」（同前書、五五三頁）などは、リアルタイムの高揚した感情をうまく言い表わしたものとはいえ、いわゆる俳句の境地とはいささか異なるだろう。

和歌は病床のつれづれに始めたものであり、女流歌人として知られた望東尼の手ほどきを受けたというが、そのわりには、大して上手くない。「白菊の咲栄ぬる御世《みよ》なれば、取る杯も快きかな」（同前書、五五五頁）、今を盛りと咲き誇る白菊に喩《たと》えながら、天皇の御世が現実のものとなった今日この頃、飲む酒もとくべつに美味いといった、極めて分かりやすい説明調のものであり、文学的センスという意味では、ほとんど評価しがたい。「余り病の烈《はげ》しければ」と前置きした二首、「死んだなら釈迦と孔子に追い付いて、道の奥義を尋ねんとこそ思へ」や「太閤も天保弘化に生れなば、何も得せずに死ぬべかりけり」（同前書、五五八頁）のごときは、病床で思いついたままを記したら、それがたまたま和歌らしくなったという類いであろう。

しばしば遊里に出入りし、三味線を手にしながら戯《ざ》れ唄《うた》を口にする晋作は、すでに立派な放蕩児と言ってよいが、そうした彼には、座興で作ったという戯れ唄風のもの、すなわち端唄《はうた》や今様《いまよう》、都々逸《どどいつ》のようなものが沢山ある。もっとも、いずれの唄も、はたしてどれが晋作のオリジナルなのか、実のところはっきりしない。「三千世界のからすを殺し君と朝寝がしてみたい」（「史料」二、四五一頁、以下同）、朝の到来を騒々しく告げるあのカラスをいっそ殺してしまい、いつまでもお前と一緒に居たいという、後朝《きぬぎぬ》の別れを惜しむ遊女へのラブソングは、晋作が酒席で作った端唄としてよく知られている。「何をくよくよ川ばた柳水の流れを見てくらす」や「ままよ三升樽横手にさげてやぶれかぶれの頰かむり」、世間がどう言おうが自分は自分、勝手気儘《きまま》に生きてみせるという、いささかすね者風の自己主張も、晋作が創作したものというが、同じフレーズや言い回しをする、似たような戯れ唄がないわけではなく、この頃、遊里で三味線に合わして唄われていた俗謡、それも志士たちの愛唱していた唄が、いつの間にか有名人晋作の名を冠して、流布したのでないかと思われるふしもある。いずれにせよ、そうした言い伝えがすんなりと成立するぐらい、晋作は風流を愛し、洒脱な一面を有する人であったということであろう。

4　人間像をめぐる評価

自己評価

晋作自身は、自らの人と為りをそもそもどのように評価し、説明していたのであろうか。

東洋一狂生や西海一狂生という号が示すように、晋作は狂という字を好んで使った。手紙や詩文の中で、自らを狂生、狂士、狂人と呼び、また狂語、狂態、狂放、狂挙などと言うこともしばしばあったが、これは同時代の長州藩の志士たちに一般的に見られる傾向である。「狂夫の言」という建白があるように、松陰先生は、早くから狂生や狂士などと自称しており、また彼が終生兄事した僧月性の清狂、あるいは僧黙霖《もくりん》の史狂に見られるように、この時期、狂という字は、名前や号などに盛んに使われた。一般的な意味でのいわゆる狂人、精神に異常を来した人とは異なり、ここでいう狂とは、日常性を排した非常、現状の打破、すなわち社会の革新をめざすという意味であり、それゆえに大いに人気を博した。村塾の同窓たちの中では、山県小助改め狂介、号素狂がもっとも有名であるが、山田市之允（顕義）の狂痴や品川弥二郎の春狂、また僧月性の門人で奇兵隊士の芥川義天の周陽一狂生など、いずれも同じ理由から、この字を選んだものである。

狂と並んでしばしば出て来るのは、頑愚や無頼という言葉であり、至る所で繰り返された。「狂生儀依然頑質」（「史料」一、一九〇頁）「疎暴之生質」（同前書、二七七頁）「暴狂之生質」（同前書、二八二頁）「頑愚無頼生」（同前書、二八七頁）「狂暴頑愚傍若無人」（同前書、三〇六頁）などは、いずれも友人知己への手紙に見える晋作の自己評価である。「辞典」の説明する「頑愚」とは、生来強情な性格でなかなか自らの考え方や態度を変えようとしない。つまり人の忠告や意見に一向に耳を傾けず、素直に従わないということである。また「疎暴」や「無頼」とは、動作が荒々しく乱暴であり、世間のきまりを守らず、何かにつけ無法、無軌道な行動をするということである。いずれもマイナス・イメージの評価であるが、そうした見方は、晋作の場合には、必ずしも当てはまらない。かくいう晋作自身がおそらく気付いていたと思われるが、彼にとって「頑」は、自らが正しいと信じることを断じて譲らない強い意志、不屈の精神力に他ならない。またそうした「頑」に離れがたく結びつく粗暴や無頼は、僅か二七年余の短い生涯に、彼が引き起こした数々の事件、たとえば四度の脱藩や馬関決起のクーデターなどに具体化している。つまり政治的企てに直接、間接につながる行為であった。

師友の見た晋作

周囲にいた人びとの晋作評も、これを別の角度から説明してくれる。松陰先生は、村塾で机を並べた吉田栄太郎と比較して、晋作を「陽頑」、栄太郎を「陰頑」(『吉田松陰全集』第五巻、一七九頁)といったが、自己主張のはっきりしている点では、塾中の誰よりも際立っていた二人を評したものである。一旦親族に松陰や村塾との絶縁を約束すると、先生がどんなに強く迫っても頑《かたく》なに沈黙して弁解一つせず、野山再獄や江戸檻送のさいにも一切顔を見せなかった栄太郎の場合は、やはり陰という形容がふさわしいが、晋作の方は、万事に明るく開放的であり、師の教えに背き、あるいは藩法を破っても、一向に気にする様子はなく、その都度《つど》、思いの丈《たけ》を堂々と言い募《つの》って止まなかった。晋作の短所を、桂小五郎の言葉を織り交ぜながら、「頗《すこぶ》る意に任せて自ら用ふるの癖あり」（同前書、第四巻、三八七頁）「惜しむらくは少しく頑質あり、後来、其の人言を容《い》れざらんことを恐る」（同前書、第八巻、二二六頁、以下同）などと指摘する松陰は、一方でまた、「今、妄《みだ》りに其の頑質を矯《た》めば、人と成らざらん。暢夫他年成るあらば、仮令《たとえ》人言を容《い》れずとも必ず其の言を棄てざらん」、無理にこれを矯正し、画一化することをしないという。栄太郎の頑固一徹の自己主張にも、心中穏やかでないものを感じるが、やはりその信念を尊重して、しばらく見守っていきたいと述べた。頑質をそれぞれの個性、あるいは長所ととらえ、これを抑えるのでなく、むしろ十二分に伸ばすことを通じて人間形成を完成させたいと考えたのである。

ところで、村塾の同窓生たちは晋作をどう見たのか。吉田栄太郎は、ある日、塾中のつれづれに一枚の絵を描いて山県小助（有朋）に見せたが、それには鼻輪のない離れ牛、坊主頭で裃《かみしも》を着た人物、木剣、それに一本の棒切れが順に描かれていた。その絵の意味を問うと、鼻輪の外れた牛は高杉であり、容易に駕御しがたい人物である。裃を着た坊主頭は久坂玄瑞であり、廟堂に坐らせれば大政治家になる。木剣は入江杉蔵（九一）であり、偉いがまだ本物の刀にはなっていない。棒切れは今のお前、すなわち山県だと答えたという。村塾生の中で、晋作と久坂が抜群の存在として認められていたことが分かるが、晋作の場合は、何とも扱いにくい暴れ牛のイメージが強かったわけである。これを裏書きするように、やはり松門の渡辺蒿蔵《こうぞう》（天野清三郎）は、「久坂と高杉の差は、久坂には誰れも附いて往きたいが、高杉にはどうもならむと皆が言ふ程に、高杉の乱暴なり易きには人望少く、久坂の方人望多し」（同前書、第一〇巻、三五五頁）と回想している。おそらく塾中の誰もが認めた、もっとも平均的な晋作像であろう。

軍事的天才としての晋作

渡辺も言うように、頑愚や無頼の性格は、平時では単なる乱暴者や無法者でしかなく、一向に目立たない。高杉家の後継という以外、ほとんど誰も知らない一人の若サムライでしかないが、同じ彼が、馬関攘夷戦のような一旦緩急ある非常時になると、にわかに注目を集め真価を発揮した。品川弥二郎が、村塾の三傑といわれた久坂、入江、晋作の人物月旦をしたさい、「秋湖ノ才学」「子遠ノ胆識」「東行ノ気迫」（『尊攘堂書類雑記全』五九四頁）と言いながら、晋作は学問では久坂に劣り、識見では入江に及ばないが、冷静沈着に情況判断し、機を見て一挙に決断する勇気は、誰にも引けを取らない。また一旦事を起こせば、どのような困難や障害があろうとも、断固としてこれをなす実行力は、彼の真骨頂であったという。

品川はまた、「小心ニシテ大胆」（同前）、これが彼の本領だともいっており、晋作を決して猪突猛進する玉砕型の猪武者とは見ていない。僅か一〇〇人足らずの寡兵で決起した馬関クーデターは、一見何の見通しもない暴挙のようであるが、晋作は、今この機会を逃して立つべき時はない、われわれ決死の士が正義の旗を掲げ、俗論派政府の転覆をめざして立ち上がれば、必ずや奇兵隊以下の諸隊はついて来る、そうなれば藩政府軍と諸隊の全面対決となると信じて疑わなかった。その意味では、今回の武力蜂起は、暴挙であるどころか、十分成算のある革命戦争のいわば幕開けであり、第一歩に他ならなかったのである。

土佐脱藩後、長州へ亡命し、四境戦争にも従軍した田中顕助（光顕）は、故郷の両親に「当時長州之人物多しと雖も、第一には高杉先生なり」「第二桂小五郎なり」（『史料』三、一六二頁）と書いており、薩摩の西郷に並び称された長州の桂と比べ、晋作の方が人物としてむしろ優れていると見た。他国人の眼には、万事に派手で活発な晋作が、あまり目立たない大人風の桂より、一段と立派に見え、優れていると映ったのであろう。とすれば、晋作は人間的にどこがどのように優れていたのか。同時代の人びとは、晋作なる人物について、英雄、奇才、俊傑、奇男児、軍事的天才、革命家、天下の人物、忠孝の人など、さまざまな形容を呈しているが、やはりもっとも説得力があるのは、軍事的天才という評価ではなかろうか。

師松陰と同じく晋作もまた、早くから開国論を認めながら、熱心に攘夷論を主張した。近い将来の開国を予定しながら、一時的な攘夷を唱えるという意味で、いわば開国的攘夷論者であった。馬関攘夷戦を指揮しながら、講和条約締結に積極的に関わり、しかも、その延長線上で開港のタイミングを探る、一見分かりにくい駆け引きをしたのは、そうした考え方を踏まえたものである。馬関決起のクーデターから藩内訌戦へ至る一連の軍略に関しても、挙兵のタイミングはもとより、藩内全域に諸隊を支持する勢力を糾合しながら、藩政府軍との決戦の場所や戦術を練り、戦争収束の手続きを探るなど、一つ一つの状況判断の正確さやこれを可能にする実行力という点で、やはり天才的な資質を有していた。のみならず、軍人として戦場に出た晋作は、個々の戦闘を指揮する戦術面や用兵の妙で、その都度《つど》、すぐれた才能をさまざまな場面で発揮した。

生死を懸けた戦争という非常事態がまさにそうであるが、晋作は、危機的状況に直面し、絶体絶命の境地になればなるほど、ますますその才能を遺憾なく発揮した。ある意味で、そうした危機にもっとも強い、困難な状況に耐えられるタイプの人間であった。平和時の藩官僚としては、ほとんど役立ちそうもない昼行灯《ひるあんどん》的な存在であるが、馬関海峡の停戦交渉のような、修羅場の外交交渉は実に見事である。周知のように、数度に及ぶ戦争は、長州藩側の全面的な敗北に終わった。とくに海軍については、もはや戦う兵力が皆無といってよい悲惨な状況であり、したがって停戦交渉は単純明快に白旗を掲げ、無条件降伏する以外になかったが、晋作は、すこしもひるまず懸命に抵抗し、粘り強く交渉を重ねた結果、長州藩側にはほとんど何の実害もない、ほぼ対等の条約締結に成功している。

外交官としての彼は、交渉の過程で機を見るに敏、状況判断が早く、しかも正確であり、弁舌爽やかに自らの主張をはっきりと述べ、相手をいつの間にか自分のペースに引き込んでしまう才能があった。戦争は止めるという大前提に立ちながら、馬関海峡の安全航行を保証し、食料や燃料の補給については合意はしたが、賠償金の支払いや彦島租借のような領土的要求については、言を左右して絶対に応じない。停戦交渉におけるこの断固たる姿勢は、もし交渉決裂となれば、長州藩の老若男女すべてが立ち上がって戦うのみ、藩全体を焦土としても構わないという覚悟を踏まえていた。通訳官アーネスト・サトウが、その意気軒昂ぶりに驚いたように、いつでも戦闘を再開する覚悟があることを相手側に明示しながら、交渉のテーブルについたのである。

この停戦交渉を見るかぎり、晋作はやはり、危機的状況下のリーダーとして優れた資質を有していた。正俗両派が争う廟堂にあって権謀術数をめぐらせる周布や桂のような政治家でもなく、また沢山の部下を従えながら政策を一つ一つ着実にこなす佐世や山県のような能吏、行政官のタイプでもない。単なる想像でしかないが、仮に生き長らえた晋作が新政府の外務大臣になっても、条約改正のような無限の忍耐とさまざまな根回しを要する長丁場の外交交渉は、おそらく不得手であり、成功したかどうかは疑わしい。それどころか、すぐに辞表を出し、交渉の場から早々に居なくなってしまうような気がしないでもない。

危機的状況に一番ふさわしいという意味で、戦場での指揮官としての晋作は、何よりも生き生きとしていた観がある。奇襲や電撃作戦は、晋作のもっとも得意とするところで、どの戦場でも、寡兵よく大軍を制すといった戦い方をしているが、これはたまたま彼がいつも少数派の側にいたからであり、正々堂々の戦をしたくても出来なかったからにすぎない。関ケ原の合戦のような、東西両軍がほぼ同じ兵数で正面からぶつかり合うような場面で軍配を任されたならば、晋作といえども、とうぜん異なる戦い方をしたはずである。

勝敗を分けるカギは幾つもあるが、何よりも大切なことは、戦争の大義があるかどうか、またそのことを兵士すべてが理解しているかどうかということである。むろんいかに戦意高揚していても、兵器が劣っていては戦争にならない。兵数で圧倒的な差を付けられた長州藩側が、この大きな落差を最新の近代的火器で埋めたことはよく知られている。軍人としての晋作は、ミニエー銃の高性能やアームストロング砲の圧倒的な破壊力が、数十倍に達する幕軍に対抗できると考えた。彼我の戦力を冷静かつ正確に分析することができたのであり、騎虎の勢いでも暴勇でもない、綿密な現状分析を踏まえながら、彼のそれこそ天才的な軍事的能力が遺憾無く発揮された。その意味で、四境戦争の勝利は、極めて当然の結果であったと言うことができるだろう。

敵の機先を制し、意表を衝く戦法を次々に繰り出す、臨機応変、縦横無尽に兵を進退させる用兵の妙という点で、指揮官としての晋作の能力は、しばしば日本史上の英雄、一ノ谷の合戦で勇名を馳せた源氏の大将義経、あるいは桶狭間《おけはざま》の奇襲に成功した織田信長とよく比較される。場面や状況は必ずしも同じではないが、彼らに優るとも劣らない天才的武将の一人であったことは、誰しも認めるところであろう。

大島口の海戦のような奇襲作戦では、予定の攻撃を終えると、すばやく戦線を離脱して後方へ撤退するのが当たり前であるが、小倉口の数次の戦いでも、海陸ともに一つの勝利を得ると、すばやく兵を動かして自軍の損害を最小限にとどめる戦法をとっている。少ない兵力で常に数倍の敵軍に当たるための工夫であるが、前進と撤退を絶えず織り交ぜた兵の運用であり、すこぶる臨機応変の戦い方となっている。もともと奇兵隊に代表される長州藩諸隊が、戦争体験を豊富に有し、兵士としてのレベルが幕軍に比べ格段に高かったことも、そうした自由自在の用兵を可能にしてくれた。

もう一つ、晋作は、どの戦場においても、敵を包囲し殲滅する作戦をとらない。攻撃するさいは、どこか一カ所を必ず開けて逃げ道を作っておいた。これは、退路を絶たれた敵が死に物狂いになって抵抗し、結果的に味方の損害が増えることを避けるためである。

無理押しの戦いはしないというのは、見方を変えるならば、晋作の率いる軍隊が、全軍玉砕を叫ぶような特攻的な戦いは決してしないということでもある。藩内訌戦もそうであったが、戦場に出るさい、晋作は作戦を立てる過程で負ける可能性も常に想定しており、その場合、どのように処置し、進退するかを考えていた。命懸けで戦うという覚悟はむろんあるが、負け戦になったら、敵前で潔く腹を掻き切って討ち死にするということは、必ずしも考えない。四境戦争にもし敗れることがあれば、藩公父子を引っかついで朝鮮へ逃げると口走ったのは、本気ではないとしても、退くときは素直に退く、一度負けてもまた捲土重来《けんどじゅうらい》を期すれば宜しい。何度も挑戦して最後の勝利に辿りつけば、目的は十分達成されるはずだという考えである。周囲の状況が悪化し、八方塞《ふさ》がりとなれば、晋作はあっという間に居なくなる、驚くほど逃げ足が早かったのは、そうした発想からである。

行動の人として生きる

晋作を幕末維新の激動期に登場した英雄や偉人、あるいは軍事的天才として見ることに、おそらく誰一人異論はないと思われるが、彼に革命家という形容を冠することには、いささか疑問があるだろう。というのは、彼はかつて一度も、真正面から徳川封建社会の廃棄や幕藩体制の転覆を言ったことがないからである。彼が終生兄事した桂は、尊攘討幕運動に関わる過程で、一歩一歩ではあるが、確実に藩体制の廃棄を考えるようになった。四境戦争時の彼にとって、討幕すなわち天皇政権の成立であり、一部の人びとが考えたような、薩長が徳川家に取って代わり、新しい幕藩体制を起こすなどという中途半端な発想はまったくない。明治新政権の中で、もっとも早く封建的な身分制秩序を否定し、版籍奉還から廃藩置県へのシナリオを描いた人物でもある。

村塾の同窓中では、晋作の一番近くにおり、常に手足となって働いた伊藤や山県らは、その出自が足軽・中間という下級武士であったためか、もともと藩主や藩国家への忠誠心はあまりない。サムライ社会の恩恵を受けるどころか、その最底辺で常に差別されてきた彼らにすれば、古い階級や身分に固執する理由などなく、これを一挙に捨て去ることに何のためらいもなかった。王政維新を素直に受け入れ、明治国家の構築に積極的に参加することができたのも当然であろう。

その過激な言動から見て容易に理解しがたいが、晋作はいつどこにあっても、藩主や藩国家への忠誠心を絶えず口にしており、馬関決起のような反政府的な行動のさいにも、長州藩の存在を否定したり、毛利家の解体につながるような発言をしたことはない。彼の唱える討幕が尊王と密接不可分であることは疑問の余地がないが、徳川幕府の否定が天皇政権の登場を意味しても、藩体制の廃棄には直ちに結びつかず、長州藩を含めた三百諸藩は依然として安泰のままである。別の言い方をすれば、彼の討幕論は、いつも藩国家の存立を前提にしていた。四境に迫った幕軍との決戦を大いに歓迎し、「天下のため、御国家のため御回復の良機会」（『全集』上、四一九頁）、すなわち「皇室御回復」（同前書、四五七頁）や長州藩の汚名挽回に絶好の機会であるととらえるが、そのさい、新しく登場する天皇政権の中身についての具体的な提案はない。

「五大州中へ防長の腹を推し出して大細工を仕出さねば大割拠は成就致さずならむ」（同前書、三八四頁）、「両国を五大洲第一の強富国ニすれば、随分勤王も出来候」（『史料』一、二八二頁）などと言うように、防長二国の政治的役割をあくまで重要視していたところを見ると、天皇を日本国の君主として戴くことを盛んにいうが、その実体は薩長を中心にした、ごく少数の雄藩による連立政権となるか、もしくは列侯会議のような合議体制で支えることを考えていたのではなかろうか。長崎で土佐海援隊の社中と親しく交わり、坂本龍馬の唱えた「船中八策」を知る機会も十分あったと思われるが、そのいわば核となる議会主義政治への言及はついになく、王政復古、すなわち大政奉還をイメージする以上に大して出るものではなかった。

この種の議論の不徹底さや曖昧さは、晋作の生涯における、おそらく最大の業績といってよい奇兵隊についても見ることができる。創設当初、晋作がもっとも力説した、士庶の別を問わないもっぱら能力による兵士の登用は、徳川封建社会のそれこそ根幹を成す兵農分離の放棄であり、当然のように、これを押し進めていけば、封建的な身分制秩序は崩れ、やがて門閥制度の解体に結びつく。まだ未分化ではあるが、その軍隊組織が、いわゆる近代的国民軍の先駆的形態であったことに疑問の余地がない。

ところが、奇兵隊生みの親である晋作自身は、実際に奇兵隊が活動を始めると、その革新性や先見性をはっきりと認め、これを積極的に前面に押し出すようなことをせず、むしろできるだけ目立たないようにしたふしもある。奇兵隊の出現が、藩正規軍の存在そのものに疑義を呈し、したがってまた、これを支える世禄の家臣団内部に大きな波紋を広げつつあっただけに、何よりもまず、彼らを納得させることが最大かつ不可欠の要件であり、その存在理由を綿々という、多分に言い訳がましい発言となったのかもしれない。現に晋作は、「弟も八組之士故固《ゆえもと》より八組士の強き事を欲し候得共、不得已奇兵隊なト思立候事ニて御座候」（同前書、二八〇頁）と言うように、奇兵隊の結成について、内憂外患に備えるための万止むを得ない非常措置であったと説明し、それゆえ平時には定員制を設けてその無制限な拡大に一定の歯止めを掛けることをいい、またなるべく早い時期に藩正規軍として新しく登場した干城隊の支配下に組み入れるべきであると主張した。眼前の危機が去り事態が沈静化すれば、早々に農民は故郷の村へ戻り、町人は経済活動を再開すべきだといったのも事実である。

ただ、そのようにいう彼自身は、百姓や町人出身の諸隊士を少しの差別もなく受け入れ、まったく平等に扱っている。士農工商の封建的身分制秩序は、少なくとも彼個人のレベルでは、ほとんど完璧にクリアーされていた。いずれにせよ、結成されてから僅か四カ月後に、早くも総管赤禰武人や軍監山県狂介のような、百姓や下級武士出身のトップリーダーが次々に登場したのは、奇兵隊が、晋作の考えや説明がどうあろうとも、まったく新しい軍隊として一人歩きを始め、成長していったことを示している。

「忠孝の人」という人物評にふさわしく、晋作はほとんど口癖のように、「今日まで生きて居るのは、防長国主の御かげなり」(「全集」上、三二六頁)、「毛利家の御鴻恩を忘れず、馬となり牛となり陰忠これ勤め候」(同前書、四〇〇頁)、「悪名を天下に蒙むると雖も、毛利のため隠れたる忠士たらんとす」(同前書、四七三頁)、「毛利家の御為に相成る事ならでは尽力致さず候」(同前書、四七七頁)などと繰り返しているが、その彼が一体なぜ藩政府軍と干戈《かんか》を交える反逆行為をあえてしたのだろうか。鴻城軍を率いる盟友井上は、このことを真剣に悩み、もし世子公が出馬すれば、馬前で諫言して切腹するしかないと進軍をためらったが、晋作は一向に気にした様子がない。それどころか、逡巡する井上を叱咤鞭励して、この非常時に議論に明け暮れしているのは、「漢学馬鹿男子之事」（「史料」一、二七二頁、以下同）、書物の勉強に熱中し、いたずらに理屈をこねる大馬鹿者であり、かえって「不忠不義」となる。「口舌之忠義」でなく、「実地ノ忠義」を尽くすのは今この時をおいてない。世子公の出馬が本当ならば、これをむしろ絶好の機会として受けとめ、周囲に従う兵士をすべて討ち倒して、世子公をわが陣営に主君として迎え入れれば宜しいではないかと述べた。

頭の中であれこれ考える、机上の空論のような忠孝はこのさい不要であり、何の役にも立たないというのは、晋作の一見矛盾したかのように思われる、これまでの言動の数々を見事に説明してくれるだろう。晋作に言わせれば、いくら沢山の本を読み、懸命に勉強に励み、孝行や忠義に関する豊富な知識を持つことができても、これを実際に行わなければ何の意味もない。真の忠孝とは、自らの行動でこれを示す、実際にやってみるしかないのであり、世間の人びとから、いかに暴挙であり、とんでもない無頼《ぶらい》の徒と非難・中傷されようとも、自分自身が本当に正しいと信じて行動すれば、結果的にそれが本当の忠孝になる。孝行や忠義をもっぱら観念の世界で理解し、またどんなに口先で美しい言葉を並べてみても、実際には何一つ行わないならば、これこそ不孝、不忠以外の何ものでもない。いかなる毀誉褒貶《きよほうへん》があろうとも、わが道をひたすら歩む、すなわち口舌《こうぜつ》の徒《と》となるのでなく、行動の人たらんとする。これがまさに、晋作の二七年余の生涯を支えた確たる信条であり、その波乱万丈に満ちた人生の何たるかを解き明かすキイワードに他ならなかった。

参考文献

史料

『追懐録』　野村靖刊　一八九三年
『史談会速記録』二五・二八輯（一八九四年）・七七輯（一八九九年）・一五一・一五四輯（一九〇五年）
『防長史談会雑誌』第一巻　一九一〇年
『伝家録』　堀栄一刊　一九一五年
　維新後も生きた親友堀真五郎の回想録。
東行先生五十年祭記念会編『東行先生遺文』　民友社　一九一六年
　晋作の書簡・日記・手録・詩歌・文章（原文）に略伝、略年譜を付した。
『奇兵隊日記』全四冊　日本史籍協会　一九一八年
　戦闘記録だけでなく、平時における隊の役職、訓練、外部との応接などの記録。
末松謙澄編『修訂防長回天史』全一二冊　末松春彦刊　一九二一年
『木戸孝允文書』一・二　日本史籍協会　一九二九〜三〇年
時山弥八編『増補訂正もりのしげり』　私家版　一九三二年
　長州藩の藩政全般に関わる諸事項、諸家系図や職役、軍制などを網羅的に説明。
林茂香『幼時の見聞』　県立萩図書館　一九三五年

幕末維新期の萩城下に住んだサムライの子供時代の見聞。
奈良本辰也監修・堀哲三郎編『高杉晋作全集』上・下　新人物往来社　一九七四年
原文に読み下し文を併記した普及版。本文中では「全集」上・下と略記。なお書簡類は、原則として上巻所収の読み下し文による。
一坂太郎編・田村哲夫校訂『高杉晋作史料』全三巻　マツノ書店　二〇〇二年
旧全集を訂正・増補した史料集。本文中では「史料」一～三と略記。
山口県教育会編『吉田松陰全集』全一〇巻　岩波書店　一九三四～三六年
史料的には最も充実しているが、返り点を付した原文のため一般には利用しにくい。
山口県教育会編『吉田松陰全集』全一二巻　岩波書店　一九三八～四〇年
旧全集をコンパクト化し、読み下し文を採用した普及版。
山口県教育会編『吉田松陰全集』全一〇巻・別巻　大和書房　一九七四年
上記全集を下敷きにしながら、人名や地名などの註記を訂正・増補した。なお、注記のないものは、すべて大和書房版による。
山口県教育会編『村田清風全集』上・下　一九六一年
下関市教育委員会編『白石家文書』一九六八年
奇兵隊の創設から没年に至る晋作の進退を、すぐ側から見た記録。
吉田祥朔『増補近世防長人名辞典』マツノ書店　一九七六年
旧版の訂正・増補、防長二州一八〇〇名の小伝を集めたもの。
樹下明紀・田村哲夫編『萩藩給禄帳』マツノ書店　一九八四年
「明倫館諸生素読弁書試作・試業賞美事」嘉永六～慶応三（山口県文書館蔵）

館内の試験で優秀な成績を挙げた者の氏名を抽出・編集したもの。
「内海杞憂」（山口県柳井市遠崎・妙円寺蔵）
「尊攘堂書類雑記　全」　京都大学尊攘堂文庫蔵

伝記

村田峰次郎『高杉晋作』　民友社　一九一四年
横山健堂『高杉晋作』　武俠世界社　一九一六年
　村塾で机を並べた父重五郎（幾太）や友人たちの証言を交えながら記述。
香川政一『高杉晋作小伝』　東行会　一九三六年
　厳密な史料考証に豊富なエピソードを交えながら、平易に記述する。
奈良本辰也『高杉晋作』（中公新書）　中央公論社　一九六五年
池田諭『高杉晋作と久坂玄瑞』　大和書房　一九六六年
古川薫『高杉晋作』　創元社　一九七一年
古川薫編『高杉晋作のすべて』　新人物往来社　一九七八年
　晋作の文学、思想、女性観、旅、書簡、史蹟などを網羅的に記述。
富成博『高杉晋作』　長周新聞社　一九七九年
『歴史読本』特集・高杉晋作と奇兵隊　新人物往来社　一九八一年
『歴史の群像』一二　雄飛　集英社　一九八四年
田中彰『高杉晋作と奇兵隊』（岩波新書）　岩波書店　一九八五年
　奇兵隊の結成や組織化を、晋作の役割分担に関連づけながら本格的に論じた。

『高杉晋作と奇兵隊』 山口県博物館 一九八九年
『長州の革命児高杉晋作』 別冊歴史読本一〇 新人物往来社 一九八九年
富成博他『写真集・高杉晋作の生涯』 新人物往来社 一九八九年
晋作の歩んだ道、さまざまな時代や場所を豊富な写真を指摘しながら辿る。
竹田真佐子『三千世界の烏を殺し』 祥伝社 一九九一年
七人の登場人物が一人称で語る晋作像。史料の欠落を小説的作法で補う。
一坂太郎『写真集奇兵隊』 奇兵隊士研究所 一九九三年
結成一三〇年記念の写真集。「奇兵隊人数附」の名簿を付す。
宮永孝『高杉晋作の上海報告』 新人物往来社 一九九五年
四次に及ぶ上海派遣使節団を説明しながら、上海での高杉の活躍を詳述。
『高杉晋作』 歴史群像シリーズ四六 学習研究社 一九九六年
一坂太郎『高杉晋作秘話』 東行記念館 一九九九年
埋もれた史料を発掘しながら、これまで語られなかった晋作像を描く。
一坂太郎『高杉晋作』（文春新書） 文藝春秋 二〇〇二年
梅渓昇『高杉晋作』（人物叢書） 吉川弘文館 二〇〇二年
綿密な史料発掘と考証を踏まえた、奇兵隊史研究の第一人者による評伝。
『晋作と龍馬』 萩博物館 二〇〇六年

その他

中原邦平『忠正公勤王事蹟』 防長史談会 一九一一年

著者の講話筆記を起こした藩主敬親の一代記。
妻木忠太『偉人周布政之助翁伝』 有朋堂書店 一九三一年
吉田松陰や晋作のよき理解者であった藩重役・周布の事蹟を記述。
井上馨侯伝記編纂会『世外井上公伝』一 内外書籍 一九三三年
妻木忠太『前原一誠伝』 積文館 一九三四年
『久米博士九十年回顧録』下 宗高書房 一九三四年
幕末期の昌平校書生寮に学んだ佐賀藩士の見聞。
宇高浩『真木和泉守』 菊竹金文堂 一九三四年
春畦公追頌会『伊藤博文伝』上 純正社 一九四四年
『萩市誌』 萩市役所 一九五九年
『萩市史』 全三巻 萩市役所 一九八七年
小川亜弥子『幕末期長州藩洋学史の研究』 思文閣出版 一九九八年
長崎直伝習に始まる長州藩海軍の創設、形成の過程について詳述。
一坂太郎編『史料赤禰武人』 東行庵 一九九九年
海原徹『月性』 ミネルヴァ書房 二〇〇五年

あとがき

私が吉田松陰や松下村塾の勉強を始めるようになったのは、今から二十数年も遠い昔のことであり、高杉晋作との出会いも、その頃にさかのぼる。周知のように、松門の双璧として、久坂玄瑞と並び称された晋作の存在は極めて大きく、松陰先生や村塾の人びとに取り組む作業は、実はそのまま晋作と何らかのかたちで関わったことでもある。つまり何十年もの歳月、私は彼とお付き合いしてきたことになる。事実、この間、発表した何冊かの書物の中で、何度も繰り返し晋作を取り上げ、その都度《つど》、何がしか言及してきた。

そのようなわけで、私にとって晋作は、未知であるどころか、むしろ極めて親しい、よく知った人物であり、彼を一冊の評伝にまとめるのは、それほど難しい作業ではなかろうと思っていた。ところが、これがまったくの勘違いであり、執筆を進めていけばいくほど、思わぬ障害や誤算に次々にぶつかることになった。一番困ったのは、残された史料が意外と少なく、それもごく限られた時期に集中しているということである。高杉家の家族関係を含め、晋作の幼少の頃や修業時代のあれこれについては、限られた少数の事実を除けば、ほとんど何も分かっておらず、多くは伝聞に基づく臆測的な記述でしかなかった。

これほど人気抜群の有名人だから、早くから史料の整理や保存も十分に行われ、公私とも大ていのことは分かっているように思うが、必ずしもそうではなかった。討幕戦争の最中、まだ二十代後半で突然病没した晋作は、幕末維新のある一時期のトップリーダーであったが、明治新政権の構築とは直接関係がなく、したがって近代的国家体制が軌道に乗るまで、思い出されることはなかった。つまり、かなり長い間、彼はほとんど忘れられた存在であった。明治二〇(一八八七)年一一月、晋作の息子東一が継いだ谷家が高杉家へ改称されたように、彼が人びとの記憶の中に蘇ったのは、維新後しばらくたち、勤王の志士たちの顕彰が大々的に行われるようになってからであり、史料発掘もこの頃から本格的に始まった。

松陰先生がそうであったように、維新革命の旗手として華やかに再登場した晋作は、志半ばで急逝した悲劇の主人公などではなく、維新の勝ち組に属する人びと、なかんずく廟堂に君臨する元勲たちの口から、圧倒的な称賛の言葉を贈られた。彼らが語る耳触りのよい美辞麗句が、いずれも勝てば官軍的な一方的発言であっただけに、華やかな勝利や成功を自画自賛する話ばかりであり、晋作がさまざまな困難や障害へどう立ち向かったのか、もっといえば、そうした場面で彼が何をどのように考えたのか、彼の心の内面、精神的な悩みや葛藤を探り出すことには、ほとんど役立たなかった。

晋作に関わる数々の伝聞が、例外なくいかにも明るく晴れやかで、景気がよい。思わず膝を乗り出してしまうほど面白く、興味津々であるのは、そのことと無関係ではないが、注意を要するのは、よくある出世談や成功譚と同じく、これを裏書きする証拠が必ずしもはっきりしないということである。尾鰭《おひれ》が付いた分だけウソが交じるのは止むを得ないが、錯覚や思い違いがいつの間にか真実らしくなった話も沢山ある。晋作贔屓《びいき》の人びとにとって、彼が類い稀な豪傑であり、不世出の英雄であるために、どうしても必要な装飾といえばそれまでであるが、その実像を知る上ではまったくの障害でしかない。晋作伝説は、一応全部疑ってみるという前提から始めたのは、そうした事実に気付いたからである。

もう一つ、執筆を進めていく上で分かりにくかったのは、晋作という人物が口にする言葉と行動が必ずしも一致しない、むしろ不一致、バラバラであることが多かったということである。馬関決起のクーデターのような、藩国家への反逆行為は、主君を取り巻く俗論派の人びとが悪い、彼らを討ち果たすことが真の忠義になるという論理であるが、自らの陣営に主君を擁し、その命令を奉じて進退する俗論派の側から見れば、これこそ主君に弓引く不忠不義の最たるものであり、晋作の言い分は、自らの行為を無理やり正当化する弁明でしかない。むろん、晋作のこうした発言が、単なる自己弁護でなく、戦場へ向かう大勢の兵士や彼らを支援する民衆レベルへの強い意思表示、明白なメッセージであったことは容易に想像できるが、同じことを彼は、萩城下の家族に対しても行っている。たとえば何度も試みた脱藩行は、由緒ある高杉家のお取り潰しを十分予想させる、最大の親不孝であったが、彼はその都度《つど》、両親に対し誠に申し訳ない、妻子にも大きな迷惑をかけると、繰り返し謝罪することを忘れていない。つまり悪業、非行であることを百も承知しながら、実は少しもためらわず、そうし

伊藤博文筆の顕彰碑（下関市吉田町）

た不孝な行為をあえてした。言行不一致といえば、これぐらいはっきりした場合も、そう多くはないだろう。

　過激な行動に出るたびに、わざわざその理由を丁寧に説明し、少しでも納得してもらおうとしたのは、周囲の人びと、とくに家族に対する彼一流の思いやりであり、一見暴れん坊風の晋作が、意外に内省的で、神経細やかな気質の持ち主であったことを物語るものかもしれない。

　たしかに、晋作にもいろんな複雑な思いはあり、悩みもまた沢山あった。しかし、なすべき時と場所に際会すれば、彼はなすべきことを断固としてなす。その一点に関して、誰にも真似のできない、まさしく行動の人であった。馬関攘夷戦以後、晋作のもっとも身近におり、しばしば進退を共にした伊藤博文が、その墓碑銘に、「動けば雷電の如く、発すれば風雨の如く衆目駭然《がいぜん》、あえて正視するなき」と書き起こしたように、彼に出会うすべての人びとが茫然とし驚き呆れた、その疾風迅雷の行動力をとりわけ強調したのは、晋作の晋作たるゆえんが何であるかを、誰よりもよく知っていたからであろう。

高杉晋作を一冊の評伝にまとめるにあたり、今回もまた、各地の図書館、文書館、史料館、博物館、市町村役場、あるいは多くの先輩や学友たちの一方ならぬお世話になった。貴重な史料提供や有益なアドバイスの数々については一々記さないが、学恩を蒙った方々に、この機会を借りて篤くお礼を申し上げる。

また最後に、本書の企画から編集の一切を担当して頂いた、ミネルヴァ書房編集部の田引勝二さんのご苦労についても、改めて心から感謝の意を表したい。

二〇〇六年一〇月六日

海原　徹

高杉晋作略年譜

和暦	西暦	齢	関係事項	一般事項
天保一〇	一八三九	1	8・20萩藩大組士（二〇〇石）高杉小忠太26歳の長男として、菊屋横丁（現・萩市南古萩町）に誕生。母道、大組士（三〇〇石）大西将曹の次女21歳。	5・14蛮社の獄。
弘化二	一八四五	7	この年、藩校明倫館小学舎に学ぶ。	6・1和蘭の開国進言を謝絶。
嘉永元	一八四八	10	12・6天然痘に罹り、一カ月間病床に伏す。この年、平安古の吉松淳蔵の塾に学ぶ。	弘化5年2・28嘉永と改元。6月長崎の蘭医、牛痘を伝える。
六	一八五三	15	元服。	6・3ペリー浦賀に来航。
安政元	一八五四	16	1・15父に従い江戸に行く。帰国後、藩校明倫館に再入、大学寮へ進学する。また油屋町の羽仁稼亭の温古堂に出入りする。	嘉永7年11・27安政と改元。1・14米軍艦六隻再来。3・3日米和親条約の締結。
四	一八五七	19	3・13明倫館大学寮入舎生となる。9月頃から、吉田松陰の松下村塾に学ぶ。	4・11幕府、軍艦教授所設置。5・26ハリスと下田条約締結。
五	一八五八	20	4・7祖父又兵衛死去、享年73歳。7・20江戸遊学に出発。8・16江戸着。8・19大橋訥庵の思誠塾に	1月老中堀田正睦、条約勅許のため上洛。4・23井伊直弼、大

			入る。10月頃塾を辞し桜田藩邸に戻る。11・4昌平校書生寮に入り、翌年10月まで在籍。12・11在江戸の同志五人の連名で師松陰の過激化を憂い、時勢の推移を待つ自重論を述べる。	老となる。6・19日米修好通商条約締結。9月梅田雲浜ら下獄、安政大獄始まる。12・26吉田松陰、野山再獄。コレラ大流行。
六	一八五九	21	7・9伝馬町牢に入った師松陰に手紙で教えを乞い、傍ら金品の差し入れを盛んに行う。10・12帰国命令。17日出発。京坂地方を見物して翌月16日、萩城下着。師松陰の刑死を知る。	5月神奈川・長崎・箱館を開港、交易許可。9・14梅田雲浜獄死。10・7橋本左内、頼三樹三郎刑死。10・27吉田松陰刑死。
万延元	一八六〇	22	1・7前年夏に始まる久坂玄瑞らの村塾の会に参加、閏3月頃まで数カ月間継続する。1・18大組士（二五〇石）井上平右衛門の次女まさ（政）16歳と見合い、結納、婚礼。2・11明倫館練兵場に入学、教練御用掛となる。3・20大学寮舎長となる。明倫館の春試で日進上等を得る。閏3・7蒸気科実習生として江戸行きの藩命。4・5丙辰丸に乗り組む。13日朝萩出航。江戸大回りの航海始まる。6・4江戸湾に入る。上陸後すぐ軍艦教授所入学を断念。8・28関東遊歴に出発。9・3～4笠間の加藤有隣を訪ね、教えを乞う。9・22松代着、閉居中の佐久間象山を訪ねる。10・5頃福井城下着、数日間滞在し横井小	安政7年3・18万延と改元。3・3井伊直弼、桜田門外で暗殺される。7月桂小五郎ら水戸藩と交渉、水長同盟の成立。

			楠に学ぶ。10・11大坂で富海船に乗り、帰国の途につく。11・10明倫館舎長として再入、廟司暫役となる。12・10明倫館都講暫役となる。	
文久　元	一八六一	23	3・11世子の小姓役に挙げられる。6・10江戸出仕の命。7・10萩出発。同月30日江戸着。9月初旬、幕府遣欧使節団に参加の内命をうけるも実現せず。12・23幕吏に従い上海行きの命。	万延2年2・19文久と改元。3・28長州藩、長井雅楽の「航海遠略策」を藩是とする。
二	一八六二	24	1・3江戸出発、2月初旬長崎着。出発直前、麻疹に罹り、病床に伏す。4・29長崎出港。5・5上海着。清国人や外国商人に会うかたわら、各国の蒸気船や諸器械、アームストロング砲などを見学する。7・5上海出港。同月14日長崎着。上陸後すぐ独断で蘭人より蒸気船購入を決め、物議をかもす。8・24萩の実家を経由して京都に入る。閏8・2学習院用掛となり江戸へ。同月23日頃着。閏8・27要路の姿勢に悲観し、脱藩亡命を図る。9月初旬笠間の加藤有隣に諭され、江戸へ戻る。11・13同志一一名で外国公使刺殺計画。世子の説諭で中止。再起を期し攘夷血盟、御楯組の結成。12・12晋作ら一一名、御殿山の英国公使館を焼討。	1・15老中安藤信正、坂下門外で襲撃される。2月皇女和宮、将軍家茂に降嫁。4・23伏見で寺田屋騒動起こる。7月長州藩、即今攘夷を決定。8・3長州藩世子、公武周旋のため東上。8・21生麦事件。

三	一八六三	25	**正月某日**亡師松陰を若林村に改葬する。この頃、英学者手塚律蔵の暗殺を企て、失敗する。**2月下旬**藩命で京都へ上る。3・11賀茂社行幸を見物中、征夷大将軍と叫ぶ。3・15一〇カ年賜暇を得て剃髪、東行と号する。3・22将軍襲撃計画を企てる。3・30堀真五郎と帰国。**翌月10日**萩着。**5月頃**まで、護国山麓に妻まさを伴い隠棲する。6・4晋作を父小忠太育みとし、再出仕の藩命。6・5藩主に奇兵隊創設を建言する。6・7奇兵隊結成の「稟請書」を提出。6・12馬関総奉行手元役となる。6・18奇兵隊、小倉領田ノ浦を占領、砲台設置。6・27政務座役、および奇兵隊総管となる。8・16奇兵隊と先鋒隊の衝突、教法寺事件起こる。晋作、待罪謹慎。奇兵隊は小郡宰判秋穂村へ転陣。9・12奇兵隊総管罷免、後任に滝弥太郎、河上弥市。10・1新知一六〇石を得て御手廻組に編入、奥番頭役となる。10・22岩国へ使者。吉川監物、山口来会を断る。	4・20将軍家茂、5・10の攘夷期限を上奏。5・10馬関攘夷戦始まる。5・12井上聞多ら長州藩士五名、英国密航。6・1米軍艦馬関来襲。6・5仏軍艦来襲、前田砲台を破壊。7・2薩英戦争勃発。8・17天誅組の挙兵。8・18堺町御門の政変、三条実美ら七卿、長州へ落ちる。10・11河上弥市ら沢宣嘉を擁して生野に挙兵。
元治 元	一八六四	26	1・24進発論者来島又兵衛の説得の藩命をうける。1・28来島と激論の末、脱藩上洛する。**3月中旬**帰国。**同月29日**公務放棄、脱藩の罪で下獄。6・20出	文久4年2・20元治と改元。1・15将軍家茂、兵三千名を率いて上洛。3月水戸天狗党の挙

年号	西暦	齢	関係事項	一般事項
			獄、父小忠太お預け、自宅謹慎となる。7・21急遽帰国した井上聞多と密かに会う。8・3御雇格で御手当方御用掛となる。8・6政務座役となり、四国連合艦隊との止戦講和交渉の正使を命じられる。8・8宍戸刑馬を名乗り、第一回交渉に臨む。8・14第三回交渉で講和条約を締結する。8・30政務座役兼石州口軍政掛となる。10・5長男梅之進（東一）生まれる。10・17俗論派政府により政務座役免職。10・24萩城下を脱走、九州をめざす。11・25潜伏先の平尾山荘を去り馬関に戻る。12・15功山寺挙兵、16日早朝馬関会所を襲撃。12月下旬三田尻港の軍艦三隻の奪取に成功する。	兵。6・5新選組、池田屋を襲撃。7・19禁門の変、久坂玄瑞ら戦死。7・24幕府、長州藩征討を発令する。8・5四国連合艦隊一七隻、馬関を攻撃。11・8中山忠光長州藩内で暗殺。11・12長州藩伏罪に決し、三家老・四参謀を斬る。12・27征長総督、幕軍の撤兵を命じる。
慶応　元	一八六五	27	1・2馬関会所を再び襲撃。討奸の檄を掲げる。1・14遊撃隊を率い埴生浦に上陸、進軍して諸隊と合流。1・16赤村正岸寺の政府軍本陣を攻撃。2・2諸隊、停戦を承諾。3・24英国遊学のため伊藤と長崎へ。グラバーらに説得され帰国。開港のため馬関の本藩化をいう。4月下旬暗殺を恐れ四国亡命。伊予松山、大坂などを経て讃岐琴平の日柳燕石の家に潜む。5月下旬か6月初旬頃馬関に戻る。9・26	元治2年4・7慶応と改元。1・14三条実美ら五卿筑前へ移る。4・13幕府、長州再征を諸藩に命じる。9・21長州再征の勅命下る。

			御用所役・御国政方。谷潜蔵と変名の命をうける。9・29海軍御興隆御用掛となる。	
二	一八六六	28	2・23母道、妻まさ、息子梅之進らを連れて来る。4・1まで白石家に滞在。2・27乙丑丸事件交渉の接薩使として長崎へ。グラバーから新式銃や蒸気船オテント丸を購入。5・27海軍御用掛となる。6・6海軍総督に抜擢される。6・10丙寅丸で大島口へ出撃、幕艦を夜襲する。6・17田ノ浦上陸作戦を立案、指揮する。7・3門司浦、大里の攻撃を命ずる。7・22体調不良を訴え、藩医の診察を乞う。7・27晋作自ら八〇〇名の兵を率いて大里に上陸、小倉城への進撃を陣頭指揮する。9・4白石家で喀血、軍事病院の往診を仰ぐ。9・12愛人おうのと共に、入江和作宅へ移る。9・17野村望東尼を救出、馬関に迎える。10・19病気のため勤務を免じられる。10・27桜山招魂場下の家に移る。望東尼も同居。	1・21薩長同盟の密約なる。6・7大島口で開戦、幕軍周防大島を占領。6・14小瀬川口の攻防始まる。6・16石州口の戦い始まる。6・17田ノ浦、門司を攻める。6・19長州兵、大島全土を奪還。7・3長州兵、門司へ上陸。7・20将軍家茂、大坂城内で死去。8・2長州兵、小倉占領。8・21征長停止の勅命下る。12・25孝明天皇崩御。12・28長州・小倉藩の停戦和議成立。
三	一八六七	29	1・6五人扶持一分引き、療養費金二〇両の下付。2・15世子毛利定広（元徳）より見舞状来る。3・24病状悪化、大年寄林算九郎宅の離れに移る。3・29谷家を創立、新知一〇〇石の沙汰。3月某日藩主	1・9明治天皇即位。10・14大政奉還。12・9王政復古の大号令。

敬親より金三両、世子定広より金二両の薬料下付。4・14午前二時死去。享年満二七歳八カ月。同日実子梅之進の谷家家督相続の許可。4・16吉田清水山で奇兵隊士ら神式の葬儀を執行。4・19高杉家、萩で仏式の葬儀を行う。同日藩より香花料として金一〇両下付。

山室軍平　室田保夫
大谷光瑞　白須淨眞
*久米邦武　髙田誠二
フェノロサ　伊藤　豊
三宅雪嶺　長妻三佐雄
*岡倉天心　木下長宏
志賀重昂　中野目徹
徳富蘇峰　杉原志啓
竹越與三郎　西田　毅
内藤湖南・桑原隲蔵　礪波　護
岩村　透　今橋映子
西田幾多郎　大橋良介
金沢庄三郎　石川遼子
上田　敏　及川　茂
柳田国男　鶴見太郎
厨川白村　張　競
大川周明　山内昌之
西田直二郎　林　淳
市河三喜・晴子　河島弘美
折口信夫　斎藤英喜
九鬼周造　粕谷一希
辰野　隆　金沢公子
シュタイン　瀧井一博
*福澤諭吉　平山　洋
*西　周　清水多吉

福地桜痴　山田俊治
田口卯吉　鈴木栄樹
*陸　羯南　松田宏一郎
黒岩涙香　奥　武則
宮武外骨　山口昌男
*吉野作造　田澤晴子
野間清治　佐藤卓己
山川　均　米原　謙
岩波茂雄　十重田裕一
*北　一輝　岡本幸治
中野正剛　吉田則昭
満川亀太郎　福家崇洋
杉　亨二　速水　融
*北里柴三郎　福田眞人
田辺朔郎　秋元せき
*南方熊楠　飯倉照平
寺田寅彦　金森　修
石原　純　金子　務
J・コンドル　鈴木博之
辰野金吾　河上真理・清水重敦
小川治兵衛　尼崎博正

現代

昭和天皇　御厨　貴
高松宮宣仁親王　後藤致人
*李方子　小田部雄次
吉田　茂　中西　寛
マッカーサー　柴山　太
石橋湛山　増田　弘
重光　葵　武田知己
池田勇人　藤井信幸
高野　実　篠田　徹
和田博雄　庄司俊作
朴正熙　木村　幹
竹下　登　真渕　勝
*松永安左ェ門　橘川武郎
鮎川義介　井口治夫
出光佐三　橘川武郎
松下幸之助　米倉誠一郎
渋沢敬三　井上　潤
*本田宗一郎　伊丹敬之
井深　大　武田　徹
佐治敬三　小玉　武
幸田家の人々　金井景子
*正宗白鳥　大嶋　仁
大佛次郎　福島行一

*川端康成　大久保喬樹
*薩摩治郎八　小林　茂
松本清張　杉原志啓
安部公房　成田龍一
*三島由紀夫　島内景二
R・H・ブライス　菅原克也
金素雲　林　容澤
柳　宗悦　熊倉功夫
バーナード・リーチ　鈴木禎宏
イサム・ノグチ　酒井忠康
川端龍子　岡部昌幸
藤田嗣治　林　洋子
*井上有一　海上雅臣
*手塚治虫　竹内オサム
山田耕筰　後藤暢子
古賀政男　藍川由美
*吉田　正　金子　勇
武満　徹　船山　隆
*力道山　岡村正史
美空ひばり　朝倉喬司
*西田天香　宮田昌明
安倍能成　中根隆行
サンソム夫妻　平川祐弘・牧野陽子

和辻哲郎　小坂国継
矢代幸雄　稲賀繁美
石田幹之助　岡本さえ
*平泉　澄　若井敏明
安岡正篤　片山杜秀
島田謹二　小林信行
前嶋信次　杉田英明
保田與重郎　谷崎昭男
福田恆存　川久保剛
井筒俊彦　安藤礼二
佐々木惣一　松尾尊兊
*瀧川幸辰　伊藤孝夫
矢内原忠雄　等松春夫
福本和夫　伊藤　晃
*フランク・ロイド・ライト　大久保美春
大宅壮一　有馬　学
今西錦司　山極寿一

*は既刊
二〇一一年六月現在

*佐竹曙山　成瀬不二雄
葛飾北斎　岸　文和
酒井抱一　玉蟲敏子
孝明天皇　青山忠正
*和　宮　辻ミチ子
徳川慶喜　大庭邦彦
島津斉彬　原口　泉
*古賀謹一郎　小野寺龍太
*栗本鋤雲　小野寺龍太
*月　性　海原　徹
*吉田松陰　海原　徹
*高杉晋作　海原　徹
ペリー　遠藤泰生
オールコック　佐野真由子
アーネスト・サトウ　奈良岡聰智
緒方洪庵　米田該典
冷泉為恭　中部義隆

近代

*明治天皇　伊藤之雄
*大正天皇　F・R・ディキンソン
*昭憲皇太后・貞明皇后　小田部雄次
大久保利通　三谷太一郎
山県有朋　鳥海　靖
木戸孝允　落合弘樹
井上　馨　伊藤之雄
*松方正義　室山義正
北垣国道　小林丈広
板垣退助　小川原正道
大隈重信　五百旗頭薫
伊藤博文　坂本一登
井上　毅　大石　眞
井上　勝　老川慶喜
*桂　太郎　小林道彦
渡辺洪基　瀧井一博
*乃木希典　佐々木英昭
林　董　君塚直隆
児玉源太郎　小林道彦
*高宗・閔妃　木村　幹
山本権兵衛　室山義正
高橋是清　鈴木俊夫
小村寿太郎　簑原俊洋
*犬養　毅　小林惟司
加藤高明　櫻井良樹
加藤友三郎・寛治　麻田貞雄
牧野伸顕　小宮一夫
田中義一　黒沢文貴
平沼騏一郎　堀田慎一郎
宇垣一成　北岡伸一
宮崎滔天　榎本泰子
*浜口雄幸　川田　稔
幣原喜重郎　西田敏宏
関　一　玉井金五
水野広徳　片山慶隆
広田弘毅　井上寿一
安重根　上垣外憲一
*グルー　廣部　泉
*永田鉄山　森　靖夫
東條英機　牛村　圭
今村　均　前田雅之
蔣介石　劉　岸偉
石原莞爾　山室信一
木戸幸一　波多野澄雄
*岩崎弥太郎　武田晴人
伊藤忠兵衛　末永國紀
五代友厚　田付茉莉子
大倉喜八郎　村上勝彦
*安田善次郎　由井常彦
渋沢栄一　武田晴人
山辺丈夫　宮本又郎
武藤山治　阿部武司・桑原哲也
小林一三　橋爪紳也
大倉恒吉　石川健次郎
大原孫三郎　猪木武徳
*河竹黙阿弥　今尾哲也
イザベラ・バード　加納孝代
*林　忠正　木々康子
森　鷗外　小堀桂一郎
二葉亭四迷　ヨコタ村上孝之
夏目漱石　佐々木英昭
巌谷小波　千葉信胤
樋口一葉　佐伯順子
島崎藤村　十川信介
泉　鏡花　東郷克美
有島武郎　亀井俊介
永井荷風　川本三郎
北原白秋　平石典子
菊池　寛　山本芳明
宮澤賢治　千葉一幹
正岡子規　夏石番矢
高浜虚子　坪内稔典
与謝野晶子　佐伯順子
*種田山頭火　村上　護
*斎藤茂吉　品田悦一
*高村光太郎　湯原かの子
萩原朔太郎　エリス俊子
原阿佐緒　秋山佐和子
*狩野芳崖・高橋由一　古田　亮
竹内栖鳳　北澤憲昭
黒田清輝　高階秀爾
中村不折　石川九楊
横山大観　高階秀爾
*橋本関雪　西原大輔
小出楢重　芳賀　徹
土田麦僊　天野一夫
岸田劉生　北澤憲昭
松旭斎天勝　川添　裕
中山みき　鎌田東二
佐田介石　谷川　穣
ニコライ　中村健之介
出口なお・王仁三郎　川村邦光
島地黙雷　阪本是丸
*新島　襄　太田雄三
木下広次　冨岡　勝
嘉納治五郎　クリストファー・スピルマン
津田梅子　田中智子
*澤柳政太郎　新田義之
河口慧海　高山龍三

西行　光田和伸
藤原定家　赤瀬信吾
*京極為兼　今谷明
*兼好　島内裕子
重源　横内裕人
*運慶　根立研介
快慶　井上一稔
法然　今堀太逸
慈円　大隅和雄
明恵　西山厚
親鸞　末木文美士
恵信尼・覚信尼　西口順子
覚如　今井雅晴
道元　船岡誠
叡尊　細川涼一
*忍性　松尾剛次
*日蓮　佐藤弘夫
一遍　蒲池勢至
夢窓疎石　田中博美
*宗峰妙超　竹貫元勝

南北朝・室町

後醍醐天皇　上横手雅敬
護良親王　新井孝重
赤松氏五代　渡邊大門
*北畠親房　岡野友彦
楠正成　兵藤裕己
*新田義貞　山本隆志
光厳天皇　深津睦夫
足利尊氏　市沢哲
佐々木道誉　下坂守
円観・文観　田中貴子
足利義詮　早島大祐
足利義満　川嶋將生
足利義持　吉田賢司
足利義教　横井清
大内義弘　平瀬直樹
伏見宮貞成親王　松薗斉
山名宗全　山本隆志
日野富子　脇田晴子
世阿弥　西野春雄
雪舟等楊　河合正朝
宗祇　鶴崎裕雄
*満済　森茂暁
一休宗純　原田正俊
蓮如　岡村喜史

戦国・織豊

北条早雲　家永遵嗣
毛利元就　岸田裕之
*今川義元　小和田哲男
*武田信玄　笹本正治
*武田勝頼　笹本正治
*真田氏三代　笹本正治
三好長慶　仁木宏
*宇喜多直家・秀家　渡邊大門
*上杉謙信　矢田俊文
島津義久・義弘　福島金治
吉田兼倶　西山克
山科言継　松薗斉
*雪村周継　赤澤英二
織田信長　三鬼清一郎
豊臣秀吉　藤井讓治
*北政所おね　田端泰子
*淀殿　福田千鶴
前田利家　東四柳史明
黒田如水　小和田哲男
蒲生氏郷　藤田達生
*細川ガラシャ　田端泰子
伊達政宗　伊藤喜良
*支倉常長　田中英道
ルイス・フロイス　エンゲルベルト・ヨリッセン
*長谷川等伯　宮島新一
顕如　神田千里

江戸

徳川家康　笠谷和比古
徳川家光　野村玄
徳川吉宗　横田冬彦
*後水尾天皇　久保貴子
光格天皇　藤田覚
崇伝　杣田善雄
春日局　福田千鶴
池田光政　倉地克直
シャクシャイン　岩崎奈緒子
*田沼意次　藤田覚
*二宮尊徳　小林惟司
末次平蔵　岡美穂子
高田屋嘉兵衛　生田美智子
林羅山　鈴木健一
吉野太夫　渡辺憲司
中江藤樹　辻本雅史
山崎闇斎　澤井啓一
山鹿素行　前田勉
*北村季吟　島内景二
貝原益軒　辻本雅史
松尾芭蕉　楠元六男
*ケンペル　B・M・ボダルト＝ベイリー
荻生徂徠　柴田純
*雨森芳洲　上田正昭
前野良沢　松田清
平賀源内　石上敏
本居宣長　田尻祐一郎
杉田玄白　吉田忠
上田秋成　佐藤深雪
木村蒹葭堂　有坂道子
*大田南畝　沓掛良彦
菅江真澄　赤坂憲雄
*鶴屋南北　諏訪春雄
良寛　阿部龍一
*山東京伝　佐藤至子
*滝沢馬琴　高田衛
シーボルト　宮坂正英
本阿弥光悦　岡佳子
小堀遠州　中村利則
狩野探幽・山雪　山下善也
尾形光琳・乾山　河野元昭
*二代目市川團十郎　田口章子
与謝蕪村　佐々木丞平
伊藤若冲　狩野博幸
鈴木春信　小林忠
円山応挙　佐々木正子

ミネルヴァ日本評伝選

上代

卑弥呼 古田武彦
日本武尊 西宮秀紀
仁徳天皇 若井敏明
雄略天皇 吉村武彦
*蘇我氏四代 遠山美都男
推古天皇 義江明子
聖徳太子 仁藤敦史
斉明天皇 武田佐知子
小野妹子・毛人 大橋信弥
*額田王 梶川信行
弘文天皇 遠山美都男
天武天皇 新川登亀男
持統天皇 丸山裕美子
阿倍比羅夫 熊田亮介
柿本人麻呂 古橋信孝
*元明天皇・元正天皇 渡部育子
聖武天皇 本郷真紹
光明皇后 寺崎保広
孝謙天皇 勝浦令子
藤原不比等 荒木敏夫
吉備真備 今津勝紀
藤原仲麻呂 木本好信
道 鏡 吉川真司
大伴家持 和田 萃
行 基 吉田靖雄

平安

*桓武天皇 井上満郎
嵯峨天皇 西別府元日
宇多天皇 古藤真平
醍醐天皇 石上英一
村上天皇 京樂真帆子
花山天皇 上島 享
*三条天皇 倉本一宏
藤原薬子 中野渡俊治
小野小町 錦 仁
藤原良房・基経 滝浪貞子
菅原道真 竹居明男
*紀貫之 神田龍身
源高明 所 功
慶滋保胤 平林盛得
*安倍晴明 斎藤英喜
藤原実資 橋本義則
*藤原道長 朧谷 寿
藤原伊周・隆家 倉本一宏
藤原定子 山本淳子
清少納言 後藤祥子
紫式部 竹西寛子
和泉式部 ツベタナ・クリステワ
大江匡房 小峯和明
阿弖流為 樋口知志
坂上田村麻呂 熊谷公男
*源満仲・頼光 元木泰雄
平将門 西山良平
藤原純友 寺内 浩
空 海 頼富本宏
最 澄 吉田一彦
*空 也 石井義長
奝 然 上川通夫
*源 信 小原 仁
後白河天皇 美川 圭
式子内親王 奥野陽子
建礼門院 生形貴重
藤原秀衡 入間田宣夫
平時子・時忠 元木泰雄
平維盛 根井 浄
守覚法親王 阿部泰郎
藤原隆信・信実 山本陽子

鎌倉

源頼朝 川合 康
*源義経 近藤好和
源実朝 神田龍身
後鳥羽天皇 五味文彦
九条兼実 村井康彦
九条道家 上横手雅敬
北条時政 野口 実
熊谷直実 佐伯真一
*北条政子 関 幸彦
北条義時 岡田清一
曾我十郎・五郎 杉橋隆夫
北条時宗 近藤成一
安達泰盛 山陰加春夫
平頼綱 細川重男
竹崎季長 堀本一繁

刊行のことば

歴史を動かすものは人間であり、興趣に富んだ人間の動きを通じて、世の移り変わりを考えるのは、歴史に接する醍醐味である。

しかし過去の歴史学を顧みるとき、人間不在という批判さえ見られたように、歴史における人間のすがたが、必ずしも十分に描かれてきたとはいえない。二十一世紀を迎えた今、歴史の中の人物像を蘇生させようとの要請はいよいよ強く、またそのための条件もしだいに熟してきている。

この「ミネルヴァ日本評伝選」は、正確な史実に基づいて書かれるのはいうまでもないが、単に経歴の羅列にとどまらず、歴史を動かしてきたすぐれた個性をいきいきとよみがえらせたいと考える。そのためには、対象とした人物とじっくりと対話し、ときにはきびしく対決していくことも必要になるだろう。

今日の歴史学が直面している困難の一つに、研究の過度の細分化、瑣末化が挙げられる。それは緻密さを求めるが故に陥った弊害といえるが、その結果として、歴史の大きな見通しが失われ、歴史学を通しての社会への働きかけの途が閉ざされ、人々の歴史への関心を弱める危険性がある。今こそ歴史が何のためにあるのかという、基本的な課題に応える必要があろう。評伝という興味ある方法を通じて、解決の手がかりを見出せないだろうかというのも、この企画の一つのねらいである。

狭義の歴史学の研究者だけでなく、多くの分野ですぐれた業績をあげている著者たちを迎えて、従来見られなかった規模の大きな人物史の叢書として、「ミネルヴァ日本評伝選」の刊行を開始したい。

平成十五年（二〇〇三）九月

ミネルヴァ書房

《著者紹介》

海原　徹（うみはら・とおる）

1936年　山口県生まれ。
京都大学卒，京都大学助教授，同大学教授を経て，
1999年　京都大学停年退官。
現　在　京都大学名誉教授。前京都学園大学学長。教育学博士。
著　書　『明治維新と教育』ミネルヴァ書房，1972年。
『明治教員史の研究』ミネルヴァ書房，1973年。
『大正教員史の研究』ミネルヴァ書房，1977年。
『近世私塾の研究』思文閣出版，1983年。
『近世の学校と教育』思文閣出版，1988年。
『吉田松陰と松下村塾』ミネルヴァ書房，1990年。
『松下村塾の人びと』ミネルヴァ書房，1993年。
『松下村塾の明治維新』ミネルヴァ書房，1999年。
『江戸の旅人 吉田松陰』ミネルヴァ書房，2003年。
『吉田松陰』ミネルヴァ書房，2003年。
『偉大なる凡人辻本光楠』丸善，2005年。
『月性』ミネルヴァ書房，2005年。
『エピソードでつづる吉田松陰』共著，ミネルヴァ書房，2006年。
『広瀬淡窓と咸宜園』ミネルヴァ書房，2008年。
『吉田松陰に学ぶ』ミネルヴァ書房，2010年，ほか。
訳　書　R. Rubinger『私塾』共訳，サイマル出版会，1982年。

ミネルヴァ日本評伝選
高《たか》杉《すぎ》晋《しん》作《さく》
——動けば雷電のごとく——

2007年2月10日　初版第1刷発行
2011年6月10日　初版第2刷発行
〈検印省略〉

定価はカバーに
表示しています

著　者　海　原　　徹
発行者　杉　田　啓　三
印刷者　江　戸　宏　介

発行所　株式会社　ミネルヴァ書房
607-8494 京都市山科区日ノ岡堤谷町1
電話（075）581-5191（代表）
振替口座 01020-0-8076番

共同印刷工業・新生製本

ISBN978-4-623-04793-2
Printed in Japan

人名索引

あ 行

た　行

な　行

は　行

ま 行

や 行

ら　行

わ　行

事項索引

た　行

な　行

は　行

ま　行

や　行

ら・わ行